도대체 내가
뭘 읽은 거지?

자기계발서, 되도 않는 훈수 걸어차기

도대체 내가 뭘 읽은 거지?

자기계발서, 되도 않는 훈수 걷어차기

ⓒ 송민수 2018

초판 1쇄	2018년 3월 5일		
초판 2쇄	2019년 1월 14일		

지은이	송민수	펴낸이	이정원
		펴낸곳	도서출판 들녘
출판책임	박성규	등록일자	1987년 12월 12일
편집주간	선우미정	등록번호	10-156
편집	박세중·이동하·이수연		
디자인	조미경·김원중·김정호	주소	경기도 파주시 회동길 198
기획마케팅	나다연	전화	031-955-7374 (대표)
영업	이광호		031-955-7381 (편집)
경영지원	김은주·장경선	팩스	031-955-7393
제작관리	구법모	이메일	dulnyouk@dulnyouk.co.kr
물류관리	엄철용	홈페이지	www.dulnyouk.co.kr
ISBN	979-11-5925-320-1 (03300)	CIP	2018005949

이 도서의 국립중앙도서관 출판예정도서목록(CIP)은 서지정보유통지원시스템 홈페이지(http://seoji.nl.go.kr)와 국가자료공동목록시스템(http://www.nl.go.kr/kolisnet)에서 이용하실 수 있습니다.

값은 뒤표지에 있습니다. 잘못된 책은 구입하신 곳에서 바꿔드립니다.

도대체

내가

멀 읽은 거지?

송민수 지음

자기계발서,
되도 않는
훈수 걷어차기

일러두기

이 책에 실린 언론보도의 만평과 기사들에 대해서는 해당 언론사의 게재 허락을 얻기 위해
최선을 다하였습니다. 일부 미진한 점이 있다면 추후 협의에 성실히 임하겠습니다.

머리말

대한민국 성인 10명 중 8명이 자기계발이 필요하다고 생각한다. 베스트셀러 4권 중 1권은 자기계발서다. 책을 잘 읽지 않는 사람들이 가장 많이 읽는 책 역시 자기계발서다. 자기계발서는 독서량이 꾸준히 감소하는 상황에서 어려운 출판사를 유지할 수 있게 하는 책이기도 하다. 자기계발서는 어느새 우리들의 삶 깊숙이 들어와 있다. 나 역시 자기 계발서를 많이 읽었다. 성공하고 싶었기 때문이다.

하지만 그때는 몰랐다. 나를 일깨워주던 이야기가, 나에게 감동을 준 이야기가 나에게 긍정적인 영향을 줄 것이라고만 굳게 믿었다. 자기계발서도 멋진 강연자도 성공에 걸림돌이 되는 내 습관과 생각을 꼬집어내었다. 나는 수긍할 수밖에 없는 멋진 비유와, 자신을 바꿔 성공한 수많은 사례를 들으며 고개를 끄덕였다. 옳은 말이었고, 좋은 말이었다. 성공하기 위해서는 성공할 자격을 갖추어야 한다고 생각했고, 그러기 위해서는 나를 바꾸어야 한다고 생각했다. 때로는 힘든 마음을 어루만지는 듯한 따뜻한 말이 좋았고, 때로는 없어져버릴 것 같은 자존감을 되찾는 것 같기도 했다. 하지만 그때는 정말 몰랐다. 자기계발서가 나에게, 아니 우리에게 어떤 영향을 미치고 있는지를. 그렇게 긴 시간이 지난 어느 날, 나는 애써 눌러왔던 의문을 정면으로 끄집어내지 않을 수 없었다. 도대체 나는 뭘 읽은 것일까?

나는 책장에서 그동안 내가 읽은 자기계발서를 모두 꺼내보았다. 100권이 넘었다. 참 많이도 읽었다. 바닥에 널브러진 자기계발서들은 나를 바꾸어서라도 성공하고 싶었던 몸부림의 흔적이었다. 가만히 앉아서 100권이 넘는 자기계발서를 정리해보았다. 간혹 손이 가는 자기계발서는 본문 내용을 훑어보기도 했다. 시각이 달라져서인지는 몰라도 다시 본 자기계발서는 이상했다. 그런 책들을 붙들고 살았던 내 자신이 생뚱맞았다.

나는 오랜 시간 자기계발에 갇혀 '자기'를 보지 못하고 살았던 모양이다. 자기계발서에서 벗어나서야 내가 보였다. 내가 진짜 하고 싶은 일이 무엇인지 알 수 있었고, 옆에 있는 소중한 사람들을 볼 수 있었으며, 작은 성공들에 만족할 수 있었다. 무엇보다 쫓기듯 살아온 나에게 미안했다. 마치 앞만 보며 달려온 긴 터널을 빠져나온 듯싶었다. 긴 터널 뒤의 성공이라는 희미한 빛을 향해, 나는 자기계발서의 가르침대로 앞만 보며 달렸다. 하지만 끝이 없는 터널은 나를 지치게 했다. 그리고 어느 순간 나를 바꿔야 성공할 수 있다는 자기계발서의 외침이 섬뜩하게 느껴졌다.

이 글은 내가 경험한 자기계발서에 대한 시각의 변화를 자기계발을 위해 노력하는 많은 사람들과 공유하고 싶은 마음으로 썼다. 나는 자기계발서를 6가지로 나누어 비판적 관점에서 살펴보고자 한다.

우선 계몽적 자기계발서는 단순하고 쉬운 내용으로 성공의 방법을 알려주는 책이다. 책의 형식과 내용 모두 부족한 우리에게 깨달음을 주고자 한다는 점에서 '계몽'이라는 단어로 분류하였다. 기업의 추천도서 목록에 자주 오르는 책이기도 하다. 하지만 만족지연능력이 성공의 중요한 방법이라고 이야기하는 『마시멜로 이야기』는 성공하지 못한 사람의 집에나 꽂혀 있을 뿐이다. 계몽적 자기계발서에서 이야기하는 나의 변화를 아무리 만들어내도 성공할 수 없는 이유를 밝히고자 하였다.

두 번째는 초월적 자기계발서로 끌어당김의 법칙과 같은 생각의 힘을 강조한 책이다. 초월적 자기계발서는 당신은 소중하고 위대한 존재인데 이렇게 초라하게 살고 있는 것은 뭔가 잘못되었다고, 당신의 삶은 당신 스스로 선택할 수 있다고, 당신은 건강하고 부유하게 살 자격이 충분하다고 말한다. 당신이 원하는 것을 선택만 하면 된다고 달콤하게 속삭인다. 말 그대로 '초월'적인 힘을 우리 모두가 이미 가지고 있다는 것이다. 하지만 초월적 자기계발서는 '우리'를 해체하고 허황된 꿈만 좇는 '나'들을 만들고 있을 뿐이다.

세 번째는 성공담 자기계발서로 개인의 성공을 자서전 형식으로 펴낸 책이다. 성공의 과정에서 겪는 시련과 고난을 이겨낸 가슴 벅찬 아름다운 이야기들이다. 그러나 성공담 자기계발서의 가슴 벅찬 이야기 뒤에 숨겨진 이야기는 결코 우리에게 드러나지 않는다. '통편집'된 성공담 자기계발서는 개인의 성공을 합리화하고 불공정한 사회시스템을 가리는 역할을 할 뿐이다. 성공한 사람들에게서 느끼는 부러움은 도리어 내 삶을 못마땅하게 만들고 있는지도 모른다.

네 번째는 관리형 자기계발서로 성과를 올려주겠다는 책이다. 관리형 자기계발서는 시간을 제대로 관리하고 있냐고, 성공하는 습관을 가지고 있냐고, 효율적으로 대인관계를 관리하고 있냐고, 성과를 올릴 수 있는 사람이 되고 있느냐고 묻고 또 묻는다. 어쩌면 우리는 성과사회에 적합한 부속품이 되기 위해서 자신을 끊임없이 깎고 다듬고 있는지도 모른다.

다섯 번째는 위로형 자기계발서다. 성공을 이야기하던 자기계발서들이 어느 순간부터 우리를 위로하기 시작했다. 위로형 자기계발서는 잠시나마 마음을 놓아도 된다고 이야기한다. 하지만 그들은 내가 잡고 있는 것을 놓으라고 말하면서도 나를 움켜쥐고 있는 것에는 침묵한다. 성과사회를 위해 우리들의 감정마저도 소비하게 만드는 것은 아닐까?

여섯 번째는 이기적 자기계발서다. 위로가 식상해질 무렵, 상처를 받을 필요가 없다고, 지나치게 주변을 의식하면서 살지 말라고 이야기하는 자기계발서가 나왔다. 역설적으로 자기 자신 하나 지키기 힘든 사회가 만들어낸 책이다. 과연 나의 자존감은 지켜질 수 있기는 한 것일까?

자기계발서 전성시대가 달갑지 않은 이유는 우리가 안고 있는 진짜 문제의 해결을 더욱 어렵게 만들기 때문이다. 분명 우리는 매일매일 '자기계발'을 위해 열심히 노력해야 한다. 하지만 넘쳐나는 자기계발서들은 안타깝게도 우리를 '자기'의 틀로 가두어 자기의 한계를 뛰어넘지 못하게 한다. '자기계발'에 함몰할수록, 진정한 자기계발을 가능케 하고 도와주는 '우리계발'과 '사회계발'은 요원한 문제가 되어버린다.

'자기계발'의 '자기'는 명사로 '그 사람 자신'을 나타
낸다. 우리 모두를 한 사람, 한 사람으로 나누어 개별적
으로 지칭하는 말이다. 영어로는 self-improvement이다.
개별적인 존재의 향상과 발전을 스스로 이룬다는 뜻이
다. 자기계발서는 결국 자기의, 자기에 의한, 자기를 위한
노력이다. 물론 자기만을 강조하는 이면에 다른 사람과의
치열한 경쟁이 밑바탕에 깔려 있음은 당연하다. 다른 사
람보다 조금이라도 더 높은 성과를 올리기 위해서 우리
는 '자기' 계발서를 읽고 또 읽는다.

'계발'은 슬기나 재능, 사상 따위를 일깨워준다는 뜻
으로 '개발'의 의미에 포함되는 단어다. '개발'은 '계발'의
의미를 포함하지만, '계발'과 다르게 주로 물질적 차원에
서의 발전을 의미하는 뜻으로 쓴다. 그러니 성공을 이야
기하는 자기계발서는 자기 '계발'서가 아니라, 자기 '개발'
서라고 해야 할 듯하다. 자기계발서가 이야기하는 '자기계
발'의 대부분은 잠재하고 있는 다양한 가능성을 높이기
위한 것이 아니라 단지 자신의 물질적 부를 이루기 위한
책이기 때문이다.

'자기'와 '개발'을 합쳐보면 결국 물질적 성공을 위해
다른 사람과 차별화할 수 있는 경쟁력을 갖추자는 것이
다. 그리고 어느덧 '자기개발'을 위해 노력하다가, 끊임없
이 노력해야 하다가, 이제는 잠시라도 노력하지 않으면 안

되는 세상이 되어버렸다. 사회 구성원 대부분이 자기의, 자기에 의한, 자기를 위한 '자기개발'에 매달려 있다. 그리고 그렇게 우리들이 자기의 틀 속에서 '자기개발'에만 매달려 사는 덕분에 기득권층은 자연스럽게 더욱 막대한 이익을 얻는 '개발'을 완성해갔다. 어쩌면 우리, 기득권층의 산업과 경제 발전만을 위한 '개발'에 이용당하고 있는 것은 아닐까? 자기 '개발'을 위해 노력하는 우리는 어쩌면 우리에게 돌아오지 않는 이익을 위해 기득권층의 '개발'에만 힘쓰고 있는 것은 아닐까?

'계발'은 '개발'과 다르게 잠재되어 있는 속성을 더 나아지게 한다는 의미가 있다. 따라서 '자기계발'은 자기가 가진 잠재된 가능성을 더 나아지게 한다는 의미다. 진정한 의미의 '자기계발'은 성공만을 목적으로 자신을 못마땅하게 만들거나, 상처를 받지 않기 위해 마음에 벽을 쌓는 것이 아니다. 우리가 우리의 삶에 제대로 대응하기 위해서는, 현실의 진짜 변화를 만들어내기 위해서는 이런 '자기개발'을 뛰어넘어야 한다.

자신이 가진 잠재된 가능성을 더 나아지게 하는 진짜 '자기계발'을 위해서는 '사회계발'과 '우리계발'이 함께 필요하다. 하지만 자기계발서는 사회가 가진 잠재된 가능성, 우리가 가진 잠재된 가능성을 더 나아지지 못하게 방해하고 있을 뿐이다.

이 글은 자기계발서를 좇으며 살아온 내 삶의 반성이다. 하지만 단지 반성에만 머물지는 않는다. 글을 쓰면서 바닥에 널브러진 내 몸부림을 추스를 수 있었고, 내가 읽은 자기계발서가 나에게 어떤 영향을 미쳤는지 분명하게 알 수 있었다. 뜻하지 않게 나는 6가지로 분류한 자기계발서를 통해서 우리 사회와 '우리' 그리고 '나'에 대해서 되돌아볼 수 있었다. 자기계발서가 출판사를 먹여 살리는 시대에, 당신에게 자기계발서는 어떤 의미가 있는지, 자기계발서가 당신에게 어떤 영향을 미치고 있는지 함께 되돌아볼 수 있는 계기가 되었으면 좋겠다.

부족한 글을 엮어 멋진 책으로 만들어주신 들녘 출판사 임직원 분들에게 깊은 감사를 드린다. 누구보다 많은 관심과 조언을 주신 박성규 주간님 덕분에 부끄럽지 않은 책이 될 수 있었다. 못난 자식을 오로지 믿음으로 감싸주시는 아버지와 어머니에게 전하지 못한 마음을 이 자리를 통해서라도 전하고 싶다. "항상 감사합니다. 그리고 사랑합니다."

2018년 설날을 며칠 앞두고
송민수

1.

오늘을 특별한 내일로 만드는 지혜

계몽적 자기계발서

마시멜로를 싫어하는 아이가 성공한다?

우리가 잘 아는 『마시멜로 이야기』

스탠퍼드대학의 심리학자 미셸 박사는 1966년에 같은 대학 부설 유치원에서 간단한 실험을 한다. 실험은 접시 위에 마시멜로 한 개를 놓아두고 유치원 아이에게 15분간 먹지 않고 참으면 한 개를 더 주겠다고 한 다음, 아이를 방에 혼자 남겨둔 채 약속을 지키는지 확인하면서 진행했다. 실험 결과는 15년이 지난 1981년, 실험 참가 아이들에 대한 후속 연구를 통해서 완성된다. 마시멜로를 먹지 않고 끝까지 참아낸 아이들일수록 대학 입학시험에서 우수한 성적을 얻었고, 성공한 삶을 살고 있었다. 반면에 참지 못한 아이들은 비만, 약물중독, 사회부적응 등의 문제를 가지고 살고 있었다. 실험은 자기절제력이 큰 사람이 사회에서 성공할 확률이 월등하게 높다는 결론을 이끌어낸다.

미셸 박사의 실험은 실험 결과가 나온 지 20년이 훌쩍 지나고 나서야 사람들에게 알려졌다. 2005년에 출판된 『마시멜로 이야기』라는 책 덕분이었다. 『마시멜로 이야기』는 미셸 박사의 실험을 바탕으로 '내일의 성공을 위해 오늘은 참아야 한다'는 주제를 담고 있다. 책은 마흔 살의 젊은 나이에 억만장자가 된 사장 조나단이 그의 운전기사 찰리에게 '15분을 참은 아이들이 더 많이 성공을 거두었다는 이야기'를 하며 시작한다. 사장 조나단은 마시멜로 이야기를 통해 성공을 위한 마음가짐과 태도를 운전기사 찰리에게 알려준다. 성공하기 위해서는 자기절제력과 만족지연능력이 필요하다는 사실에 많은 사람들이 공감했고, 책은 베스트셀러가 되었다. 마시멜로 실험은 성공을 이야기하는 책과 신문 칼럼의 단골 소재가 되었고, 유명 자기계발 강사들의 강연에서도, 그리고 학교와 학원에서도 흔하게 들을 수 있는 이야기가 되었다.

　하지만 마시멜로 실험은 그 자체로도 여러 가지 의문을 낳는다. 실험 결과의 핵심은 15년 후 실험에 참가했던 꼬마들이 어떻게 살고 있는지를 확인하면서 만들어졌다. 초기 실험 참가자 653명 중 185명만이 소재 추적이 가능했고, 그중 94명의 SAT 점수를 알아낼 수 있었다. 결국 실험 결과는 실험 참가자의 15%만으로 이루어진 셈이다. 통계적으로 유의미한 숫자일지는 모르겠지만, 이렇게까지 많은 사람들에게 강력한 영향을 미칠 만큼 신뢰성이 있는 연구인지는 의문이다. 또한 실험에 참가한 꼬마들은 스탠퍼드대학의 부설 유치원에 다니는 백인 중산층 가정의 아이들이었다. 이들이 유의미한 통계를 얻기 위한 표본 집단이 될 수 있을까? 만약 백인 상류층 가정의 아이들을 대상으로 실험을 했다면 더 오래 참은 아이들과 그렇지 않은 아이들의 삶에 차이가 있기는 했을까? 반대로 흑인 하류층 가정의 아이들을 대상으로 실험을 했다면 아무리 오래 참은 아이마저도 성공을 이루기는 어려웠을 것이다. 더군다나 실험에 참가한 모든 꼬마들이 마시멜로를 비슷하게 좋아한다는 실험의 전제는 어떤가? 혹시 마시멜로를 싫어해서 그냥 내버려둔 꼬마는 없었을까? 그날 마시멜로를 처음 본 꼬마는 없었을까? 마시멜로에 대한 선호는 둘째로 치더라도, 정말 20대 초반까지의 삶만으로 성공을 가늠할 수 있기는 한 것일까?

실험의 전제와 과정의 신뢰성도 문제지만, 더 큰 문제는 실험 결과의 해석이다. 실험 결과를 마시멜로를 너무 좋아하면 실패한 인생을 살게 된다로 바꾸면 이상할까? 혹은 어른의 약속을 믿는 꼬마가 더 성공한다고 바꾸면 어떨까? 물론 이런 해석은 엉뚱하다. 하지만 마시멜로 실험은 여러 가지 의문이 모두 깨끗하게 제거된 채로, 흔들림 없는 단 하나의 결과만으로 우리들에게 알려졌다. 『마시멜로 이야기』는 '참아라! 더 나은 미래를 위해서'라는 듣기 싫은 말을 '당신의 오늘을 특별한 내일로 만드는 소중한 지혜'로 멋지게 바꾸어놓았다. 우리는 단순하고 확실한 결론을 좋아한다. 복잡한 과정을 생략하고 쉽게 올바른 결론을 이끌어준다면 환영할 일이다. 하지만 마시멜로 실험을 통해서 얻어진 '눈부신 성공을 위해서는 참아야 한다'는 쉬운 결론은 과연 올바르기는 한 것일까?

우리가 잘 모르는 『마시멜로 이야기』

잘 알려지지 않은 또 다른 마시멜로 실험이 있다. 2012년에 록펠러대학의 키드팀은 마시멜로 실험을 2단계로 진행했다. 첫 번째 실험에서는 아이들을 크레용이 놓인 책상에 앉게 한 다음, 조금만 기다리면 다른 꾸밈 재료를 주겠다는 약속을 한다. 이후 절반의 아이들에게는 약속대로 다른 꾸밈 재료를 주고, 다른 절반의 아이들에게는 주지 않는다. 편의상 약속을 지킨 신뢰 환경을 경험한 아이들을 A팀이라고 하고, 그렇지 못한 아이들을 B팀이라고 하자. 두 번째 실험은 첫 번째 실험을 진행한 A팀과 B팀 모두에게 마시멜로 실험을 똑같이 진행했다. 두 집단의 실험 결과는 확연하게 달랐다. 약속이 지켜진 경험을 했던 A팀이 B팀보다 무려 4배 이상의 시간을 기다렸다. 실험 결과는 자기절제력과 만족지연능력이 경험을 통해서 만들어진다는 사실을 보여준다. 경험을 통해 어차피 긴 시간을 참아도 약속한 것을 받을 수 없다고 판단한 B팀 아이들에게 자기절제는 현명하지 못한 생각일 뿐이었다.

　　우리가 알고 있는 마시멜로 실험은 반쪽짜리 실험이었다. 『마시멜로 이야기』는 실험 결과를 개인의 문제로만 해석했고, 결국 참을 수 있는 능력을 기르는 것이 성공의 지름길이라는 메시지만 남겼다. 그래서 우리는 마시멜로 실험을 성공하기 위해서는 자기절제력과 만족지연능력이 필요하다는 이야기로만 받아들이고 있다. 그와 동시에 성공하지 못한 이유는 바로 이런 능력을 키우지 못한 너 때문이라는 메시지를 가슴에 새기고 있는 셈이다. 『마시멜로 이야기』는 유혹을 견디는 아이뿐만 아니라, 신뢰를 주는 환경도 함께 이야기했어야 했다. 도대체 왜 아무리 참아도 약속을 지키지 않는 사회에 대한 이야기는 쏙 빠져버렸을까? 믿을 수 없는 제도와 시스템에 대한 이야기는 왜 사라졌을까?

　　『마시멜로 이야기』는 두 명의 작가가 썼다. 작가 소개에 따르면 엘런 싱어는 '20년 이상 비즈니스 분야에서 활발한 창작활동'을 하며 '전 세계 기업가와 법인 고객을 위해' 문화콘텐츠 회사를 설립한 사람이다. 호아킴 데 포사다는 '대중연설가', '자기계발 전문가', '당대 최고의 동기부여가'이다. 호아킴 데 포사다는 기업에서 판매 훈련 프로그램 개발 및 심리 업무를 맡기도 하고, 자기계발 훈련 회사를 운영하기도 했다. 그의 주된 관심은 직원들의 동기부여를 통해 기업을 효율적으로 운영하게 하는 것이었다. 그는 기업가의 위치에서 개인들의 효율성을 높이고자 하였고, 그런 그에게 마시멜로 실험은 적절한 직원 교육의 소재였다. 두 명의 작가 모두 제도와 시스템의 문제보다 개인의 문제에 훨씬 많은 관심을 가지고 있었다.

과연 마시멜로 실험을 『마시멜로 이야기』에 담아낸 작가는 우리들을 올바른 결론으로 이끌어준 것일까? 아니다. 그들은 믿을 수 없는 제도와 시스템에 대한 이야기를 할 수 없는 위치에 있었다. 그들은 마시멜로 실험에서 정해진 시스템에 맞춰 자신을 변화시켜야 성공할 수 있다는 '자기계발'의 논리를 발견할 수 있었을 뿐이었다. 아마도 그들에게는 아무리 참아도 소용없는 불합리한 제도와 시스템은 보이지도 않았을 것이다.

만약 『마시멜로 이야기』라는 책을 양육 환경에 따라 자기절제력이 달라진다는 주제로 만들었다면 이렇게 유명해질 수 있었을까? 양육자를 신뢰할 수 있는 아이, 자기결정권을 가진 아이, 참을 수 있는 구체적인 방법을 배운 아이들이 더 성공했다는 주제는 개인의 성공을 이야기하는 자기계발서와 어울리지 않는다. 『마시멜로 이야기』는 성장 환경에 대한 이야기를 빼고, 개인의 인내만을 성공의 조건으로 강조하고 있을 뿐이다.

이렇게 양육 환경의 차이도 사라지고, 교육의 사회적 책임도 지워진 『마시멜로 이야기』는 기득권을 가진 사람들에게 환영받았다. '나는 보이지 않는 미래를 위해 참을 수 있는 능력으로 성공한 거야. 성공하지 못한 너희는 참지 못하고 눈앞에 보이는 대로 먹어 치우니까 성공하지 못한 거야!'라고 자신의 성공을 합리화할 수 있었기 때문이다. 『마시멜로 이야기』는 성공하기 위한 책이 아니라, 성공한 사람들의 자기합리화를 위한 책에 불과한 것은 아닐까?

내가 읽은 것이 나에게 미친 영향

　나 역시 『마시멜로 이야기』에 익숙하다. 고등학생 때에는 대학에 가면 연애도 하고 마음껏 놀 수 있으니 지금은 좀 참으라는 말을 듣고 자랐다. 사회생활을 하면서는 자기계발 강사들에게 성공한 사람은 자기절제력을 가지고 있다고, 당신들은 눈앞에 보이는 마시멜로를 먹어 치우기 급급하다고 질책을 받기도 했다. 나는 참을성 없이 살아온 삶을 반성까지 하면서 그 말을 믿었다. 성공하고 싶은 나에게 『마시멜로 이야기』는 성공하는 쉬운 방법을 알려주는 소중한 책이었다. 하지만 대학에 입학해도 또 다른 마시멜로는 저 멀리 있었고, 자기절제력을 가지고 참고 참아도 성공은 계속 멀어지기만 했다.

　그때 나는 성공하고 싶었다. 자기계발서는 그런 나

를 더 열심히 노력하라고 채찍질하기도 하고, 때로는 위로해주기도 했다. 누군가에게 의지하기 어려운 현실에서 자기계발서는 나를 되돌아보게 만들고, 앞으로 나아가게 만들어준 힘이 되었음을 부정하기 어렵다. 그런데 그렇게 살다가 어느 날 주변을 살펴보니 아무도 없었다. 아무것도 없었다. 그렇게 많은 것을 잃고 시간이 한참 흐른 뒤에야 비로소 의문이 들었다. 나는 도대체 뭘 읽은 것일까? 나만이 아니었다. 내 주변의 많은 사람들이 성공을 위해 자신을 채찍질하고 스스로를 격려하며 제자리걸음을 하고 있었다. 모두들 성공을 위해 강연을 듣고 책을 읽으며 열심히 살고 있었지만, 삶의 변화를 만들어내지 못한 채로 버티고 있었다.

하지만 그때는 몰랐다. 자기계발서도 멋진 강연자도 내가 몰랐던 잘못된 생각과 습관을 바로잡게 해줄 것이라고만 생각했다. 부자의 모습을 부정적으로 생각하면서 부자가 될 수는 없다는 말에 뜨끔하기도 했으며, 새로운 변화 속에서 내가 해야 할 일을 찾아야 한다는 말에 깊이 고민하기도 했고, 성공할 자격을 갖추어야 성공할 수 있다는 그들의 말에 나를 되돌아보기도 했다. 나는 그들의 말이 내 꿈을 이룰 수 있도록 돕는 이야기라고, 나에게 긍정적인 영향을 줄 것이라고만 굳게 믿었다. 그들의 말을 부정할 수 없었고, 무엇보다 나도 그들처럼 성공하고 싶었다. 하지만 그때는 정말 몰랐다. 자기계발서가 나에게,

아니 우리에게 미친 진짜 영향을 말해주는 사람은 없었다.

　　나는 옳은 말처럼 보이는 자기계발서가 나에게, 또 우리에게 어떤 영향을 미치는지 궁금했다. 그래서 지금까지 내가 읽어온 자기계발서를 다시 보았다. 시각이 바뀌어서였을까? 다시 읽은 자기계발서는 이상했다. 『마시멜로 이야기』는 큰 글씨와 그림으로 쉽고 편한 이야기를 담은 자기계발서다. 성공의 방법을 직접적으로 가르치려고 한다는 면에서 '계몽적 자기계발서'라고 하자. 그럼 계몽적 자기계발서의 이상한 특징부터 살펴보자.

　　아참, 먼저 내가 읽은 자기계발서의 목록부터 밝혀야겠다. 내가 읽은 자기계발서들은 다음과 같다. 연간 베스트셀러에 오를 정도로 많은 사람들이 읽은 책들은 별색으로 표시하였다.

1. 계몽적 자기계발서

『마시멜로 이야기』, 『선물』, 『누가 내 치즈를 옮겼을까?』, 『백 번째 원숭이를 움직인 생각』, 『핑』, 『경호』, 『성공』, 『피크 앤드 밸리』

2. 초월적 자기계발서

『시크릿』, 『꿈꾸는 다락방』, 『왓칭』, 『리얼리티 트랜서핑』, 『마음의 자석』, 『코즈믹 오더링』, 『키: 시크릿을 여는 열쇠』, 『백만장자 시크릿』, 『시크릿 틴 파워』, 『비욘드 시크릿』, 『감사의 효과』, 『무지개 원리』, 『종이 위의 기적 쓰면 이루어진다』, 『간절히 원하면 이루어진다』, 『긍정의 힘: 믿는 대로 된다』, 『된다 된다 나는 된다』, 『자기암시』, 『오래된 비밀』, 『호오포노포노의 비밀』, 『부를 끌어당기는 절대법칙』

3. 성공담 자기계발서

『10미터만 더 뛰어봐』, 『이기는 습관』, 『가슴 뛰는 삶』, 『육일약국 갑시다』, 『20대, 나만의 무대를 세워라』, 『부자 아빠 가난한 아빠』, 『나는 꾼이다』, 『총각네 야채가게』, 『꿈을 여는 12가지 열쇠』, 『나도 이길 수 있다』, 『부자언니 부자특강』, 『한국의 부자들 1, 2』, 『부자사전 1, 2』, 『성공하고 싶다면 빨간 옷을 입어라』, 『부자들은 왜 장지갑을 쓸까』, 『부자들이 말하지 않는 돈의 진실』, 『억만장자 마인드』, 『공부가 가장 쉬웠어요』, 『나는 꿈에도 SKY는 못 갈 줄 알았다』, 『멈추지 마, 다시 꿈부터 써봐』, 『가난하다고 꿈조차 가난할 수는 없다』, 『공부는 내 인생에 대한 예의다』, 『16살, 네 꿈이 평생을 결정한다』

4. 관리형 자기계발서

『성공하는 사람들의 7가지 습관』, 『카네기 인간관계론』, 『어떻게 원하는 것을 얻는가』, 『20대에 하지 않으면 안 될 50가지』, 『30대에 하지 않으면 안 될 50가지』, 『나를 변화시키는 좋은 습관』, 『운명을 바꾸는 작은 습관』, 『미루는 습관 버리기』, 『습관의 재발견』, 『습관의 힘』, 『마인드 리셋』, 『목표 그 성취의 기술』, 『일을 했으면 성과를 내라』, 『함께 승리하는 신뢰의 법칙』, 『변화의 힘』, 『아침형 인간』, 『어떤 사람이 최고의 자리에 오르는가』, 『끌리는 사람의 백만불 짜리 매력』, 『말하는 법 1%만 바꿔도 인생이 달라진다』, 『성공하는 직장인은 대화법이 다르다』, 『리더는 시간을 이렇게 쓴다』, 『1일 30분』, 『인생을 바꾸는 시간 18분』, 『잠자기 전 30분』

5. 위로형 자기계발서

『아프니까 청춘이다』, 『걱정을 멈추고 즐겁게 사는 법』, 『흔들리지 않고 피어나는 마흔은 없다』, 『인생미답』, 『심야치유식당』, 『받아들임』, 『서른살이 심리학에 묻다』, 『심리학이 서른살에게 답하다』, 『살아 있는 것은 다 행복하라』, 『행복하게 성공하라』, 『나를 바꾸는 심리학의 지혜 프레임』, 『아픈 영혼, 책을 만나다』, 『다시』

6. 이기적 자기계발서

『미움받을 용기』, 『아들러 심리학을 읽는 밤』, 『만화로 읽는 아들러 심리학』, 『자존감 수업』, 『신경 끄기의 기술』, 『신경 쓰지 않는 연습』, 『상처받지 않고 행복해지는 관계의 힘』, 『행복한 이기주의자』, 『마음 지키기 연습』, 『홀가분』, 『지금 이 순간을 살아라』, 『끝맺음에 서툰 당신에게』, 『단순하게 살아라』, 『나를 지켜낸다는 것』, 『사람들과 편하게 지내는 39가지 방법』, 『나는 왜 눈치를 보는가』

계몽적 자기계발서의 이상한 특징

뻔한 이야기 가득한 자기계발서

비법, 비결, 비밀, 지혜, 진실, 원리, 법칙, ~하는 법, 답, 열쇠, 노하우, 처방전, 기적, 마법, 로드맵, 메시지, 공식…….

자기계발서 표지에서 흔하게 볼 수 있는 단어들이다. '비법, 비결, 비밀'과 같은 단어를 보면 우리가 모르는 무엇을 전해주려는 듯하다. '지혜, 진실, 원리, 법칙'과 같은 단어를 보면 그것은 몰라서는 안 되는 중요한 어떤 것인 듯싶고, '답, 열쇠, 노하우, 처방전, 기적, 마법'과 같은 단어를 보면 풀리지 않는 문제의 쉽고도 놀라운 해결책을 제시해줄 것도 같다. 위의 단어들을 몇 개씩 조합해보면 '기적의 성공 비법', '당신만 모르는 지혜의 메시지', '답답한 삶의 마법 같은 처방전', '비밀의 열쇠를 가지는 법'과 같이 자기계발서 제목 앞에 붙일 수 있는 말을 쉽게 만들 수 있다. 모두 궁금증을 불러일으키면서 기대를 가지게 하는 말들이다. 자기계발서의 표지에 있는 말로 확인할 수 있는 것처럼 자기계발서는 우리가 모르는 중요한 어떤 문제에 대한 해결책을 제시해준다고 이야기한다.
『마시멜로 이야기』도 '당신의 오늘을 특별한 내일로 만
드는 소중한 지혜'라는 말이 표지에 있다.

이처럼 자기계발서는 깨달은 자의 입장에서 깨닫지
못한 우리에게 우리가 모르는 무엇을 가르쳐주고 싶어
한다. 우리는 자기계발서를 통해서 도대체 무엇을 배우고
싶은 걸까? 우리는 깨닫지 못하고 그들만 깨달은 지혜가
도대체 무엇이기에 우리는 자기계발서를 이토록 많이 보
고 있을까? 정말 우리가 모르는 놀라운 비법과 기적 같은
비밀이 존재하기는 할까? 물론 우리가 모르는 놀라운 비
법과 기적 같은 비밀은 없다. 자기계발서가 가르쳐주고자
하는 것은 대부분 너무 뻔하고 당연한 말들이다. 자기계
발서에는 이런 이야기들이 가득하다.

  ✳ 꿈과 목표를 가져라.
  ✳ 오늘에 머무르지 말고 내일을 위한 노력을 하라.
  ✳ 시간을 관리하라.
  ✳ 걱정과 불만을 내려놓아라.
  ✳ 자신에게 주어진 것을 긍정하라.
  ✳ 강한 열망은 목표를 더 빨리 이루게 한다.

이렇게 쉽고 당연한 것을 누가 모르겠는가? 우리가
이미 다 알고 있는 단순한 내용일 뿐이다. 반박할 말도 없

고, 문제가 될 만한 말도 없다. 많은 자기계발서가 정말 '뻔한' 이야기를 한다. '옳은', '맞는', '당연한'과 같은 표현은 물론이고 '다 알고 있는'과 같은 중립적인 표현 대신에 '뻔한'이라는 표현을 사용한 이유가 있다. '뻔하다'는 '번하다'보다 센 느낌을 주는 말이다. '번하다'에는 여러 가지 의미가 많지만 '어떤 일의 결과나 상태 따위가 훤하게 들여다보이듯이 분명하다'는 뜻으로 주로 사용한다. 우리가 사용하는 '뻔하다'에는 지나치게 반복되어 어떤 틀에서 벗어나지 못한다는 부정적 의미가 강하다. 뻔한 것을 다시 보거나 듣는 일은 재미없고 지루한 일이다. 뻔한 소설은 읽기 싫고, 뻔한 영화는 보고 싶지 않고, 뻔한 이야기는 듣고 싶지 않다. 그럼에도 많은 사람들이 자기계발서를 본다. 자기계발서가 가르치고자 하는 내용은 누구나 다 알고 있을 정도로 뻔하고 쉬운 내용인데도, 도대체 왜 우리는 그것을 배우려고 할까?

거북했던 '부자 되세요~'가 새해 인사말로

사실 우리는 자기계발서를 통해서 무엇을 배우고 싶은 것이 아니라, 무엇을 이루고 싶어 한다. 우리가 자기계발서을 통해서 이루고 싶은 것은 바로 '성공'이다.

눈부신 유혹을 이기면 눈부신 성공을 맞이하리라

성공은 준비된 자만이 가질 수 있는 마시멜로다
세상에서 가장 아름다운 유혹은 '성공'이다
변화한 당신 성공을 향해 힘찬 닻을 올려라
내일의 성공을 향해 쏴라
성공 이상의 성공을 꿈꾸며

　　모두 『마시멜로 이야기』의 소제목이다. 총 8개의 소제목 중 6개에 '성공'이라는 단어가 있다. 자기계발서가 이야기하는 지혜와 법칙은 모두 성공을 위한 확실한 원리이고, 비법과 비밀은 남들이 모르는 성공의 길이다. 성공이라는 달콤한 말은 자기계발서를 읽게 만드는 큰 힘이다.

　　'여러분~ 부자 되세요!'는 2002년에 제작된 카드사 광고의 외침이다. '행복하세요'도 아니고, '건강하세요'도 아닌 이상한 덕담이었다. 지금은 익숙한 '부자 되세요'라는 말은 당시만 해도 매우 거북스러웠다. 너무나 적나라하고 직접적인 이 외침은 부자가 되지 못한 내 삶을 들추어내는 것처럼 부끄럽기도 했고, 삶의 목표를 너무 단순하게 만들어버리는 것 같아서 민망하기도 했다. 하지만 부끄러움과 민망함보다는 부자가 되고 싶은 욕망이 더 컸던 모양이다. '부자 되세요'에서 느껴지던 거북스러움과 부끄러움은 금방 사라졌다. 광고가 나간 이후 이 외침은 여기저기로 퍼져나갔다. 이제 새해 인사말과 개업 인사말로 '부자 되세요'라는 말을 쉽게 볼 수 있다. 부자로는 부족했는지, '대박 나세요'라는 말도 넘쳐났다.

부자가 되고 싶은 욕망이 커지기 시작한 것은 비교적 최근의 일이다. 70년대까지만 해도 사람들은 먹고사는 일에 급급했었다. 80년대에도 사람들은 부자보다는 그저 안정적이고 편안하게 살 수만 있기를 바랐는지 모른다. 부자가 되고 싶은 사람도 물론 많았겠지만, 비슷한 처지에 있는 사람들에게 의지할 수 있었기 때문인지 가난한 삶을 초라하게 생각하지는 않았다. 가난은 분명 불편하고 싫은 것이었지만, 부끄러운 것은 아니었다. 평범하게 살더라도 조금씩 더 나아지리라는 희망을 가지고 살 수 있었기 때문이었다. 또 한편, 부자를 부정적으로 생각하는 사람도 많았다. 부당한 정권과 기득권층의 행태를 보며, 부자가 되기 위해서는 나쁜 일을 해야 한다는 인식이 많았던 탓이었을 것이다. 그래서 90년대까지만 해도 졸부라는 말도, 때로는 천민자본주의라는 자극적인 말도 흔하게 들을 수 있는 말이었다. 갑자기 부자가 된 사람을 나타내는 졸부라는 말에는 인격과 능력을 갖추지 못했다는 부정적 의미가 있었다. 하지만 언제부터인가 사람들은 졸부라는 말을 쓰지 않는다. 졸부도 그저 부러운 대상이 되었기 때문이다. 부자가 된 개인에 대한 부정적 표현뿐만이 아니라, 잘못된 자본주의 시스템에 대한 비판적 시각을 담은 천민자본주의라는 말도 더 이상 들을 수가 없게 되었다.

예전에 연예인들이 예능프로그램에서 '입금되면 바로 웃길 수 있다'는 말을 했다면 속물적인 유머라고 비판을 받았을 것이다. 하지만 지금 우리들은 그저 솔직함으로 받아들인다. '조물주' 위에 '건물주'가 있기 때문인지, 청소년에게 꿈을 물어보면 임대사업자가 되고 싶다는 이야기도 심심찮게 들을 수 있다. 힙합 가사는 자신의 물질적 성공을 자랑질하기에 바쁘다. 더 이상 사람들은 물질적 욕망을 드러낸 사람을 천박하게 여기지 않고, 드러내는 것도 부끄럽게 생각하지 않는다. 어느새 '부자 되기'는 다른 모든 가치 앞에 위치하게 되었다. 이렇게 성공과 부자로 대변되는 물질을 향한 욕망이 뻔하고 재미없는 자기계발서를 열심히 읽게 만들고 있는지도 모른다. 성공할 수 있는 비법을, 부자가 될 수 있는 비밀을 알려준다고 하는데 어찌 읽지 않을 수가 있을까?

계몽을 부활시킨 책

더구나 자기계발서는 뻔한 내용과 함께 계몽적인 방식으로 이야기를 전달한다. 계몽은 지식수준이 낮거나 인습에 젖은 사람을 가르쳐서 깨우친다는 의미다. 뻔한 내용과 계몽은 재미없는 책을 만들기 위한 최고의 조합인 셈이다. 『마시멜로 이야기』는 성공한 조나단이 성공하지 못한 찰리에게 쉽고 재미있는 일화들을 통해서 성공을 위한 지혜를 가르치는 내용이다. 혹은 깨우쳐준다고 해도 좋다. 책의 내용 전개 방식 자체가 매우 계몽적인 구성으로 되어 있다. 물론 독자들은 아직 깨우치지 못한 운전기사 찰리의 입장에서 책을 본다. 많은 자기계발서가 『마시멜로 이야기』와 같은 계몽적인 이야기 전개 방식을 선택한다. 작가가 직접 독자에게 말하는 방식도 있고, 등장인물을 등장시켜 간단한 이야기를 만들어 붙이는 방식도 있다. 등장인물은 항상 깨우친 자와 깨우치지 못한 자로 나뉘어 있다. 등장인물을 통해서든 작가가 직접 말하는 방식을 통해서든 성공한 자가 성공하지 못한 자에게 무엇인가를 가르치는 것이다. 하지만 계몽의 시대는 오래전에 끝났다.

> "옳습니다. 교육으로, 실행으로 저들을 가르쳐야지요, 인도해야지요! 그러나 그것은 누가 하나요?"하고 형식은 입을 꼭 다문다.
> 세 처녀는 몸에 소름이 끼친다. 형식은 한 번 더 힘 있게, "그것을 누가 하나요?"하고 세 처녀를 골고루 본다.
> 세 처녀는 아직도 경험하여 보지 못한 듯한 말할 수 없는 정신의 감동을 깨달았다. 그리고 일시에 소름이 쪽 끼쳤다.
> 형식은 한 번 더, "그것을 누가 하나요?"하였다.

"우리가 하지요!"하는 기약하지 아니한 대답이 세 처녀
의 입에서 떨어진다. 네 사람의 눈앞에는 불길이 번쩍하
는 듯하였다. 마치 큰 지진이 있어서 온 땅이 떨리는 듯하
였다.

_이광수 『무정』 중에서

한국 최초 현대 장편소설인 『무정』의 일부분이다.
농촌 운동의 당위성과 실행 주체에 대한 이야기를 매우
감동적으로 전하려고 한 것으로 보인다. 문학사적으로
훌륭한 작품이기는 하지만, 지금 우리들에게는 감동으로
소름이 끼치기보다는 민망함으로 닭살이 돋는다. 독자를
가르치려는 계몽은 아무래도 구시대적이다.

원래 계몽주의는 18세기 이후 유럽에서 부정과 불의
에 맞서는 이성의 힘이었다. 우리나라에서 계몽은 개화기
시기에는 문맹을 없애는 노력으로, 80년대에는 독재정권
을 없애는 노력으로 제 역할을 하였다. 하지만 90년대 이
후 계몽은 사라졌다. 우리들은 계몽이 싫다. 우리는 일방
적인 태도로 가르치려고 하는 사람을 '꼰대'라 부르며 경
멸한다. 이미 사람들은 많은 교육을 받았다. 대한민국은
특히 더 그렇다. 학교 교육만이 아니다. 각종 미디어를 통
해서 자신이 관심을 가진 분야에 대해서 말 그대로 알 만
큼 안다. 누구나가 저마다의 철학과 가치관이 있다. 동등
한 위치에서 서로가 존중해야 하는 시대에 우월한 누군

가가 열등한 누군가를 일방적으로 가르친다는 것 자체가
멋쩍은 일이다.

하지만 이미 죽은 계몽이 자기계발서를 통해서 화려
하게 부활했다. 사람들이 싫어하는 계몽을 전면에 내세
우면서도 자기계발서는 많은 인기를 누리고 있다. 그 핵
심적인 이유는 역시 성공 때문이다. 성공이 듣기 싫은 잔
소리 같은 계몽적인 자기계발서를 읽게 만든다. 물질적인
부유함을 향한 사람들의 욕망이 다 죽어가던 계몽을 살
려낸 셈이다.

권위적으로 명령하는 보기 드문 책

보통의 책은 글쓴이의 생각을 드러내거나 사회와 자
연현상을 이야기한다. 글쓴이는 자신을 주어로 '나는 이
렇게 생각한다'고 이야기하고, 독자인 우리들은 그의 이
야기에 공감하기도 하고, 그의 이야기를 통해서 깨달음
을 얻기도 하고, 또 모르는 것을 배우기도 한다. 물론 비
판적으로 읽기도 한다. 무엇이든 독자가 스스로 선택한
다. 우리들은 글쓴이의 주장과 생각을 통해서 새로운 사
실을 알게 되거나, 사실의 새로운 면을 알게 되기도 한다.
또한 내 생각을 점검하기도 하고, 내 생각의 변화를 선택
하기도 한다. 모두 글쓴이의 강요가 아닌 나의 선택이다.

하지만 자기계발서는 독자를 설득하지 않고, 권위적으로 명령한다. 자기계발서는 부드러운 말투를 사용해서 친절한 듯 보이지만, 실제 내용을 전달하는 방식은 매우 권위적이다. 자기계발서의 권위적인 모습은 인칭대명사와 문장 표현을 통해서 확인할 수 있다. 자기계발서는 잘 사용하지 않는 2인칭에게 새로운 생명을 주었다. 자기계발서를 제외한 대부분의 책은 인칭대명사로 '나/우리', '그/그녀', '이것/그것/저것'을 사용한다. 보통의 경우 '너/당신'처럼 독자를 지칭하는 2인칭은 특별한 경우가 아니라면 사용하지 않는다.

자기계발서는 보통의 책과 다르게 독자에게 대놓고 지시하고 명령하기 위해서 독자를 직접적으로 지칭하는 '너/당신'을 많이 사용한다. 책을 읽는 독자에게 거리낌 없이 함부로 이래라저래라 하기도 한다. 그런데 놀랍게도 많은 사람이 이런 자기계발서를 열심히 읽는다. 누군가가 자신에게 무엇을 지시하고 가르치는 것을 싫어하는 사람도 밑줄까지 그어가며 읽는다. 역시 성공 때문이다. 성공하기 위한 방법이라고 하는데 지시를 하든 명령을 하든 무슨 상관이란 말인가? 심지어 책을 읽고 있는 나를 열등하게 여기지만 그래도 괜찮다. 다 받아들일 수 있다. 내가 열등하니까 아직 성공하지 못한 것이려니 싶다.

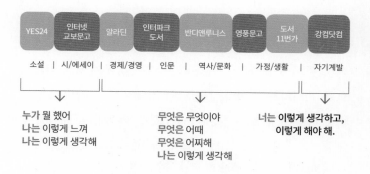

2인칭뿐만이 아니다. 자기계발서는 유난히 명령형 문장과 당위적인 문장을 많이 사용한다. '~하라', '~하지 마라'와 같은 명령형 문장은 일반적인 책에서 보기 어려운 말이다. '~해야 한다'처럼 당위적인 표현도 많다. 당위적 표현은 조건 없이 반드시 해야 함을 나타내기 위해서 쓴다. 또한 강제된다는 의미를 담고 있기도 하다. 의심의 여지 없이 마땅히 해야 하는 일임을 보여주고 싶은 것이다. 이렇게 독자에게 직접적인 명령과 당위적 표현을 하는 책은 종교적인 책과 전자제품 사용설명서 말고는 없다. 명령과 당위로 이루어진 책은 아무래도 겸연쩍고 불편하다. 하지만 자기계발서에는 차고 넘친다. 우리는 자신의 마음가짐과 행동을 바꾸기 위해서 명령하고 지시하는 자기계발서를 많이 보고 있다. 누가 시키지 않았는데도 스스로 열심히 군말 없이 읽고 있다.

심지어 계몽적 자기계발서는 책 중간 중간에 독자가

정리를 못 했을까봐 행동지침을 간단한 문장으로 만들어 큰 글씨로 다시 써놓기까지 한다. 성공을 위한 마음가짐과 행동에 중요한 지침이 된다는 경구를 독자에게 직접적으로 제시하는 것이다. 친절함이 지나쳐서 독자의 지적 능력을 너무 낮게 보는 것은 아닌가 하는 의심이 들 지경이다.

성공을 위한 필수 지침

- 눈앞에 있는 마시멜로를 즉시 먹지 마라. 기다리면 더 많은 마시멜로를 먹을 수 있다. 그러니 기다려라.
- 당장 먹고 싶은 유혹을 이겨라. 눈부신 성공이 당신을 기다린다.
- 작은 돈부터 시작해 30일 동안 매일 배로 늘려가면 엄청난 돈이 된다. 장기적으로 생각하라.
- 성공하기 위해서는 다른 사람이 나를 돕고자 하는 욕구를 느끼게 해야 한다. 무엇보다 나의 말을 믿게 만들어야 한다.

부자가 되는 일은 결코 나쁜 일이 아니다. 하지만 어느 순간부터 '부자'만이, '물질적 부'만이 인생에서 가장 중요한 가치가 되어버렸다. 우리는 간절히 부자가 되고 싶다. 그런 우리에게는 아무리 뻔하고 당연한 말이라고 하더라도 성공을 위한 비법이라면 아주 소중하고 귀한 말이 된다. 자신에게 부족함을 느껴서 자기계발서를 읽는 것일 테니, 어쩌면 계몽적인 구성과 내용, 권위적인 표현은 자기계발서를 찾아서 읽는 독자를 위한 좋은 방법일지도 모른다. 그런데 과연 성공하기 위한 쉬운 비법이 존재하기는 할까?

성공의 충분조건은 나의 변화가 아니다

'p이면 q이다'에서 p는 충분조건, q는 필요조건이다

조금 더 깊이 있게 자기계발서의 내용적 특징을 살펴보자. 자기계발서는 성공을 이룰 수 있는 방법을 이야기하면서도 경영 방법이나 경제 원리를 말하지 않는다. 그저 '나'에 대해서 이야기할 뿐이다. 자기계발서는 나를 바꾸면 성공할 수 있다고 한다. 나를 바꾸는 것이 성공을 위한 충분한 조건이 된다는 것이다. 매우 달콤한 말이지만, 진위를 판단할 수 없는 엉터리 명제일 뿐이다.

우리는 수학 시간에 집합을 배웠다. 누구나 『수학의 정석』 맨 앞부분만큼은 여러 번 공부를 하니 눈에 익은 대목이다. 'p이면 q이다'라는 명제가 참이라고 할 때, 다시 말해 p가 참인 모든 경우에 q가 항상 참이라고 할 때, p를 가리켜 q이기 위한 충분조건, 또 q를 가리켜 p이기 위한 필요조건이라고 한다. 충분조건과 필요조건은 포함관계에 있다. 필요조건이 충분조건을 완벽하게 포함하고 있어야 참과 거짓을 구분할 수 있는 명제가 된다.

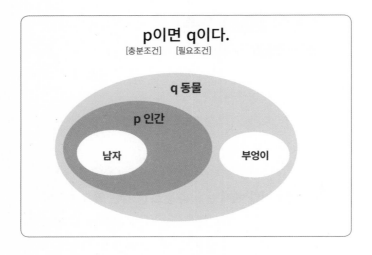

집합이라고 하더라도 역시 수학은 어렵다. 쉽게 가보자. '인간이면 동물이다'가 참이라고 할 때, 위와 같은 벤다이어그램을 그릴 수 있다. 동물은 인간이기 위한 필요조건이다. 모든 동물이 인간일 수는 없지만, 모든 인간은 반드시 동물이다. 인간이기 위해서는 반드시 먼저 동물이 되어야 한다. 그래서 동물은 인간이 되기 전에 꼭 필요한 조건, 즉 필요조건이다. 반대로 인간은 동물이기 위한 충분조건이 된다. 모든 인간은 동물이기 때문에 인간은 동물이 되기 위한 충분한 조건을 이미 갖추고 있다는 뜻이다. 인간이면 무조건 동물이다. 그 자체로 충분하다. 남자면 동물이다. 부엉이면 동물이다. 인간이든 남자든 부엉이든 모두 동물이 되기 위한 충분한 조건을 갖추고 있다. 하지만 동물이 모두 인간은 아니다.

갑자기 수학의 명제에 관한 이야기를 꺼낸 이유가 있다. 자기계발서들은 성립할 수 없는 명제를 갖다 붙이기도 하고, 필요조건과 충분조건을 교묘하게 섞어버리기도 한다. 자기계발서는 '○○○하면 성공할 수 있다'고 이야기한다. ○○○에는 자기계발서가 제시하는 마음가짐과 태도의 변화가 들어간다. 『마시멜로 이야기』는 참아야 한다고 했다. 다른 자기계발서들도 긍정적인 마음 갖기, 목표를 설정하고 집중하기, 미래를 생생하게 그려보기 등과 같은 나의 변화가 성공을 만들어낸다고 한다. 그들은 '나의 변화'가 '성공'을 위한 충분한 조건을 갖추고 있다고 주장한다.

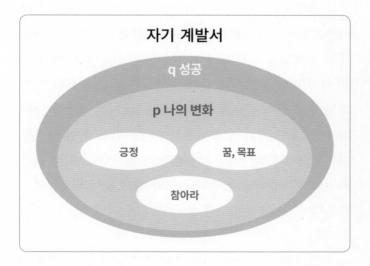

나를 바꾸면 성공할 수도 있다

자기계발서의 주장처럼 나의 변화가 성공의 조건일 수도 있다. 나를 바꾸면 성공할 수도 있다. 하지만 명제가 항상 참이 되기 위해서는 반드시 포함관계에 있어야 한다. '노력하면 성공한다'는 말은 우리의 바람일 뿐, 명제가 될 수는 없다. 안타깝게도 노력과 성공은 포함관계에 있지 않기 때문이다. 포함관계를 벗어나면 참일 수도 있고 거짓일 수도 있다. 아무리 노력해도 성공하지 못하는 사람이 훨씬 많은 대한민국에서는 노력과 성공은 포함관계가 아니라, 아주 작은 교집합을 가진 관계에 불과하다.

자기계발서가 성공하기 위해 필요하다고 이야기하는 '나의 변화'는 과연 성공과 교집합을 이루기는 할까? 혹시 교집합을 이루고 있더라도 성공에 있어서 '나의 변화'의 중요성은 얼마나 될까? 혹시 '나의 변화'보다는 잘 만난 부모가 더 중요한 요소는 아닐까? 이미 졸업한 대학이 더 중요한 요소는 아닐까? 성공을 위한 핵심 조건은 자기계발서가 말하는 '나의 변화'가 아니다. 오히려 자기계발서의 아름다운 말들과 거리가 먼 것들이 필요할지도 모른다.

성공과 나의 변화는 포함관계에 있지 않다. 성공을 위한 조건에는 자기계발서가 말하는 나의 변화보다 훨씬 더 중요한 요소가 많다. 학벌, 인맥, 돈 많은 부모 그리고

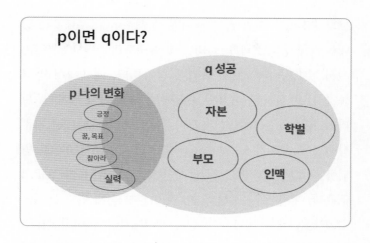

자본이야말로 성공의 필요조건이자 충분조건에 훨씬 가깝다. 부엉이도 동물이듯이 '나의 변화' 이외의 다른 조건들도 성공일 수 있다. 하지만 자기계발서는 이런 이야기를 하지 않는다. 자기계발서는 오로지 나의 변화만으로 성공을 이루어낼 수 있다고 이야기한다. 간절히 원하면 온 우주가 도와준다는 왠지 그럴듯한 말로 성공을 향한 열망과 '나의 변화'가 성공의 충분조건인 것처럼 말하고 있을 뿐이다.

하지만 대한민국의 양극화는 '나의 변화'로 넘어설 수 있는 호락호락한 벽이 아니다. 2017년 국가 재정기획위원회의 국정감사 자료를 보면, 2015년 상위 0.1%의 평균 소득금액은 26억8600만 원, 상위 1%는 6억8000만 원에 이른다. 대한민국의 상위 0.1% 소득자는 중위 소득자

보다 248배를 더 벌었다. 국제통화기금(IMF) 자료를 보면
대한민국 상위소득 10%의 소득집중도는 1995년 29.2%
에서 2012년 44.9%로 급격히 증가했다. 세계에서 양극
화가 가장 심각한 미국의 47.8%를 곧 넘어설 기세다. 토
지 소유 구조는 더욱 심각하다. 개인 토지는 2012년 기준
상위 1% 인구가 55.2%를 가지고 있다. 상위 10%로 범
위를 넓히면 대한민국 전체 개인 토지의 97.6%가 그들의
소유다. 법인 토지도 상위 1%의 법인이 전체 법인 토지의
77.0%를, 상위 10%의 법인이 93.8%를 보유하고 있다.[1]
이런 상황에서도 자기계발서는 순진하게 '나의 변화'를 이
야기할 뿐이다.

그들도 그랬을까?

생각의 방향을 바꾸어 성공한 사람의 입장에서 생
각해보자. 자기계발서의 말대로라면 상위 10% 소득자들
은 성공을 위한 마음가짐과 태도를 가진 사람들이어야
한다. 그런데 성공한 그들에게 자기계발서가 이야기하는
마음가짐과 태도가 과연 필요하기는 했을까? 정말 그들
은 자기계발서가 말하는 성공의 방법처럼 내일을 위해서

---

1   세계일보 2017.10.21. 「'1% 한국사회', 양극화 민낯 보여준 국감의 숫자
     들」

오늘을 참고 견디면서 긍정적인 마음으로 꿈과 목표를 가지고 열정적으로 살기는 했을까? 정말 그들은 간절한 바람을 종이에 적고 그것을 매일매일 보면서 자신의 미래를 생생하게 그려보았을까? 정말 그들은 주변 상황에 항상 감사하는 마음으로 살았을까? 정말 그들은 다른 사람의 성공을 돕고, 다른 사람의 말을 경청했을까? 정말 그들은 자기계발서가 이야기하는 마음가짐과 태도를 가지고 있기는 했을까?

모두가 그랬을 것 같지는 않다. 성공한 사람들 중엔 자신의 미래를 생생하게 그려보지 않은 사람도, 긍정적이지 않은 사람도, 미래를 위해서 참고 견디지 않은 사람도 많기 때문이다. 성공한 상위 10% 사람들이 자기계발서가 제시하는 조건인 '나의 변화'를 가지지 못했다고 이야기하는 근거는 무엇일까? 앞에서 이야기한 것처럼 단순히 양극화 문제가 심각하기 때문만은 아니다. 양극화 문제와 더불어 부의 대물림이 '나의 변화'를 필요 없게 만들기 때문이다.

박광온 의원이 국민건강보험공단의 '직장가입자 부과액' 자료를 통해 밝힌 바에 따르면, 18세 미만의 미성년자 236명이 사업장 대표로 등록되어 있다. 이들 중 92%인 217명이 부동산임대업 대표이며 평균 연봉은 4291만 원이다. 이들 중 소득이 가장 높은 미성년 대표는 강남에

서 부동산임대업을 하는 만 다섯 살의 어린이다. 이 어린
이의 연봉은 4억이 넘었다.[1] 임대업으로 등록해야 하는
건물만이 아니다. 상속과 증여의 방식으로 넘겨받는 주식
이나 보험은 더욱 많다. 2016년 1월 5일자 <조선일보> 기
사에 의하면 세계 400대 부자 중에서 자수성가를 한 사
람들의 비율은 미국이 71%, 중국이 97%인 데 비해 한국
은 0%다. 대한민국에는 자수성가한 부자보다 상속을 받
은 부자가 훨씬 많다. 대한민국의 자산가 대부분은 부모
에게 재산을 물려받아서 상위 10%가 되었을 뿐이다. 그
들에게 과연 성공하기 위한 '나의 변화'가 필요하기는 했
을까?

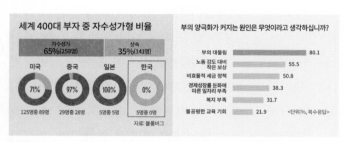

조선일보 2016.01.05를 바탕으로 재작성.　　매일경제 2014.07.07을 바탕으로 재작성

　　상속받은 자산으로 부자가 된 사람이 많다는 것은
자기 변화의 노력으로 성공하기 어렵다는 뜻이기도 하
다. 자기계발서의 주장이 허구에 가까움을 보여주는 근

1　　한겨레 2017.10.13 「5살 사장님 연봉이 4억원… 전국 '미성년자 사장님'
　　　236명」

거다. 상위 10%에 들어갈 수 있는 자산가 상당수가 부의 대물림을 통해서 이미 성공한 채로 태어났거나, 부동산이나 주식의 급격한 가치 상승에 기대어 부를 이루었다. 그들은 그냥 이미 성공할 수밖에 없는 위치에 있었다. 어려움을 이겨내고, 자신을 바꾸는 노력으로 삶의 변화를 만들어낼 수 있는 계층 이동의 사다리는 거의 남아 있지 않다. 자기계발서는 명제 자체가 성립하지 않는 주장을 하는 셈이다.

자기계발서가 필요 없는 사람들

이미 성공할 수밖에 없는 위치에 있는 사람들은 자기계발서를 읽지 않는다. 그들에게 자기계발서가 이야기하는 간절한 열망 따위는 필요가 없다. 그들은 빛나는 미래를 위해서 오늘을 힘들게 참을 필요가 없다. 수백만 원을 들여 비싼 과외 수업을 받으며 돈으로 가능한 만큼 최대한 학벌의 우위를 만들고, 부모에게 물려받은 재산과 인맥을 바탕으로 쉽게 돈을 벌 수 있기 때문이다. 또한 그들은 그들이 가진 지위를 이용해서 그들보다 작은 업체들이 오랜 시간 일구어놓은 과실을 쉽게 빼앗기도 하고, 담합을 통해 불법적인 이익을 만들어내며, 골목까지 침투해서 영세한 자영업자들의 생존까지 위협하면서 이익을 추구하고, 권력을 가진 자들과 손잡고 자신들에게 유리한 법을 만들고, 불법이든 합법이든 세금을 적게 내려고 온갖 노력을 할 뿐이다. 힘들게 자수성가한 사람들의 일부도 기존 기득권층의 전철을 밟는다. 그들 또한 어느 정도 부를 축적하는 순간부터 자기계발서가 불필요한 위치를 고수하기 위해 기를 쓴다.

베스트셀러는 소수가 아니라 다수가 읽는 책이다. 베스트셀러가 된 자기계발서는 성공한 소수가 아니라, 성공하고 싶은 다수가 열심히 읽는 책일 뿐이다. 부자가 되기 위해서, 성공하기 위해서 아직 깨우치지 못한 우리들은 배운 대로 실천하려고 한다. 나의 마음가짐과 태도, 그리고 습관과 생각을 바꾸어서라도 성공하고 싶다. 하지만 자기계발서에서 이야기하는 변화를 아무리 만들어내어도 성공은 멀기만 하다. 『마시멜로 이야기』처럼 회장님의 운전기사가 아무리 욕망을 미루고 참아도, 긍정적인 생각을 가져도, 미래를 계획하고 노력을 해도 회장이 되기는 불가능하다. 그래서 나는 평범한 집에나 꽂혀 있는 『마시멜로 이야기』가 못마땅하다.

좀처럼 벗어나기 힘든 헬조선

앞에서 본 벤다이어그램의 실제 모습은 다음에 나오는 그림과 같다. '나의 변화'의 대부분은 헬조선과 양극화

에 포함되고, 아주 조금만 성공에 연결된다. 나의 변화로
도 헬조선과 양극화 사회를 벗어나기는 어렵다. 학벌마저
도 점점 그 힘을 잃어가고 있다. 2016년 4월에는 '학벌없
는사회'라는 시민단체가 '학벌이 더 이상 좋은 삶을 보장
해주지 않는다'며 해산을 선언했다. '학벌없는사회'라는
시민단체 이름처럼 그들은 학벌이 특권이 되는 부정적이
고 불공정한 사회시스템을 바꾸려고 하였다. 드디어 그들
이 원하는 대로 학벌은 성공의 조건이 되기 어려워졌고,
그들은 해산을 선언했다. 하지만 안타깝게도 학벌이 힘
을 잃게 된 사회도 기쁘게 받아들일 수가 없었다. 그들은
해산 선언문을 통해 '학벌과 권력의 연결이 느슨해졌기에
학벌을 가졌다 해도 삶의 안정을 유지하기 힘들다'고 하
였다. 학벌조차 성공은커녕 안정적인 삶도 보장해주지 못
하는 사회가 된 것이다. 이제는 학벌로도 헬조선의 굴레

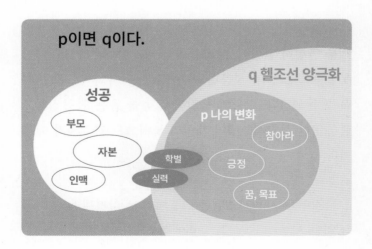

를 벗어날 수가 없다. 명문대학 졸업식에서조차 '연대 나
오면 뭐하냐… 백수인데…'라며 자조하는 현수막이 걸리
는 시대다. 개인의 노력을 통해서 안정적인 성공을 보장
받았던 학벌마저도 무너지고 있다.

성공의 조건에 학벌과 노력 그리고 실력이 설 자리
는 갈수록 줄어들고 있다. 성공의 실제적인 충분조건에
는 돈 많은 부모, 자본, 인맥이 자리하고 있다. 부모, 자
본, 인맥의 힘을 다시 한번 보여준 공공기관과 은행의 취
업 비리 사건은 어쩌면 비리가 아니라 관행이었을지도 모
른다. '흙수저'부터 'N포 세대'까지 성공하기 어려운, 아니
안정적인 삶을 살기조차 어려운 현실을 나타내는 말은 넘
쳐난다. 청년들은 삶의 기본적인 욕구조차 포기해가며
단지 생존을 위해 힘겹게 버티고 있다.

그럼에도 우리들은 정작 그들은 읽지 않는 자기계발
서를 열심히 읽는다. 우리들이 자기계발서에서 벗어나지
못할수록 그들의 성공을 돕는 잘못된 사회시스템은 더
욱 튼튼해진다. 그들의 물질적 성공을 돕는 불공정하고
불공평한 사회시스템이 개인의 노력으로 가려지기 때문
이다.

잘못된 사회시스템은 그들에게는 자기계발서가 '필
요'없는 세상을 만들고, 우리에게는 자기 계발서가 '소용'

없는 세상을 만들었다. 잘못된 사회시스템을 바꿀 수 있
는 것은 누굴까? 어쩌면 헬조선과 극심한 양극화를 해결
할 수 있는 당사자들이 잘못된 사회보다는 멀쩡한 자기
자신만 바꾸려 자기계발서를 보고 있는 것은 아닌지 모
르겠다.

부러움이 만들어내는 못마땅함

성공을 위한 지식이 아닌, 성공 자체를 이야기하는 책

우리가 계몽적 자기계발서를 통해서 진정으로 배우는 것은 무엇일까? 계몽적 자기계발서는 물질적 부의 차이를 잘못된 사회시스템이 아니라, 오로지 개인의 노력이나 마음가짐으로 설명한다. 사람들을 철저하게 개인화시켜서 불공정한 경쟁에 뛰어들도록 한다. 그리고 만족스럽지 않은 삶의 원인은 바로 '너' 때문이라고 이야기한다. 또한 계몽적 자기계발서는 현재 있는 소중한 것에는 관심이 없다. 미래에 있었으면 하고 바라는 부유한 삶만을 이야기할 뿐이다. 바로 옆에 있는 소중한 '우리'들을 보지 못하게 하고, 저 멀리 위에 있는 성공한 '나'만을 쳐다보면서 살게 만든다.

계몽적 자기계발서에는 분명 아름답고 멋진 말이 많다. 비꼬는 말이 아니라 진정으로 그렇다. 나도 자신의 목표와 꿈을 위해 간절한 열망을 가져야 한다고, 내 꿈을 포기하지 말아야 한다고, 더 빛나는 미래를 위해서 오늘을 참아야 한다고, 어렵고 힘든 상황 속에서도 긍정적인 마음을 가져야 한다고 생각한다. 그런데 무엇이 문제인 걸까? 계몽적 자기계발서에서 이야기하는 자신을 바꿔야 하는 그 모든 전제가 성공으로만 향해 있다는 것이 문제다.

  그렇다면 성공은 나쁜 일인가? 대한민국에서 성공은 많은 부분이 삐뚤어지고 왜곡되어버렸지만, 성공하는 일 자체가 나쁜 일이 될 수는 없다. 원래 성공을 했다는 것은 많은 사람을 편리하게 또 행복하게 하는 서비스나 상품을 만들어내었다는 뜻이다. 새로운 기능을 가진 전자제품으로, 편리한 앱으로, 재미있는 게임으로, 맛있는 음식으로, 멋있는 옷으로 조금이라도 더 많은 사람을 행복하게 만드는 것이 성공의 방법이다. 사람들을 행복하게 만들기 위한 방법은 자연과학적 지식을 바탕으로 물질적인 편리함을 만들어내거나, 인문과학적 지식을 바탕으로 올바르게 제도를 정비하고 효율적으로 단체를 경영하는 것이다. 문학, 영화, 음악, 음식은 직접적으로 사람들을 행복하게 만든다. 물론 사람들을 행복하지 못하게 만드는 원인을 분석하고 비판하는 역할도 중요하다. 모두 전문적인 지식과 훈련이 필요하다. 우리가 배우는 대부분은 이런 전문적인 지식이나 훈련과 관련이 있다. 이런 지식과 재능을 바탕으로 다른 사람들이 더 편리하고 행복하게 살 수 있도록 하면 성공한다. 전문적인 지식을 바탕으로 좋아하는 일 또는 잘하는 일을 통해서 자연스럽게 성공에 이르는 것이다.

　하지만 자기계발서는 나에 대해서 이야기할 뿐이다. 그저 성공하기 위해서 필요한 마음가짐과 행동방식으로 나의 생각과 습관을 바꾸라는 이야기만 가득하다. 자기계발서의 시선은 다른 사람과 세상을 향해 있지 않고, 오로지 나에게만 향해 있다. 다른 사람의 편리함과 행복을 통해 성공에 이르는 것이 아니라, 오로지 성공한 사람이 되기 위한 목적만 적나라하게 드러낼 뿐이다.

　또한 자기계발서는 성공한 나를 목표로 하지만 아직은 성공하지 못했기 때문에 성공한 다른 사람을 모델로 삼는다. 추구하는 목표 자체가 성공한 사람들의 구체적인 삶의 모습이다. 그래서 자기계발서는 그 자체로 부러움을 전제로 한다. 성공한 사람에게 느끼는 부러움! 이것이 성공에 대한 왜곡된 인식을 만들어낸다.

　계몽적 자기계발서의 문제는 책 내용 자체보다 그것이 만들어내는 부러움 때문에 발생한다. 즉, 메시지 자체가 아니라 그 메시지의 전제가 문제인 것이다. 자기계발서를 읽고 나면 나의 나쁜 습관을 고쳐야겠다는 생각도 하겠지만 그보다 성공한 사람들에게 느끼는 부러움이 나를 더 크게 사로잡는다. 만약 자기계발서에서 성공과 물질적 풍요로움을 빼버린다면 어떨까? 사실 이렇게 뻔하고 쉬

운 내용을, 그것도 계몽적으로 나를 가르치려고 하는 태
도로 쓰인 책을 읽을 필요가 있을까? 성공과 물질적 풍요
로움이 담겨 있지 않았다면 자기계발서가 이렇게까지 많
이 팔릴 수 없었을 것이다. 자기계발서는 물질적 풍요로
움을 의심의 여지없이 옳은 것이고 추구해야 하는 것으
로 나타낸다. 그 부러움이 나를 사로잡고, 나는 곧 물질
적 풍요로움의 꼭두각시가 된다.

광고의 Before & After

물론 자기계발서 외에도 많은 매체들이 물질적 풍요
로움을 향한 부러움을 불러일으킨다. 수없이 접하는 광
고와 재미있는 드라마를 비롯해서 예능 프로그램까지도
물질적 풍요로움을 아름답게 보여준다. 특히 광고는 존
재 자체가 물질적 풍요로움에 대한 부러움을 바탕으로
한다. 광고는 상품을 판매하기 위한 수단이다. 광고의 핵
심적인 역할은 필요를 만들어내는 것이다. 그런데 숟가락
부터 자동차까지 사람들은 대부분의 상품을 이미 가지
고 있다. 만약 사람들이 소유한 상품의 내구성이 다할 때
까지 새로운 상품을 구입하지 않는다면 기업들은 어떻게
될까? 그래서 광고는 이미 가지고 있는 상품에 없는 부러
움을 만들어 사람들에게 상품의 필요성을 부각시킨다.
현재 비슷한 상품을 가지고 있고 아직 멀쩡하게 더 사용

할 수 있다고 하더라도, 남들에게 더 돋보이고 싶은 욕망
을 자극해서 상품의 필요를 만들어내는 것이다. 광고에서
는 물질적 풍요로움을 세련되고 매끄러운 아름다움으로
드러낸다. 우리는 조금이라도 더 매끄러운 아름다움을
가진 물건을 소유할수록 남보다 세련된 삶을 살 수 있다
고 믿는다. 그래서 광고는 끊임없이 상품 구매를 통해서
남과 달라질 수 있는 나를 강조한다.

대부분의 광고는 Before & After를 느낄 수 있도
록 제작된다. 광고는 상품 구매 후의 나를 생각하고 느끼
게 만든다. 광고가 상품 구매를 통해 얻을 수 있는 만족
감을 강조하고 있음을 우리는 잘 알고 있다. 상당히 많은
광고가 더 여유롭고 풍요로운 이미지를 보여주면서 물질
적 욕망을 자극한다. 우리는 자연스럽게 After를 중심으
로 광고를 바라본다. 하지만 광고에는 After만이 아니라
Before가 밑바탕에 있다. Before는 상품 구매 전의 나, 즉
지금의 나를 나타낸다. 역설적이지만 상품을 통해서 얻
을 수 있는 상대적인 만족감을 강조하면 할수록 현재 자
신의 모습을 불만족스럽게 만드는 것이 광고다. 필요를
만들어내기 위해서는 어쩔 수 없이 부족함을 드러내야만
한다. 어쩌면 광고의 목적은 상품 구매 전인 지금의 나를
못마땅하게 여기게 만드는 것일 수 있다.

부족함이 없으면, 결핍이 없으면 상품 구매는 쉽게

이루어질 수가 없다. 그래서 광고는 끝없이 우리에게 '너에게는 이것이 필요해. 지금의 너는 부족해'라고 이야기한다. 광고는 상품을 통해서 만족을 줄 수 있다고 이야기하는 만큼이나 광고를 보는 사람들에게 현재 자신의 모습에 결핍을 느끼게 한다. 대부분의 광고는 지금의 결핍을 확인시키고 더 크게 느끼도록 고안된다. 광고를 통해 사람들에게 큰 결핍을 느끼게 하면 할수록 상품 판매는 잘 이루어지고 잘 만든 광고가 된다. 이것은 광고 제작자의 의도가 아니라, 광고의 숨겨진 효과다. 광고는 지금의 내 삶을 불만족스럽게 만들고, 끊임없이 결핍을 확인시켜주고, 결국 나를 못마땅하게 만든다. 하지만 우리는 광고가 만들어내는 나를 향한 못마땅함을 쉽게 인식하지 못한다.

"모란이 지고 말면 그뿐, 내 한 해는 다 가고 말아, 삼백예순 날 하냥 섭섭해 우웁내다. 모란이 피기까지는 나는 아직 기다리고 있을 테요, 찬란한 슬픔의 봄을." 김영랑의 시 「모란이 피기까지는」의 일부다. 작가는 모란이 피어 있는 짧은 순간의 아름다움이 모란이 피어 있지 않은 긴 시간을 고통스럽게 만들면서도, 또한 의미 있게 만든다고 이야기한다. 중고등학교 시험 문제에 역설법을 묻는 문제로 자주 등장하는 시이기도 하다. 우리에게 이런 지극한 아름다움은 없다. 다만 우리는 상품 구매를 통해서 짧은 만족의 After와 긴 못마땅함의 Before 사이를

왕복할 뿐이다. 광고는 Before의 상태를 드러내고, Before
는 결핍을 자극한다. 결핍은 상품 구매를 통해 After가
되기도 하지만 After로 얻는 만족감은 오래 지속되지 않
는다. 결핍은 잠시 유예될 뿐이다. 새로운 광고와 상품은
이미 가진 것을 계속 옛것으로 만든다. 우리는 또 긴 시
간을 Before의 못마땅함 속에서 살아간다.

물건만이 아니다. 광고는 상품 구매를 통해서 사람
과의 관계도 좋게 만들 수 있다고 이야기한다. 상품 구매
가 가족, 사랑, 우정을 위한 선택임을 보여주는 것이다.
학교에 가는 딸의 가방을 "들어줄까?" 하며 따라나서는
엄마에게 딸은 "무거워"라고 이야기한다. 엄마는 "무겁기
는……" 하며 딸의 가방을 든다. 생각보다 무거운 가방에
엄마는 고생하는 딸에게 관심이 없었음을 새삼 느낀다.
'매일 이 무거운 걸 들고 다니니, 얼마나 힘이 들까?' 하
며 엄마는 홍삼 음료를 딸에게 건넨다. 광고는 홍삼 음료
가 가족에 대한 관심과 사랑임을 보여준다. 가족의 안전
을 위해 자동차를 새로 구입한 아빠 엄마를 위해 문이 3
개인 세탁기를 사주며 뿌듯해하는 딸, 연로하신 부모님의
치아를 확인하기 위해 "아~ 해봐"라고 말하는 자식, 손
녀에게 자동차를 사주기 위해 안전성을 확인하는 할아버
지, 미래를 대비하기 위해 보험을 들고 마음 든든해하는
남편, 힘든 남편을 위해 준비한 멋진 요리 등 모두 관계를
되돌아보게 만드는 광고들이다. "여보! 아버님 댁에 보일

러 놓아드려야겠어요"라는 보일러 광고는 지금도 기억에 남는다.

　그런데 광고한 상품을 구매하지 못하는 사람은 어떨까? 엄마와 광고를 함께 보고 무거운 가방을 메고 학교에 가는 딸의 마음은 어떨까? 그 뒷모습을 보는 엄마의 마음은? 구형 자동차를 타고 여행을 가는 아빠에게 철없는 아이들이 차 좀 바꾸자고 하면 어쩌나? 부모님에게 세탁기는커녕 부모님의 아픈 이를 알고도 모르는 척할 수밖에 없는 자식의 마음은 어떨까? 혹은 부모님께 연락도 자주 드리지 않으면서 최신형 세탁기를 사주었다고, 돈 많이 들여 인플란트 해드렸다고, 아내에게 명품 백을 사주었다고 자신이 할 일을 다한 것처럼 느끼는 것은 옳은 것일까? 안타깝게도 광고한 상품을 구매해도 광고처럼 따뜻하고 아름다운 일은 쉽게 생기지 않는다. 원하는 걸 못 받아서 사랑받지 못한다고 생각하는 사람도 있고, 해줄 건 다 해주고 사줄 건 다 사주었는데 왜 그러는 거냐고 묻는 사람도 많다. 나에게 느끼는 결핍, 부족함, 못마땅함, 부끄러움은 어쩌면 내가 전혀 알지 못하는 순간에 광고가 남겨주고 간 것일지도 모른다.

네가 못사는 것은 너 때문이야

광고에 대한 이야기를 조금 길게 한 이유가 있다. 바로 자기계발서가 그러하기 때문이다. 광고가 보여주는 아름답고 신기하고 세련된 화면들이 나도 모르게 지금의 나를 못마땅하게 만들 듯이 자기계발서 역시 성공에 대한 듣기 좋은 말들을 통해서 지금의 내 삶을 부정적으로 보게 만든다. 부유한 삶을 향한 부러움은 내 삶에 불만을 느끼게 만든다. 자기계발서는 물질적 부를 마음껏 누릴 수 있는 부러운 대상과 함께 못마땅한 나를 만든다. 그저 평범한 삶을 살고 있을 뿐인데도, 그들은 나를 부족한 사람으로 만든다. 그리고 마치 광고처럼 내가 곧 그 부러운 대상이 될 수 있을 것같이 말한다. 원하면 가지라고, 버튼을 누르기만 하면 된다고, 손을 뻗지 않은 너에게 문제가 있다고 말이다. 안타깝게도 광고처럼 자기계발서가 나를 못마땅하게 여기게 만든다는 사실을 우리는 쉽게 인식할 수 없다.

'자기 변화'가 성공의 조건이 아닌 현실 속에서, 결국 자기계발서는 성공한 미래의 내 모습인 After를 내세우면서 아직 성공하지 못한 지금의 내 모습인 Before를 드러낼 뿐이다. 우리는 자기계발서를 통해서 다른 삶을 향한 부러움과 내 삶에 대한 못마땅함만을 배우는 것은 아닐까? 우리가 자기계발서를 통해서 진짜로 배우는 것은 겉으로 보이는 성공 방법이 아닐지도 모른다. 우리는 자기계발서가 말하고 있지 않은 것을 배운다. 자기계발서는 성공하지 못한 이유가 바로 '너'에게 있다고 보이지 않는 목소리로 말한다. 지금의 '너'는 부족하고 못났다는 것이 자기계발서의 전제다.

부러운 대상인 성공을 목표로 하는 이상 자기계발서는 끝없이 우리 자신을 스스로 못마땅하게 만들 뿐이다. 결국 자기계발서를 읽는 사람은 머리로는 성공을 위한 그럴듯하고 당연한 방법들을 배운다고 생각하겠지만 자신도 모르게 마음속에는 '나'에 대한 못마땅함과 부족함만 쌓게 되는 것은 아닐까? 내가 못사는 게 나 때문이라는 착각은 그렇게 내면화된다.

미처 못 다한 말.
하나

———————————————————————————————

　　계몽적 자기계발서를 이야기한 이번 장의 주인공은
『마시멜로 이야기』였습니다. 하지만 쟁쟁한 경쟁자들도
많았습니다. 대표적인 책이 『누가 내 치즈를 옮겼을까?』
입니다. 없어진 치즈를 찾는 쥐를 통해서 변화에 대응하
는 방법을 깨우쳐주는 책으로 기업의 권장도서로도 유명
했던 책입니다. 책은, 변화는 항상 일어나고 그런 변화에
유연하게 대처하는 사람이 성공할 수 있다는 이야기를
담고 있습니다. 물론 '변하지 않으면 살아남을 수 없다'는
무서운 겁박도 서슴지 않습니다. 성공하지 못한 사람들은
변화에 제대로 대처하지 못했기 때문이라는 뜻이기도 하
지요.

　　계몽적 자기계발서는 비판하기가 힘듭니다. 당연한
말을 하거든요. 변화에 적응해야 합니다, 빈 창고에서 주
접을 떨기보다는 새로운 치즈가 있을 수 있는 미로로 가
야 합니다, 설사 실패했다고 해도 다시 용기를 가지고 도
전해야 합니다, 과거에 얽매이면 안 됩니다.…… 너무나도
당연한 말입니다.

그런데 말입니다. 『누가 내 치즈를 옮겼을까?』는
누가?

왜?

어떤?

변화를 만들어내는지 이야기하지 않습니다. 그저 무
엇이 언제 어떻게 바뀌는지 남들보다 빨리 알아채고 그에
맞게 자신을 변화시키라고만 할 뿐이지요.

『누가 내 치즈를 옮겼을까?』는 변화의 방향에 의
문을 품지 않습니다. 제목에 있는 '누가' 이런 변화를 주
도하는지 알려주지 않습니다. 덧붙여 왜? 이런 변화가 생
겼는지, 어떤? 변화가 옳은지 묻지 않습니다. 변화에 적응
하는 일은 중요합니다. 하지만 변화의 원인과 방향에 대
한 의문이 사라지면, 누군가에 의해 만들어진 잘못된 변
화에도 끌려다닐 수밖에 없습니다. 어쩌면 『누가 내 치
즈를 옮겼을까?』는 잘못된 방향으로 변하는 사회시스템
을 긍정하고 그 속에서 적응하면서 살아남는 사람만을
칭송하기 위해서 쓰였는지도 모를 일입니다.

성공한 상위 10%의 사람들은 잘못된 시스템이 바
뀌지 않기를 바랍니다. 그저 '니가 못사는 건 너 때문이
야, 그러니 너나 뜯어고쳐!' 하면서 우리만 들들 볶아댈
뿐입니다. 잘못된 시스템 속에서 자신들은 하고 싶은 대
로 다 하면서, 우리를 꼼짝 못하게 가둬두는 아주 효과적

인 감옥이 계몽적 자기계발서일지도 모릅니다.

　계몽적 자기계발서를 보통 책처럼 만든다면 100페이지도 안 되는 아주 얇은 책이 될 겁니다. 그래서 글씨를 키웁니다. 그림도 많죠. 중간에 이미 했던 말을 다시 반복해서 또 쓰기도 합니다. 두꺼운 책 표지는 필수입니다. 계몽적 자기계발서는 우선 당신을 한번 깔아뭉갭니다. 표지나 목차 어딘가에 '답답한 삶'이라든가 '안 풀리는'이라든가 불안감을 자극하는 표현이 있습니다. 설사 마음에 와 닿는 표현이라도 절대 구입해서는 안 되는 책이지요. 별 대단한 교훈이나 깨달음도 아닌데 상대방의 약점을 꼬집어대면서 엄청 큰 비밀이나 비법을 알려줄 것처럼 꼬드깁니다. 물론 자기계발서의 주장에 혹해서 열심히 따라 한다고 성공이 보장되지는 않구요. 성공하지 못한다고 해서 피해 보상을 해주지도 않습니다. 혹시라도 책 제목이나 광고 문구에 이끌려 책을 사고 싶다면 10분만 시간을 내서, 책 안의 크고 진한 글씨만 훑어보면 됩니다. 각 장의 맨 뒤만 읽어도 되구요. 그럼 다 읽은 겁니다. 돈 내고 책을 구입하는 순간 '호갱'이 되는 겁니다. 책을 구입한 돈과 읽은 시간도 아깝지만, 책이 내 삶에 끼칠 나쁜 영향을 생각하면 끔찍합니다.

THE Secret

THE SECRET

생생하게 꿈꾸면 이루어진다 **꿈꾸는 다**

비욘드시크릿 · 브렌다 바너비 지음 | 김영주 Bey

부를 끌어당기는 절대법칙

THE SECRET TO TEEN POWER

믿는 대로 된다 긍정의 힘 You

왓칭 신이 부리는 요술

2.

1%만 알았던 부와 성공의 비밀

초월적 자기계발서

환상적 자기계발서의 고전 『시크릿』

초월적 자기계발서의 세계관

앞에서 우리는 『마시멜로 이야기』를 중심으로 성공에 이르는 비법을 알려주는 계몽적 자기계발서를 살펴보았다. 계몽적 자기계발서가 이야기하는 성공은 쉽게 이루어지지 않는다. 노력한 만큼 내 삶을 변화시킬 수 있다면 얼마나 좋을까? 하지만 현실에서는 자식도 사랑하는 사람도 내 뜻대로 되지 않는다. 사업이나 직장과 돈은 더 말할 필요도 없다. 계몽적 자기계발서가 시키는 대로 나도 나름 열심히 살아왔는데 왜 내 뜻대로 되는 일이 없을까 하면서 지치고 힘들어할 때, 생각만으로 외부 환경을 변화시킬 수 있다고 달콤하게 속삭이는 책이 있다. 바로 초월적 자기계발서다. 생각의 방향만 바꾸면 현실이 바뀐다고, 생각의 힘은 엄청나다고, 이미 많은 사람들이 생각의 힘으로 성공했다고, 이번엔 당신 차례라고, 어서 함께 쉬운 성공의 길을 가자고 달콤하게 속삭이는 초월적 자기계발서의 말에 넘어가지 않을 수가 없다. 초월적 자기계발서의 속삭임을 간략하게 정리하면 이런 이야기가 된다.

　　우주는 모든 사람이 풍요롭게 살 수 있을 만큼 풍부한 물질을 가지고 있기 때문에 누가 더 잘사는 것이 누가 더 못사는 것과 아무런 상관이 없다. 제한된 자원이 아니라 무제한의 자원을 가진 세계이기 때문에 다툴 필요 없이 모두가 자신이 원하는 부를 마음껏 누릴 수 있다. 마치 천국처럼.

　　또한 우리가 사는 현실 세계는 모두 본질적인 세계의 거울일 뿐이다. 생각이 본질이고 현실은 생각을 되비추는 반영이다. 세계의 본질인 생각은 비본질적 물질 세계에 실제적인 변화를 만들어낼 수 있는 힘을 가지고 있다. 따라서 모든 생각은 현실화된다. 정신 에너지인 생각을 통해서 얼마든지 현실을 변화시킬 수가 있다. 아니, 이미 당신의 생각은 현실화되어 나타나 있다. 지금 현재 당신의 삶은 당신의 생각이 현실화되어 나타난 것에 불과하다. 당신이 만약 힘들게 살고 있다면 그 이유는 힘들다는 생각을 많이 했기 때문이다. 걱정과 염려를 많이 하니, 걱정할 일들만 계속 생긴다. 생각은 원하는 일과 원하지 않는 일을 구분하지 않는다. 그저 생각하는 대로 이루어진다. 힘들게 살기 싫다는 생각을 하면 할수록 힘들게 살게 된다. 그래서 생각의 방향을 바꿔야 한다. 생각의 힘을 올바르게 사용해야 한다. 원하는 바가 실제로 이루어진 것처럼 느끼기만 하면 그 생각의 주파수가 현실을 그대로 바꾼다.

이렇게 생각의 힘을 이용해서 부와 건강을 끌어당길 수 있는 비밀은 아주 오래전부터 소수의 사람들에게만 전해오는 내용이고, 수많은 사례를 통해서 증명할 수 있다. 심지어 상대성이론, 양자역학 그리고 다중우주론과 같은 과학원리도 이러한 비밀을 완벽하게 지지하고 있다.

초월적 자기계발서를 한두 권 읽어본 독자라면 고개가 끄덕여지는 부분이 많이 있을 듯하다. 하지만 그렇지 않은 사람들에게는 도저히 이해할 수 없는 이상한 소리에 불과하다. 초월적 자기계발서가 이야기하는 세상의 원리를 받아들이지 않으면 책은 바보 같은 소리나 하는 비현실적이고 말도 안 되는 엉터리다. 정말 조금만 객관적으로 보면 미친 소리라고 할 수밖에 없다. 하지만 초월적 자기계발서가 이야기하는 세상의 원리를 받아들인다면 어떨까? 그러면 초월적 자기계발서는 다른 어떤 책과도 비교할 수 없는 놀라운 책이 된다. 받아들이기만 하면 단지 생각만으로 내 삶의 많은 부분을 바꿀 수 있는, 평범한 사람은 보지 못하는 새로운 세계를 볼 수 있다.

초월적 자기계발서는 현재와 미래의 분리를 전제로 한 계몽적 자기계발서와 다르게 현재와 미래의 통합을 이야기한다. 계몽적 자기계발서는 '성공할 미래'를 위해 '현재의 노력'을 강조한다. 성공한 다른 사람에게 느끼는 부러움을 미래의 나에게 투영해서 지금의 나를 못마땅하게

만든다. 그 못마땅함을 극복하기 위해서는 많은 노력이
필요하다. 물론 많은 노력으로도 못마땅함을 극복하기는
어렵다. 하지만 초월적 자기계발서에는 못마땅한 현실도
없고, 부러워해야 할 미래도 없다. 왜냐고? 이미 난 이루
었기 때문이다. 아니, 이루었다고 느끼고 생각하면 되기
때문이다. 초월적 자기계발서는 현재를 초월해서 성공한
미래가 이미 실현된 것처럼 느껴야 진짜로 성공할 수 있
다고 이야기한다.

　　생각의 힘을 절대적으로 만든 초월적 자기계발서
의 중심에 『시크릿』이 있다. 『시크릿』은 2007년에 이
어 2008년에도 종합 베스트셀러 1위에 오를 정도로 엄
청난 인기를 얻었다. 같은 책이 2년 연속 연간 종합 베스
트셀러 1위에 오른 것은 1987~88년에 연속 1위를 차지한
『홀로서기』 이후 20년 만의 일이었다. 이후에도 『비
욘드 시크릿』, 『S백만장자 시크릿』, 『시크릿 틴 파
워』, 『시크릿을 여는 열쇠, 키』, 『마음의 자석』, 『부
를 끌어당기는 절대법칙』, 『코즈믹 오더링』, 『호오
포노포노의 비밀』, 『자기암시』, 『된다 된다 나는 된
다』, 『긍정의 힘: 믿는 대로 된다』, 『끌리는 사람의 백
만불짜리 매력』, 『종이 위의 기적, 쓰면 이루어진다』,
『간절히 원하면 이루어진다』 등과 같이 비슷한 주장을
하는 책이 지속적으로 출판되고 있다. 최근에는 『시크
릿』 출간 10주년 기념판 『나는 시크릿으로 인생을 바

꿨다』도 나왔다. 그만큼 『시크릿』이 자기계발서 분야에 새로운 바람을 일으켰고, 많은 사람의 호응을 얻었다. 그런데 말도 안 되는 엉뚱한 주장을 하는 『시크릿』에 어떻게 이렇게 많은 사람이 설득당할 수 있었을까?

당신의 상상은 현실이 됩니다?

　책의 본문은 글쓴이와 같은 주장을 하는 밥 프록터의 인용문으로 시작한다. 그의 말에 따르면 독자가 원하는 것은 무엇이든 얻게 해주는 '비밀'이 존재한다. 비밀만 알게 되면, 행복도 건강도 금전도 모두 원하기만 하면 쉽게 얻을 수 있다는 것이 그의 주장이다. 이후에도 철학자이자 저술가로 소개한 밥 프록터의 인용문은 23번이나 더 나온다. 객관적이고 신뢰할 수 인용문이 아니라고 해도, 내가 원하는 것을 무엇이든 얻을 수 있는 비밀이 있다니 참으로 좋다. 『시크릿』이 이야기하는 성공은 힘들게 자신을 바꾸려고 노력해야 했던 계몽적 자기계발서와는 완전히 다르다. 기존의 자기계발서는 성공을 위한 마음가짐이나 태도 그리고 생활 규칙을 알려준다. 무엇보다 실천을 강조한다. 목표를 이루기 위해서는 열정적으로 노력해야 한다. 하지만 『시크릿』은 다르다. 그저 원하는 것을 생각만 하면 이룰 수 있다.

　『시크릿』에서 성공에 이르는 방법은 '구하라 ― 믿

어라 — 받아라'의 3단계로 이루어져 있다. 원하는 것을 주문하고 곧 배달되리라 믿고 받으면 된다. 이렇게 쉬운 성공의 방법은 주장의 근거와 상관없이 많은 사람의 마음을 사로잡았다. 합리적인 근거가 부족함에도 많은 사람을 설득할 수 있었던 이유는 역설적이게도 너무나 쉽게 성공에 이를 수 있다고 주장하기 때문이다. 내 생각대로 되는 세상이라니! 누구나 한 번쯤 생각해보았을 듯한 초월적인 능력이 이미 내 안에 있다는 말은 달콤하기 그지없다. 정말 설득당하고 싶은 마음이 가득해진다.

초월적 자기계발서는 생각이 현실을 바꾸는 가장 중요한 요소라고 주장한다. 자신의 마음가짐과 태도의 변화를 통해서 자신의 육체는 물론이고 외부 현실을 변화시킬 수 있다고 한다. 인간은 누구나 외부 환경을 통제하고 싶어 한다. 부와 권력은 외부 환경을 자유롭게 통제할 수 있는 현실적인 힘이다. 우리는 모두 부와 권력을 가지고, 또 누리고 싶어 한다. 하지만 소수의 기득권층이 되지 못한 사람들에겐 꿈같은 일일 뿐이다. 그런데 초월적 자기계발서는 말 그대로 현실을 초월해서 원하는 모든 것을 쉽게 가질 수 있다고 이야기한다. 상상이 현실이 되는 일이 실제로 가능하다고 한다. 우리가 사용할 줄 모르고 있었던 생각의 힘을 사용하기만 하면 된다고 한다.

많은 사람이 이루었어, 이제 당신 차례야

『시크릿』은 성공하는 쉬운 방법으로 우리를 매혹시켰다. 하지만 단지 쉽게 성공할 수 있다는 주장만 있다면, 이상한 책으로 여기고 말았을 것이다. 『시크릿』에서 사용하는 중요한 설득 전략 중에는 사회적 증거의 법칙이 있다. 『설득의 심리학』이라는 책에서 예로 든 사회적 증거의 법칙에는 코미디 프로그램에서 가짜 웃음을 사용하는 이유와 사이비 종교에 빠지는 이유 같은 것이 있다. 우리는 진짜 웃기지 않아도 다른 사람들이 웃으니 웃기다고 느끼거나, 많은 사람이 믿는 것에는 그만한 이유가 있으리라고 생각한다. 자신도 모르게 다수의 선택을 자연스럽게 좇아가는 것이다. 『시크릿』 내용의 상당 부분은 끌어당김의 법칙을 이용해서 성공한 사람들의 이야기로 이루어져 있다. 『시크릿』은 책의 서문부터 '기적 같은 이야기들이 홍수처럼 쏟아져 들어왔다'고 밝힌다. 병이 나았다는 이야기, 꿈에 그리던 집과 배우자, 자동차, 직장, 승진 등을 얻었다는 이야기, 성적이 올랐다는 이야기, 100억이라는 엄청난 돈을 끌어당겼다는 이야기들이 가득하다. 저자는 자기 자신에게서 벌어진 성공적인 변화와 다른 사람들의 변화를 책 곳곳에서 밝히고 있다. 많은 사람에게서 이루어졌으니 나에게도 이루어질 것 같은 생각이 들게끔 말이다.

저자가 소개하는 친구 '마시'는 자신이 만난 사람들

가운데서도 소망을 가장 잘 실현해내는 친구다. 마시는
자신이 '요청'하는 것을 받을 때 어떤 느낌인지를 미리 온
몸으로 느낀다고 한다. 그렇게 해서 그녀는 자신이 원하
는 것을 무엇이든지 만들어낼 수 있다. 언제, 어디서, 어
떻게 받게 되는지는 신경 쓰지 않는다. 그저 느낄 뿐이다.
그러면 어느 순간 현실화된다. 이런 이야기도 있다. 성공
해서 많은 것을 누리고 살던 '존 아사라프'는 어느 날 창
고에 있는 상자 속에서 발견한 그림을 보며 운다. 아들이
우는 이유를 묻자, 그는 자신이 5년 전에 상상하며 그려
놓은 집이 지금 자신이 살고 있는 집과 똑같다고, 끌어당
김의 법칙이 어떻게 작용하는지 알겠다고, 상상의 힘이
얼마나 큰지 알겠다고, 자신이 회사를 세운 방법과 원리
를 알겠다고 이야기한다. 그는 바로 그 방법으로 자신이
꿈에 그리던 집도 얻었으면서 그것을 잊고 있었다며 기쁨
의 눈물을 흘린다. 이런 경험담은 신뢰감을 준다. 논리적
인 글보다 직접 경험했다고 주장하는 글이 훨씬 쉽게 와
닿는 법이다. 『시크릿』은 때로는 감동적이고 때로는 기
적 같은 이야기들을 통해서 우리를 설득한다.

　　초월적 자기계발서에는 평범한 자동차 판매원이 자
동차 판매왕이 되었다든가, 오랜 기간 앓던 병이 낫는다
든가, 꼴찌에 가까웠던 학생이 1년 만에 명문대에 합격했
다든가, 식당 주인이 매출을 열 배로 올렸다든가, 오랫동
안 짝사랑하던 사람과 연인 관계가 되었다든가 하는 일

이 모두 생각만으로 이루어졌다고 이야기한다. 가수들이 자신이 부른 노래와 비슷한 운명을 살았다는 이야기도 흔하게 등장하는 예다. 원하던 직업을 우연히 얻기도 하고, 자신이 가지고 싶던 고가의 물건을 갑자기 해외로 떠나게 된 이웃이 주기도 한다. 자신을 괴롭히던 사람이 어느 날 갑자기 자신에게 호의적으로 변하거나 멀리 떠나기도 한다. 이런 이야기들은 초월적 자기계발서에 넘쳐난다. 생각만으로 원하는 것을 얻을 수 있다는 이야기를 너무 많이 반복한다. 하지만 이토록 많이 반복한 성공 사례도 고작 3페이지를 넘지 않는다. 초월적 자기계발서는 200페이지 넘게 같은 이야기를 반복하고 또 반복한다. 처음에는 우연히 그럴 수도 있겠다 싶다가도 책 전반에 걸쳐 지속적으로 반복되면 마치 최면에 걸린 듯 믿게 되고, 지난 삶의 경험이 정말로 내 생각대로 진행된 것처럼 느껴지기도 한다. 그것도 아주 많은 사람이 같은 경험을 했다고 하니 믿지 않을 도리가 없다.

초월적 자기계발서는 주장의 논리적인 근거보다 실제적인 성공 경험담이 더 많이 필요했다. 어떻게 이루어졌는지를 탐구할 필요는 없다. 어떻게든 '이루어졌다'는 결과가 중요하기 때문이다. 이런 사회적 증거가 넘치는 곳이 또 있다. 성형외과에 가면 어찌 그리 성공적인 수술이 많은지 모른다. 나와 비슷한 문제를 가진 사람들이 하나같이 아름답고 멋지게 바뀌었다. 다이어트를 내세우는 제

품과 서비스도 그렇다. 학원은 또 어떤가? 모두 사회적 증
거의 법칙이 절대적으로 중요한 설득의 근거가 되는 곳들
이다. 한 명, 두 명의 성공 사례를 보면 그럴 수도 있겠다
싶다가도 열 명, 백 명의 성공 사례를 보면 나도 곧 그렇
게 될 수 있다고 믿을 수밖에 없게 된다.

　제시된 사례가 진짜인지는 검증이 필요하다. 그러나
우리는 어느 곳에서도 검증의 주체가 될 수 없다. 『시크
릿』 저자에게 보내온 편지의 진위 여부를 알 수가 없다.
이익을 공유하는 사람들의 과장된 혹은 거짓된 경험일
수도 있지만, 우리가 알 길은 없다. 방송에서 소개한 음식
점들은 하나같이 맛있게 먹는 손님들만 가득할 뿐이다.
길게 줄을 서서, 음식이 나오면 크게 기뻐하며, 감탄사
를 연발하며 맛있게 먹는 사람들을 보면서 우리는 그 음
식의 맛을 검증했다고 믿는다. 간혹 긴 줄의 손님들이 식
당 주인의 지인들이거나 방송국에서 미리 섭외한 사람들
이었다는 사실이 밝혀지기도 하지만, 대부분의 경우 우리
는 그들이 진짜 손님이라고 착각할 뿐이다. 그들이 진짜
손님이건 가짜 손님이건 결국 내가 그 식당에 가서 직접
음식을 먹어봐야 진짜 검증을 할 수 있다. 수술도 받아보
고, 다이어트 제품도 구입해서 사용해보고서야 알 수 있
게 된다.

전문가, 종교, 철학의 권위를 이용한다

『시크릿』은 전문가처럼 보이는 사람들의 말을 수 없이 많이 인용한다. 인용한 사람들은 성경 구절을 포함해서 총 45명이고, 인용 횟수는 총 242회다. 이런 인용문들은 거의 책 내용 전체의 절반에 달한다. 책이 217페이지이니, 매 페이지마다 인용문이 있는 셈이다. 그중 6명이 전체 인용문의 정확히 절반에 해당하는 121회 인용문의 주인공이다. 더구나 인용한 사람들은 대부분 저자와 비슷한 생각을 가진 강연자, 작가, 철학자, 박사, 기업가와

『시크릿』에서 인용한 사람별 인용문구 횟수					
리사 니콜스	26	밥 프록터	24	조 바이텔리	22
마이클버나드 백위스	21	잭 캔필드	15	밥 도일	13
제임스 레이	12	찰스 해낼	11	존 아사라프	9
존 디마티니	9	마시 시모프	8	존 해길린	7
프렌티스 멀포드	5	로버트 콜리어	5	벤 존슨	4
프레드 앨런 울프	3	데니스 웨이틀리	3	제너비브 베런드	3
마이크 둘리	3	데이비드 셔머	3	월러스 워틀스	3
존 그레이	3	모리스 굿맨	2	마리 다이아몬드	2
로럴 랭마이어	2	해일 도스킨	2	닐 도널드 월쉬	2
찰스 필모어	2	랄프왈도 에머슨	2	크리스티앙 라슨	1
리 브라워	1	빌 헤리스	1	허레이쇼 보너	1
알렉산더 그레이엄벨	1	클레멘트 스톤	1	벅민스터 풀러	
조지프 캠벨	1	카를 융	1	헨리 포드	1
윈스턴 처칠	1	마틴 루터 킹	1	붓다	1
마가복음	1	마태복음	1	알베르트 아인슈타인	1
총 페이지	P. 217	인용 횟수 합계		242	

같은 사람들이다. 하지만 우리에게 인용문을 쓴 사람들의 신뢰성 여부는 중요하지 않다. 그저 책을 읽는 우리에게 그들은 특정 분야에 전문적인 지식을 가진 사람처럼 보이면 된다. 우리는 전문가처럼 보이는 사람들의 주장과 글쓴이의 주장이 일치하는 것을 보면서 쉽게 설득당한다. 안타깝게도 이들이 TV 방송에서 소개하는 음식점의 손님들이라는 사실을 깨닫기 위해서는 많은 시간과 비용이 든다.

또한 초월적 자기계발서는 많은 종교를 기준이나 원칙 없이 섞어놓기도 한다. 『시크릿』은 힌두교, 신비주의, 불교, 유대교, 그리스도교, 이슬람교 같은 종교와 고대 바빌론이나 이집트 같은 문명에서도 이 법칙을 이야기했다고 한다. 그들이 이야기하는 '비밀'을 이미 많은 종교에서 사용하고 있었다는 것이다. 초월적 자기계발서는 이렇게 종교가 가진 권위에 기대어 자신의 주장을 정당화하고자 한다.

하지만 초월적 자기계발서는 많은 사람들이 보편적으로 따르는 종교적 교리가 아니라, 자신들에게 유리하게 쓰일 수 있는 특정 부분만을 이용한다. 우선 기독교를 보자면, 믿음으로 구원을 얻을 수 있다는 점이 비슷하기는 하지만, 그들이 진정으로 내세우는 것은 하느님에 대한 이해와 지식을 순수 체험적인 영적 차원에서 얻으려고 했

던 신비주의일 뿐이다. 거기에 깨달음으로 고통에서 벗어
날 수 있다는 불교적인 내용도 적당히 섞는다. 대우주의
본체인 브라만과 개인의 본질인 아트만이 하나라고 하는
힌두교의 사상도 적당히 버무린다. 일부 초월적 자기계발
서는 불교의 윤회사상을 이야기한다. 거의 사이비 종교
수준이다.

　사이비라는 말은, 겉으로는 비슷하지만 근본적으로
아주 다르다는 뜻이다. 사이비 종교는 믿음을 가진 사람
들에게 희망과 구원을 줄 듯이 보이지만 결국 나쁜 영향
을 끼친다. 사이비 종교는 대체로 기성 종교에 적개심을
갖게 하고, 요행수를 바라고 운명에 기대게 한다. 그들은
현실에서 불가능한 일이 이루어질 수 있을 것처럼 과장된
이야기를 유포한다. 또한 교주가 가진 초월적 능력이 자
신을 구원하리라 믿고 현실을 부정한다. 초월적 자기계발
서도 책을 읽은 사람들에게 쉽게 성공할 수 있는 방법을
알려주는 것 같지만 결국 현실을 부정하게 만들고, 끌어
당김의 법칙이 모든 문제를 쉽게 해결해줄 것처럼 이야기
한다.

　초월적 자기계발서는 철학도 끌어들인다. 초월적 자
기계발서가 이야기하는 철학적 바탕은 대부분 모순된다.
예를 들어 지혜와 정의의 덕이 없는 플라톤의 이상주의
를, 의문이 없는 데카르트의 합리론을, 관찰과 실험을 통

한 경험의 과정이 없는 베이컨의 경험론을, 오성의 한계 안에서만 활동하는 칸트의 변증론을, 완성된 실재와 인식 속에서 존재하는 헤겔의 절대적 관념론을, 그리고 즉자적 존재만을 위한 샤르트르의 실존주의를 바탕으로 하고 있다. 위의 문장을 이해할 필요는 없다. 마치 김치 없는 김치찌개처럼 핵심이 빠져 있거나, 네 개의 선분으로 둘러싸인 삼각형처럼 말도 안 되는 엉터리 문장일 뿐이다. 내용을 알기 쉽게 풀어서 쓸 수 있는 능력이 부족해서 어설프게 나열한 것도 사실이다.

그럼 세부 내용을 이해할 필요도 없는 글을 왜 길게 썼을까? 자기계발서가 말하는 철학이 엉터리임을 보이고 싶어서였다. 자기계발서는 구체적인 철학 사상과 철학자를 전면에 내세우지는 않는다. 다만, 짧은 인용문을 통해서 그럴듯한 철학적 기반을 가지고 있는 것처럼 꾸민다. 어떤 철학자의 전체 논지 중 극히 작은 부분을 가지고 자신들의 주장을 정당화한다. 권위에 기대어 설득력을 높이고자 하는 것이다. 굳이 초월적 자기계발서가 가진 철학적 기반이 있다면, 오로지 존재하는 모든 것은 정신 속에 있는 관념만이 실재라고 하는 17세기 버클리의 관념론일 듯하다. 그들에게 세상은 변하지 않는 절대적인 힘의 지배를 받는 곳이다. 그 절대적인 본질만 알면 모든 일이 수월하게 해결된다고 한다. 초월적 자기계발서는 그 절대적인 본질이 바로 생각으로 이루어져 있고, 따라서 생각하는 대로 물질적 세상이 변할 수밖에 없다고 한다.

믿고 싶은 말로 이루어진 궤변

상대방을 이론으로 이기기 위하여 상대방의 생각을 혼란시켜 거짓을 참인 듯이 꾸며대는 논법을 궤변이라고 한다. 초월적 자기계발서의 논리가 바로 궤변이다. 전체적으로는 말의 앞뒤가 서로 일치하지 않는 모순된 내용으로 이루어져 있지만, 부분만 보면 마치 그럴듯한 이론을 바탕으로 이루어져 있는 것처럼 보인다. 그것도 우리가 듣기에 좋은 말들로 편집되어서 왠지 그냥 믿고 싶은 마음이 생긴다. 정말 주장의 근거와 상관없이 그냥 무조건 믿고 싶은 마음이 가득해진다. 그만큼 초월적 자기계발서는 우리들이 가진 욕망이 지금 당장 현실화될 수 있을 듯이 우리들을 마구 뒤흔들어놓는다.

이렇게 빈약한 근거와 황당한 주장에 쉽게 끌리는 이유는 도대체 무엇 때문일까? 그동안 자기계발서는 실천하기가 힘들었다. 실천해야 할 좋은 생활태도와 마음가짐이 많이 나열되어 있기 때문이다. 습관을 바꾸는 일은 쉬운 일이 아니다. 눈에 보이는 다이어트를 실천하기도 어려운데 눈에 보이지도 않는 마음가짐과 태도를 바꾸는 일은 더욱 어려운 일임에 분명하다. 우리는 힘들게 나를

바꿔야 하는 자기계발서에 지쳐 있었는지도 모른다. 우리
는 내 뜻대로 되지 않는 답답한 세상 속에서 쉽게 성공할
수 있다고 달콤하게 속삭이는 초월적 자기계발서에 설득
당할 준비가 이미 되어 있었다. 『시크릿』은 작은 일조차
내 뜻대로 되지 않는 세상에 답답함을 느끼면서 살고 있
는 우리들을 쉽게 설득했다. 어렵고 고달픈 현실 때문에,
이미 이루어졌다고 믿으면 그대로 현실이 된다고 하는 자
기계발서에 쉽게 마음을 빼앗겼는지 모른다.

끌어당김의 법칙

성공을 만드는 생각의 법칙

『시크릿』을 읽고 말도 안 되는 엉터리 이야기라고 고개를 젓던 사람들도 고개를 갸웃하게 만드는 자기계발서가 등장한다. 각종 과학이론으로 무장한 초월적 자기계발서는 『시크릿』보다 훨씬 설득력이 있었다. 『꿈꾸는 다락방 1, 2』, 『트랜서핑의 비밀』, 『리얼리티 트랜서핑 1, 2, 3』, 『왓칭 1, 2』와 같은 책은 과학이론으로 포장된 초월적 자기계발서들이다. 가장 대표적인 책은 작가의 꿈을 이루어준 책으로 유명한 『꿈꾸는 다락방』이다. 『꿈꾸는 다락방』은 서문에 책 내용 전부를 단 한 문장으로 표현해놓았다.

생생하게 vivid 꿈꾸면 dream 이루어진다 realization

이렇게 짧은 문장마저도 '시각화의 힘'으로 줄이더니, 더 간단하게 'R=VD'라는 공식으로 만들었다. 자신의 주장을 단순하고 확실하게 보여주기 위함이기도 하겠지만, 그만큼 성공하는 방법이 쉽다는 것을 간단하게 직접

보여주기 위해서일 것이다. 『꿈꾸는 다락방』도 생각이
현실이 된다는 주장을 극단적으로 강조한다.

　끌어당김의 법칙은 초월적 자기계발서가 가장 크게
내세우는 원리다. 그들은 이 끌어당김의 법칙을 중력이라
고 하는 과학적 사실을 기반으로 하고 있다고 밝힌다. 중
력은 질량을 가진 물체가 질량을 가진 다른 물체에 작용
하며, 그 힘의 크기는 각 물체의 질량에 비례한다. 중력은
시간에도 영향을 미치는 전 우주에 존재하는 힘이다. 중
력과 '끌어당김의 법칙'의 가장 큰 차이는 바로 질량과 거
리다. 중력은 질량의 크기와 거리에 직접적인 영향을 받
는다. 무거우면 무거울수록, 가까우면 가까울수록 더 큰
힘으로 끌어당길 수 있다. 초월적 자기계발서의 끌어당김
의 법칙은 끌어당기는 주체가 생각이니 질량도 거리도 필
요 없다.

　끌어당김의 법칙은 생각만으로 외부 현실을 마음대
로, 그것도 아주 쉽게 끌어당길 수 있다고 주장한다. 생각
의 긍정성과 부정성에는 영향을 받지 않고 그저 생각하
는 그것 자체를 끌어당긴다고 한다. 예를 들어 '시험을 못
보면 안 되는데……'라는 생각은 실제로 시험을 못 보게
한다. 걱정을 하면 걱정하는 일이 현실이 되어버린다. 그
래서 부정의 형식으로 생각을 하면 안 된다. 오로지 '나
는 시험을 잘 본다'라고 해야만 한다. 좀 우습지만 그들의

주장을 수학적 개념으로 보면 절대값과 같다. +와 -는 모두 그냥 +일 뿐이다. 어떤 원치 않는 일도 생각을 하면 끌어당긴다. '안 되면 어쩌지?'하는 생각 따위는 절대 해서는 안 된다. 그래서 '난 ~을 원치 않아'가 아니라 '난 ~을 원해'만이 그들이 이야기하는 성공을 만드는 올바른 생각의 법칙이다.

초월적 자기계발서의 세계는 부정성을 부정한다. 현실에 부정적인 일이 발생한다면 내가 부정적인 생각을 했기 때문이다. 심지어 긍정적인 생각에 대한 작은 의심이 부정적인 결과를 만들어낸다고 한다. 100%에 가까운 긍정, 의심 없는 긍정만이 원하는 것을 끌어당길 수 있다. 심지어 어떤 자기계발서는 영혼과 일치하는 생각이 있다고도 한다. 초월적 자기계발서는 생각만으로 자신이 원하는 모든 것을 쉽게 끌어들일 수 있다고 주장하지만, 막상 아무리 생각해도 소용이 없다고 하면 방법이 틀렸다거나 진짜로 생각한 것이 아니라는 식의 답변을 한다. 생각의 힘에 대한 믿음이 부족하다고 둘러댄다. 이렇게 믿음을 강조하는 초월적 자기계발서가 어떻게 과학이론을 주장의 근거로 내세울까?

상대성이론도

영화 <인터스텔라>는 과학적 이론에 충실하게 만들어진 영화로 유명하다. <인터스텔라>가 보여주는 재미있는 현상 중에 하나는 시간이다. 주인공 쿠퍼는 인간이 살수 없게 된 지구를 대신할 행성을 찾아간다. 그는 블랙홀 옆에 있는 행성에도 찾아간다. 그 행성에서 1시간은 블랙홀의 강력한 중력 때문에 다른 공간의 7년과 같다. 쿠퍼가 그 행성에서 몇 시간을 보내고 우주선으로 돌아오니, 우주선에서 대기하던 동료는 이미 많이 늙어 있었다. 우리가 평상시에 절대적으로 느끼는 시간과는 많이 다르다. 상대성이론은 자연법칙이 관성계에 대해 변하지 않고, 시간과 공간이 관측자에 따라 상대적이라는 이론이다. 상대성이론의 핵심은 기준틀이다. 기준틀에 따라 시공간이 달라질 수 있다는 것이다.

과학적 자기계발서는 이런 상대성이론을 누구나가 마음대로 세상을 움직일 수 있다는 이상한 논리로 바꾸어버린다. 어차피 우리가 경험하는 세계 자체가 상대적이기 때문에 절대적 시공간이 아닌 주관화된 세상을 살고 있다고 한다. 그들은 상대성이론을 바탕으로 개인들이 마음대로 조정할 수 있는 자기만의 세계를 만들어내고 싶어 한다. 하지만 그들의 바람처럼 개인의 의지에 의해 물리법칙이 달라지는 일은 생기지 않는다.

우리가 아주 조금이라도 느낄 수 있을 만큼의 시공간의 상대적 차이를 만들기 위해서는 어마어마한 중력의 변화가 필요하다. 같은 의미에서 속도에 의해 시공간이 달라지기 위해서는 인간의 힘으로 만들어낼 수 없는 속도가 필요하다. 우리가 살고 있는 지구 위의 현실에서 상대성이론은 큰 의미가 없다. 상대성이론은 그 말처럼 그저 '상대적인' 이론이 결코 아니다. 오히려 상대성이론의 핵심은 모든 물리법칙은 관측하는 사람의 상태와 무관하게 같다는 것이다. 정지한 상태의 관찰자도, 등속 혹은 가속도로 운동하고 있는 관찰자도 동일한 물리법칙이 적용된다는 점을 보여줄 뿐이다. 복잡하고 어렵긴 하지만 확실한 점 하나는 상대성이론이 우리가 부자가 되는 것과 아무런 상관이 없다는 점이다.

양자역학도

과학적 자기계발서는 관찰자의 주관성이 가진 힘을 주장하기 위해 양자역학까지 끌어들인다. 고전역학은 현재의 상태를 정확하게 안다면 미래의 어느 순간에 어떤 사건이 일어날지를 정확하게 예측할 수 있다는 결정론의 입장이다. 어떤 현상과 결과가 있다면 이에 합당한 원인을 반드시 밝혀낼 수 있다는 것이다. 이에 반해 양자역학은 확률론의 입장이다. 양자역학에 따르면 미래에 일어

2. 1%만 알았던 부와 성공의 비밀

날 일을 정확하게 예측하는 것은 불가능하다. 양자역학은 고전역학으로 설명할 수 없는 원자 단위의 현상에 대한 많은 의문을 해결해주었다.

지식백과를 빌려 조금 더 살펴보자면, "양자역학의 행렬 모형인 행렬역학은 하이젠베르크, 보른, 요르단에 의해 정립되었으며, 드브로이가 제시한 '본질적으로 주기적 현상인 파동'과 입자를 연계시키는 방안을 통해 양자역학의 파동함수 모형인 파동역학으로 정립되었다. 양자역학에 대한 두 공식인 행렬역학과 파동역학이 정립되자 양자이론은 급속도로 발전하여 원자, 분자, 고체에 적용되었고 헬리움, 별의 구조, 초전도체의 본질, 자석의 성질에 대한 문제를 해결하였다. 후에 양자이론은 상대성이론과 장이론 영역으로 확장하였으며, 실험적으로만 알려졌던 화학결합을 설명하였다. 1941년에는 행렬역학과 파동역학이 아닌 양자역학을 설명하는 다른 모형이 등장하는데 이 모형을 양자전기역학이라고 부르며 파인만이 체계화하였다." 아무래도 평범한 우리들에게는 어렵고 복잡하기만 하다.

지식백과 내용을 일부 정리하면서까지 양자역학의 어려움과 복잡함을 제시한 이유가 있다. 초월적 자기계발서에서 이야기하는 양자역학이 양자역학의 본래 내용과 아무런 상관이 없다는 것을 드러내기 위해서다. 초월적 자기계발서가 자주 언급하는 양자역학은 단지 관찰자의 존재 여부에 따라 물질이 변한다는 사실과, 지구와 달처럼 멀리 떨어진 곳에서도 동시에 변할 수 있다는 사실뿐이다. 초월적 자기계발서는 이런 양자역학을 인식 주체의 생각이 외부 현실에 직접적인 영향을 미칠 수 있는 것처럼 자기 멋대로 해석한다. 관찰자의 존재 유무에 따라 미시 세계의 입자가 파동으로 바뀌거나, 파동이 입자로 바뀐다고 하는 이론을 거시 세계에서도 이루어지는 것처럼 말한다. 그러면서 생각의 힘이 외부 세계에 직접적인 영향을 미칠 수 있다고 주장한다. 그러니 성공을 생각하면 성공이 현실이 될 수 있단다. 지나치게 비약한다는 생각을 넘어, 말도 안 된다는 생각을 넘어, 진짜 뻔뻔한 사람들이라는 생각이 든다. 양자역학도 우리가 부자가 되는 것과는 아무런 상관이 없다. 양자역학까지도 부자 만들기에 이용하는 그들의 상상력이 놀라울 뿐이다.

다중우주론마저도

초월적 자기계발서는 모든 과학이론을 생각의 영향력이 크다는 것에 맞춰 변형시키고, 적용할 수 없는 영역에까지 마구잡이로 갖다 붙인다. 그것도 전혀 엉뚱하게 부자가 될 수 있다는 논리에 말이다. 이렇게 엉뚱한 조합을 정당화하는 또 하나의 과학이론이 다중우주론이다.

우주는 빅뱅에 의해 발생했다. 다중우주론에 의하면 이런 빅뱅은 우리 우주에만 있는 유일무이한 사건이 아니다. 우리 우주가 빅뱅으로 탄생하기 전에도 수없이 많은 빅뱅이 있었고, 앞으로도 많은 빅뱅이 일어날 수 있다고 한다. 즉, 다중우주론은 우리 우주 주변에 또 다른 많은 우주가 존재하고 있음을 주장한다. 다른 우주들은 각 우주에 존재하는 암흑 에너지의 양에 의해 우리가 경험하는 우리 우주와 전혀 다른 모습일 가능성이 매우 크다.

그런데 놀랍게도 초월적 자기계발서는 이 다중우주론마저 이상하게 변형시킨다. 그들은 마치 '나'라는 존재가 수없이 많은 다중우주 속에 똑같이 존재하는 것처럼 말한다. 초월적 자기계발서에 의하면 성공한 나와 실패한 나, 행복한 나와 불행한 나, 건강한 나와 병든 나 등등이 모두 이미 다중우주 속에 존재하고 있다. 더구나 나는 수없이 많은 다중우주 속의 나를 선택할 수 있다. 마음만 먹으면 어떠한 형태의 내 모습이든지 내 의지로 쉽게 선택할 수 있다는 것이다. 마치 파도를 바꿔가면서 타는 서핑처럼 인생을 바꿀 수 있다는 논리다. 정말 기가 막히는 상상력이다.

초월적 자기계발서는 복잡하고 어려운 과학이론들을 단 하나의 목적으로 이해한다. 바로 부자 만들기다. 만유인력의 법칙도 상대성이론도 양자역학도 다중우주론도 모두 내가 부자가 되기 위해 내 마음대로 사용할 수 있는 과학이론이 된다. 초월적 자기계발서는 쉽게 부자가 될 수 있다는 자신의 주장을 위해 온갖 과학법칙을 끌어당겨 멋대로 해석하고 있을 뿐이다. 이것이야말로 초월적 자기계발서의 끌어당김의 법칙이 아닐까? 아니, 끌어당김의 법칙을 뛰어 넘어 거의 블랙홀 수준이다. 그들은 정말 모든 것을 오로지 성공으로 빨아들인다.

인지적 편향에서 자기충족예언으로

끌어당김의 법칙을 인지과학적 측면에서 보자면 내 생각이 현실이 되어 나타나는 것이 아니라, 원래 있었던 것이 단지 더 자주 보이고 더 자주 들릴 뿐인 것이다. 사람은 관심을 가진 분야에 더 집중하게 되고 그에 따라 주변에서 그것을 더 많이 발견하게 된다. 아이를 낳으면 육아용품을 비롯해서 온통 아이와 관련한 것만 보인다. 아이와 관련된 상품과 서비스가 이렇게나 많이 있었는데도 그동안 잘 모르고 있었다는 것이 신기할 정도다. 나이를 많이 먹으면 그동안 보이지 않았던 건강식품 광고가 많이 보인다. 만약 수원으로 이사를 갔다고 하면 지금까지와 다르게 라디오와 TV와 같은 각종 미디어에서 '수원'이 훨씬 더 많이 들리고 보인다. 이런 현상은 인간이 가진 인지적 편향 때문에 생긴다. 별로 대단하지도 않은 법칙일 뿐이다. 실제로 우리는 우리가 보고자 하는 관점과 방향으로 세상을 보고, 그 관점과 방향에 있는 것들이 더 많이 눈에 들어온다. 우리가 인지하는 것은 현상이 아니라, 현상에 대한 해석이다. 세상의 어떤 부분을 어떻게 받아들일지는 인간의 뇌가 결정한다. 인지과학이나 신경과학으로 접근해야 할 인간 뇌의 특징을 거창한 과학법칙을 엉뚱하게 끌어들여 이상하게 만든 셈이다.

사람의 믿음, 기대, 예측이 실제로 일어나는 경향을 나타내는 말로 자기충족예언이라는 것이 있다. 조금씩 차이는 있지만 피그말리온 효과, 자성적 예언. 로젠탈 효과, 대인 기대 효과, 영리한 한스 효과, 관찰자 기대 효과, 호손 효과 등은 모두 사람이 가지는 기대가 실제적인 변화를 나타낸다는 의미로 쓰이는 말들이다. 가장 대표적으로 알려져 있는 피그말리온 효과는 그리스 신화에 나오는 조각가 피그말리온의 이야기에서 유래하였다. 피그말리온은 자신이 상아로 조각한 여인상을 사랑하였다. 여신 아프로디테가 그의 사랑에 감동하여 이 여인상에 생명을 주고, 피그말리온은 그녀를 아내로 삼았다는 이야기다. 피그말리온 효과는 간절히 원하고 기대하면 원하는 바를 이룰 수 있다는 의미로 자주 사용된다.

확증편향에서 과대망상으로

우리는 나의 생각과 무관하게 벌어지는 일들을 종종 겪는다. 택시를 잡으려 하는 순간 택시가 내 앞에 서기도 하고, 사람이 꽉 찬 지하철을 놓쳤는가 싶었더니 바로 텅 빈 지하철이 오기도 한다. 늦은 시간까지 쿵쿵거리던 윗집 사람이 갑자기 이사를 가기도 하고, 길에서 받은 전단지가 삶의 많은 부분을 긍정적으로 바꾸기도 한다. 물론 정반대로 나쁜 일도 일어난다. 우리는 살면서 우리의 의지와 상관없이 좋은 일과 나쁜 일을 겪는다. 만약 좋은 일과 나쁜 일이 5:5의 비율로 나에게 일어난다고 하더라도, 내가 생각하는 쪽의 일이 더 많이 일어난다고 느낄 것이다. 나쁜 일이 더 많이 일어난다고 느끼면 머피의 법칙, 좋은 일이 더 많이 일어난다고 느끼면 샐리의 법칙이라고 한다.

좋은 일과 나쁜 일을 똑같이 경험해도 누군가는 좋은 생각이 좋은 일을 불러냈다고 생각할 수 있고, 또 누군가는 나쁜 생각이 나쁜 일만 불러냈다고 생각할 수 있는 것이다. 내 생각의 방향에 있는 일들이 더 많이 보이기 때문이다. 이런 현상은 끌어당김의 법칙과 같은 신비로운 비밀이 아니라, 그냥 인식의 편향일 뿐이다. 물론 좋은 일이 일어나기를 바라는 인식의 편향이 나쁜 것은 아니다. 나도 샐리의 법칙이 내 삶에서 많이 이루어졌으면 좋겠다. 나도 자기계발서의 주장처럼 긍정적인 생각을 하려고 많은 노력을 한다. 다만 나를 둘러싼 현실이 내 생각대로 된다고 생각하지는 않는다.

　　초월적 자기계발서가 이야기하는 끌어당김의 법칙은 정상적인 자기충족예언을 확증편향의 수준으로 바꾸어 버린다. 확증편향이란 자신의 신념과 일치하는 정보만 받아들이고 신념과 일치하지 않는 정보는 무시하는 경향을 나타내는 말이다. 초월적 자기계발서는 생각하는 모든 것이 그대로 현실이 된다고 주장한다. 그들은 자신이 바라는 것을 현실화하기 위해서는 간절하게 원해야 하고, 이미 이루어진 것처럼 생생하게 느껴야 한다고 한다. 원하는 것을 글로 적어야 한다고 한다. 모두 자신이 원하는 것을 현실에서 이루어지게 하는 비법이란다. 보고 싶은 것만 보고, 듣고 싶은 것만 듣는 것이다. 초월적 자기계발서를 믿기 시작하면서 나타나는 초기 증상이 바로 확증편향인 셈이다.

　　초월적 자기계발서를 완전히 믿기 시작하면 확증편향은 과대망상으로 바뀐다. 과대망상이란 자신의 능력을 과장하여 터무니없는 헛된 생각을 한다는 뜻이다. 두산백과에는 과대망상을 다음과 같이 설명한다. "자신이 아주 위대한 인물이거나 특별한 능력(돈·권력)을 가졌다고 여기는 증상이다. 이를테면 자신이 초능력 인간이 되었다거나, 또는 영적인 힘을 지니게 되어 무슨 일이든지 할

수 있다고 믿는 것을 말한다." 놀랍게도 과대망상의 뜻은
'당신은 특별한 힘을 가지고 있다'고 이야기하는 초월적
자기계발서의 주장과 아무런 차이가 없다.

아 참, <인터스텔라>의 주인공 쿠퍼의 딸 이름은 나
쁜 일만 자꾸 일어난다고 하는 '머피'였다. 자신의 이름을
못마땅해하는 딸에게 쿠퍼는 말한다. "일어날 일은 반드
시 일어난다"고……. 물론 쿠퍼는 운명론자도 비관론자도
아니었다. 그는 일어날 나쁜 일을 막기 위해 목숨을 건다.
내 삶과 세상을 변화시키는 것은 끌어당김의 법칙이 아니
라, <인터스텔라>의 포스터에 있는 '우린 답을 찾을 것이
다. 늘 그랬듯이'와 같이 문제를 해결하고자 하는 삶의 자
세와 태도다.

생각의 힘

동굴 속 더 작은 동굴로

세상의 모든 지식과 발견, 그리고 미래에 이루어질 발명까지도 모두 우주의 마음에 가능성으로 잠재되어 있다. 이런 가능성은 언제든지 당신이 끄집어내길 기다리고 있다. 당신은 그저 당신이 원하는 것의 최종 결과에 마음을 집중하고, 그것이 현실에 나타나는 상상을 한 다음, 나타나도록 불러내기만 하면 된다. 구하고, 느끼고, 믿으면, 받을 것이다. 우주의 무한한 가능성은 당신의 생각으로 현실화된다. 모두 『시크릿』의 주장이다. 『시크릿』에서 세계의 모든 것은 에너지다. 오로지 당신의 생각만이 그 에너지를 조정할 수 있다. 『시크릿』 세상에서 물질은 에너지의 가능성이 현실화되어 나타난 것이다. 눈에 보이지 않는 에너지를 눈에 보이는 물질로 바꾸는 것은 생각이다. 생각은 무한한 가능성을 가진 우주를 내 앞에 깨어나게 한다.

이런 세계관을 받아들이기 시작하면 『시크릿』이 재미있어진다. 세상을 바라보는 시각이 바뀌기 시작하

고, 세상의 원리를 다 깨달은 느낌마저 든다. 더군다나 자
기계발서가 만들어낸 새로운 세계는 현실에 발 딛고 사
는 평범한 사람들의 삶을 다르게 보이게 한다. 마치 플라
톤의 '동굴의 비유'처럼 평생 동굴 안에 갇혀 살다가 초월
적 자기계발서를 통해서 동굴 밖의 진실을 보게 되는 듯
한 느낌이 드는 것이다. 지금까지 보이던 것들이 전혀 다
르게 보이고, 보이지 않던 것들은 새롭게 볼 수 있게 된
다. 그동안 몰랐던 세상의 비밀과 진리를 알게 되는 느낌
은 마치 종교를 통해서 세상을 새롭게 인식하는 것과 같
다. 세계관이 통째로 바뀌는 것이다.

　　초월적 자기계발서는 현실과 다른 새로운 원칙이 지
배하는 세계를 창조한다. 초월적 자기계발서는 자신만의
세상을 만들기 위해 세상을 바라보는 새로운 원리와 시
각을 필요로 한다. 그들은 그들만의 새로운 세상을 이해
할 수 있는 핵심 생각을 특정한 의미를 가진 개념어로 표
현한다. 기존에 들어보지도 못한 새로운 단어를 만드는
경우도 있지만, 대부분은 기존에 있는 단어에 추가적인
개념을 집어넣어서 만든다. 개념어는 독자를 작가가 만들
어낸 세상의 틀로 쉽게 들어오게 만드는 쉬운 방법이다.
그 개념어를 받아들이는 순간 우리는 자기계발서가 만든
새로운 세계의 포로가 되고 만다. 다음은 초월적 자기계
발서들이 사용하는 새로운 개념어들이다.

시각화, 심상화, 긍정적 파동, 확언, 부정적 반향, 징조, 끌어당김의 법칙, 의도의 힘, 기분 전환 도우미, 빛 알갱이, 개체 나, 전체 나, 관찰자, 아미그달라(편도체), 창조 과정, 강력한 도구, 에너지 전환, 그림 그리기, 신호 전송, 정신 레벨의 나선구조, 영혼의 지도, 의도적인 삶, 가능태 공간, 유도전이, 펜듈럼, 거울 심상화, 의도의 선언, 이중 거울, 잠재의식, 형상화 능력, 집합 무의식, 플래카드 VD기법, 무결점의 법칙, 생각의 근본물질, 생각의 진동, 마음의 스위치, 거울의 원칙, 내면의 공간, 결정권자, 새로운 정렬, 근원 물질, 창조적 충동, 삶의 진화, 창조 중심, 신성의 지혜, 호오포노포노, 정화, 완전한 수용, 아우마쿠아, 치포트

모두 초월적 자기계발서가 만들어낸 말들이다. 전혀 들어보지도 못한 '펜듈럼', '호오포노포노', '아우마쿠아'와 같은 단어도 있고, '긍정적 파동', '부정적 반향', '정신 레벨의 나선구조', '영혼의 지도', '생각의 근본물질'과 같이 기존에 알고 있던 단어를 새롭게 결합한 말들도 있다. 물론 '심상화', '시각화', '확언', '징조', '그림 그리기', '잠재의식', '정화'와 같이 특별한 설명이 없어도 알 수 있을 듯한 말들도 있다. 하지만 위의 모든 단어들은 초월적 자기계발서에서 새롭게 의미를 부여한 말들이다. 기존에 있던 말들이더라도 사전적인 의미로 쓰인 것이 아니라 새로운 의미를 부여해서 쓴 것이다. 자신의 주장을 개념어를 통해 표현하는 방식은 신뢰감을 준다. 전문적인 느낌이 드는 것은 물론이고 새로운 개념을 만들어낼 만큼 확실하게 검증된 느낌을 주는 것이다. 독자는 작가가 만든 세상에 들어가기 위해서 개념어를 받아들여야만 한다. 처음에는 어색하고 이상하지만, 개념어와 친근해지는 순간 자기계발서는 너무도 쉽게 우리를 마음껏 조정하면서 끌고

다닐 수 있게 된다. 물론 우리는 끌려다닌다고 생각하지 않고 새로운 진리를 깨달았다고 생각한다.

초월적 자기계발서는 이처럼 개념어를 통해 무엇인가 진리를 깨달은 느낌과 함께 지금까지 알던 세상과 전혀 다른 세상을 펼쳐 보여준다. 아직 깨닫지 못한 많은 사람과 나는 완전하게 달라진다. 『시크릿』의 비밀을 깨닫지 못한 사람들은 동굴 속에 갇혀 사는 것처럼 보인다. 우주의 근본원리를 깨닫게 되었으니 당연한 결과다. 초월적 자기계발서의 세계관을 받아들이면 지금까지 살아왔던 내 삶의 방식이, 아니 생각의 방식이 나를 힘들게 하였음을 알게 된다. 그래서 초월적 자기계발서가 말해주는 방법을 충실하게 실천하기 위해 열심히 노력한다. 물질적 성공을 이룬 내 삶을 생생하게 느끼기 위해서 점점 더 내 생각에만 집중하게 된다. 『시크릿』의 비밀을 깨닫는 순간부터 자신의 머릿속에만 존재하는 아주 작은 세계에 빠져 마치 모든 것을 알고 있는 듯 착각하면서, 자신의 생각에 갇혀 살게 될 가능성이 크다. 초월적 자기계발서의 세계는 동굴 밖이 아니라, 동굴 속의 더 작은 동굴일 뿐이다.

간절히 원하면 온 우주가 나서서 도와줄지도 모를 일이긴 하다. 초월적 자기계발서가 이야기하는 생각의 힘은 분명 존재한다. 생각에 따라 세상은 다르게 보이기 마련이다. 하지만 온 우주가 나서서 내 꿈을 도와준다는 말은 문학적 비유로는 아름다운 말일 수 있지만, 진짜로 믿게 되면 오히려 삶을 망쳐버리기 쉽다.

성공은 어떻게 이루어지는가

『꿈꾸는 다락방』은 유명한 실존 인물들의 삶을 생각이 현실화된 근거로 내세운다. 스티븐 스필버그, 피카소, 콘래드 힐튼, 아인슈타인, 월트 디즈니, 나폴레옹, 워런 버핏, 비틀스, 짐 캐리, 이소룡, 정주영, 이건희, 이명박 등등 많은 사람이 생생하게 생각하면 이루어진다는 'R=VD'를 실천해서 성공하였다고 한다. 물론 위의 유명인들도 자신이 성공한 모습을 생생하게 그려보았을 것이다. 하지만 그것이 성공하는 데 가장 중요한 요인이라고 할 수 있을까? 그들이 살았던 시대와 사회 환경이 성공할 수 있는 이유가 되었던 것은 아닐까? 그들의 타고난 재능은 어떨까? 그리고 무엇보다 그들의 지속적인 노력은? 아마도 위의 유명인 모두 자신이 가진 재능에 맞는 일을 찾았고, 그에 많은 노력을 기울였을 것이다. 더불어 여러 가지 환경의 도움도 받았을 것이다. 그들의 자서전에 자신의 꿈을 생생하게 그려보았다는 내용은 300페이지에서 몇 줄이나 될까?

있긴 했을 것이다. 아마도 작가는 성공한 사람들의
자서전에서 생생하게 생각하면 현실이 된다는 'R=VD'와
비슷한 말을 찾기 위해서 엄청난 고생을 했을 것이다. 하
지만 성공한 사람들의 공통점은 'R=VD'보다 훨씬 많다.
집중력과 열정, 고집과 자존심, 융합적 사고, 창조적 발상,
음악 감상, 하루 세 끼 먹기, 하루에 한 번 똥싸기 등등.
골라내고자 하면 무엇이든 성공한 사람들의 공통점을 골
라낼 수 있다. 하지만 우리는 성공한 많은 사람들이 하루
에 한 번씩 똥을 쌌다고 해서 그것이 성공의 결정적 조건
이라고 말하지는 않는다.

물론 똥을 싸는 일과 자신의 미래를 생생하게 그려
보는 일이 어찌 같을 수 있겠는가? 좋은 결과를 상상해보
는 일은 중요하다. 실제로 성공한 사람들 중에는 자신의
미래를 생생하게 그려본 사람도 많을 것이다. 아니, 성공
여부를 떠나서 자신이 하고자 하는 일의 결과를 생각해
보지 않는 사람은 극히 드물다. 과학자는 실험의 과정과
결과를 미리 생생하게 그려본다. 영화감독도 자신이 만들
영화를 미리 생생하게 그려본다. 건축 설계자도, 요리사
도, 운동선수도 모두 자신이 이루고 싶은 결과를 생생하
게 그려본다. 당연한 일이다. 자신이 원하는 바를 미리 생
각해보는 일은 매일 밥을 먹는 것처럼 대수롭지 않은 일
이다. 성공의 많은 원인 중 하나인 자신이 원하는 것을 생
생하게 그려보는 일은 많은 사람이 이미 실천하고 있다.

전혀 알지도 못하는 공식인 'R=VD'를 그냥 생활 속에서 자연스럽게 하고 있다. 그렇게 생각한 것을 이루기 위해서 우리는 다양한 행동을 한다. 그런 행동의 결과가 어느 순간 내가 예전부터 생각해왔던 것을 현실로 만들 수도 있다. 그런데도 초월적 자기계발서는 사람들이 가진 보편적인 특성 중에 극히 작은 부분인 생생한 생각을 확대 과장해서 마치 그것만이 성공을 만든 핵심 원리인 듯 말한다. 영화, 음악, 그림, 사업, 과학, 정치에 대한 그들의 전문 지식, 관심과 애정 그리고 노력이 어찌 생생하게 그려보았던 꿈보다 덜 중요할 수 있을까?

어떤 현상이나 결과에는 여러 가지 복합적인 원인이 있기 마련이다. 실제로 단 하나의 원인만 존재하는 일을 찾기는 어렵다. 대부분의 일은 다양한 원인들이 중첩되면서 발생한다. 성공이라는 결과를 낳은 원인도 다양하다. 생생하게 꿈꾸는 것은 그중에 하나일 뿐이다. 물론 생각이 어떤 일의 출발이라고 한다면 생각이 어떤 결과의 원인 중 가장 중요한 것일 수는 있다. 꿈과 목표는 분명 성공의 작고 소중한 씨앗임이 분명하다. 하지만 그 씨앗이 싹이 나서 큰 나무로 자라기 위해서는 땅과 기후와 같은 환경적 요소가 반드시 있어야만 한다. 생각은 행동하게 만든 동기가 될 뿐 그 자체가 결과를 만들어낸다고 할 수는 없다.

자기계발서는 플라시보 효과다

'플라시보(placebo)'라는 단어는 원래 '마음에 들도록 한다'는 뜻의 라틴어라고 한다. 상대방의 마음에 들도록 하는 거짓말이 실제 효과로 나타난다는 의미다. 위약 효과라고도 한다. 말 그대로 가짜 약이 효과가 있다는 뜻이다. 효과가 없는 약인 줄 모르고, 좋아지리라는 믿음과 기대를 가지고 먹었는데 증상이 호전되는 경우에 쓰이는 말이다. 진짜 약을 먹었다는 착각에 뇌가 반응을 하게 되어 실제 효과가 나타나는 것이다. 치료를 위해 약을 먹거나 시술을 받는 경우, 좋아지리라는 기대를 갖는 것은 분명 병세를 호전시키는 중요한 역할을 한다. 플라시보 효과는 인간의 정신이 육체에 영향을 미치고 있다는 것을 보여준다.

병의 호전뿐만 아니라 생각의 힘은 다른 많은 부분에서도 분명히 존재한다. 행동심리학에서는 인간의 심리 상태가 인간 행동에 미치는 영향을 다양하게 증명한다. 긍정적인 방향으로 생각의 물꼬가 트이기 시작하면 내 몸의 호르몬이 변화하면서 육체에 변화를 만들어낼 수 있다. 뿐만 아니라 내 생각의 방향이 바뀌어서 나의 말과 행동이 미세하게 바뀔 수 있고, 그런 변화가 다른 사람에게 작은 영향을 미칠 수 있다. 다른 사람도 나의 긍정적 변화에 반응하면서 예전과 달리 나를 대하는 방식이 긍정적으로 바뀌고, 상대방의 변화에 나는 더욱 자신감 넘치는 행동을 할 수 있다. 분명 작은 나비의 날갯짓이 많은 것을 바꾸어놓을 수도 있다.

생각의 힘은 우리 주변 어디에나 있고, 마음가짐에 따라 달라지는 일은 너무나도 많다. '할 수 있다'는 믿음은 어려움을 극복하기 위해 반드시 필요한 태도임이 분명하다. 자신감, 성취욕구, 긍정적인 태도, 끈기 등등은 모두 소중한 일상의 가치다. 생각의 힘은 우리가 가진 평범하지만 소중한 힘이다. 다만, 초월적 자기계발서처럼 지나치게 믿으면 진짜 현실에서 멀어지게 된다. 생각의 힘은 현실에 영향을 미치기는 하지만, 현실을 마음대로 조정할 수는 없다. 현실이라는 병은 위약만으로 낫기에는 너무도 강력한 병이기 때문이다.

초월적 자기계발서와 부적

사실, 초월적 자기계발서의 주장이 잘못되었다고 증명할 수는 없다. 지구가 5,000년 전에 생겼다거나 지구가 평평하다는 주장은 쉽게 반박할 수 있다. 하지만 생각이 현실이 된다는 주장은 주관적인 경험의 세계이기 때문에 쉽게 반박하기가 어렵다. 자신이 직접 경험했다고 하는데 어쩌겠는가? 종교적인 영적 체험도 그렇다. 귀신을 봤다고 하는 사람에게 귀신이 없다는 사실을 증명하기란 정말 어려운 일이다.

생각의 힘은 분명 존재한다. 생각의 힘은 그것 자체로 소중하다. 하지만 자기계발서는 이런 생각의 힘을 성공이라는 목적을 위한 수단으로 삼아버린다. 자기계발서를 열심히 읽은 사람일수록 자신감이 넘치고 기분이 좋아질 수는 있다. 모든 것을 할 수 있을 듯한 마음이 생길 수도 있다. 때로는 예전과 다르게 내 생각대로 세상이 움직여주는 것 같은 느낌이 들 수도 있을 것이다. 하지만 그렇다고 해서 우주의 무한한 가능성이 내 생각으로 현실화된 것도 아니고, 내 생각이 눈에 보이지 않는 에너지를 물질로 바꾼 것도 아니다. 점쟁이의 말대로 이루어진 일이 한두 번 있다고 해서, 점쟁이의 말이 항상 현실로 이루어지지는 않는다.

미신과 주술일 뿐이고 말도 안 되는 일이라고 믿었던 부적이나 굿도 일종의 플라시보 효과다. 부적(付籍)은 잡귀를 쫓고 재앙을 물리치기 위한 종이다. 부정적인 일이 발생하지 않기를 바라는 마음을 담아낸 것이다. 좋은 일이 생기기를 바랄 때에도 부적을 사용하지만, 그런 경우에도 좋은 일을 방해하는 귀신을 물리치기 위함이다. 어느 쪽이든 부적은 부정적인 일에서 벗어나고 싶은 소망을 담는다. 물론 실제 일어나는 일이 부적에 의해 변화될 가능성은 플라시보 효과와 다르지 않다. 초월적 자기계발서는 매우 두껍게 만들어진 마음의 부적이다. 부적을 사용하는 방향이 다르기는 하다. 초월적 자기계발서는 일어나지 않았으면 하는 일이 아니라, 일어나기를 바라는 일을 위한 부적일 뿐이다. 초월적 자기계발서가 사람들에게 100% 가능한 성공 비법이 아니라, 그저 원하는 일이 이루어지기를 바라는 부적으로 받아들여지면 좋겠다.

평범한 '우리'에서 특별한 '나'로

당신은 소중하고 위대한 존재

종교와 철학 그리고 과학이론을 이렇게 어설프고 말도 안 되게 뒤범벅 해놓아도 초월적 자기계발서는 많이 팔린다. 종교와 철학 그리고 과학적 지식이 부족한 사람이 많기 때문만은 아니다. 우리들에게 그들의 주장이 과학적으로 옳고 그른지는 아무런 문제가 되지 않는다. 단지 그들이 그런 지식을 통해서 '나'를 성공한 부자로 만들어준다는 점이 중요할 뿐이다. 초월적 자기계발서가 종교와 철학 그리고 과학을 끌어들인 이유는 생각만으로 쉽게 성공할 수 있다는 자신의 주장을 진실처럼 보이게 하기 위해서다.

초월적 자기계발서가 이야기하는 진실은 객관성 여부를 떠나 정말 진실이기를 바랄 수밖에 없다. 그들은 첨단 과학까지 들먹이며 평범한 나를 평범하지 않은 나로 만들어준다고 한다. 일상에서 나는 평범하고 인정받지 못하는 하나의 개인에 불과하다. 그런데 자기계발서는 그런 나를 특별한 존재로 호명한다. 그들은 내가 이미 엄청난 힘과 능력을 가지고 있음에도 단지 그것을 사용할 줄 몰라서 평범하게 살고 있다고 한다. 그리고 내가 이미 가지고 있는 그 힘과 능력을 쉽게 꺼내서 사용할 수 있도록 도와주겠다고 한다.

인간은 누구나가 자기중심적이다. 이기적이라는 의미가 아니라 다른 무엇보다 자신의 가치와 중요성을 귀하게 여긴다는 뜻으로 그렇다. 거창하게 이야기하면 이런 자기중심성은 인간 존재의 본질적인 특성일 수 있다. 자신을 희생할 만큼의 거대한 이념과 종교가 사라진 현대 사회에서는 더욱 그러하다. 무엇보다 내가 제일 소중하다. 하지만 현실에서는 소중한 내가 소중하게 대접받지 못한다. 심지어 다른 사람과 비교해보면 초라하게 살고 있을 뿐이다. 자기계발서는 바로 이 지점을 날카롭게 파고든다. 당신은 소중하고 위대한 존재인데 이렇게 초라하게 사는 것은 뭔가 잘못되었다고 그들은 말한다. 당신의 삶을 당신 스스로 선택할 수 있는 것이 진짜 진실이라고 한다. 당신은 건강하게 살 자격이 충분하다고, 당신은 부유하게 살 자격이 충분하다고, 당신은 당신 하고 싶은 일을 마음껏 하고 살 자격이 충분하다고 달콤하게 속삭인다.

자기계발서는 객관적 현실을 부정하고 엉터리 주관적 진실만을 이야기한다. 그들은 힘들게 살고 있는 현실은 잘못된 거짓 세상이라고 한다. 아직 진실을 깨닫지 못한 사람들만이 거짓된 삶의 구렁텅이에서 힘겹게 세상의 진실을 거스르며 살고 있다고 한다. 진실은 세상의 흐름에 맞게 그저 생각의 주파수를 조정하면 자신이 원하는 모든 것을 쉽게 얻을 수 있는데도 사람들은 진실을 보지 못하고 힘겹게 살고 있다고 한다.

부정적 현실의 원인

사실, 힘겨운 현실을 부정하고 싶은 마음은 누구에게나 있다. 자신에 대한 인식과 자신이 놓인 현실의 격차가 크면 클수록 현실을 있는 그대로 받아들이기는 어렵다. 자신은 존중받을 자격이 있는 사람인데 존중은커녕 인정조차 받기 어려운 현실은 현실을 부정하게 만든다. 2015년 12월 31일자 경향신문은 「이대로는 '노답'…'리셋'된 세상에서 살고 싶어요」라는 당혹스러운 제목의 기사를 실었다. 신문은 청년들에게 미래 시나리오를 제시하고 그중에 하나를 선택하게 하였다.

① 계속 성장사회
② 지배적 시스템의 붕괴와 새로운 시작
③ 자원 보존사회
④ 과학기술이 변화를 이끄는 사회

놀랍게도 가장 많은 청년들이 선택한 것은 '② 지배적 시스템의 붕괴와 새로운 시작'이었다. 46.4%의 청년들이 '붕괴'와 '리셋'을 선택했다. 붕괴와 리셋을 선택한 이유는 그만큼 현실이 각박하기 때문이다. 신문 기사는 무엇인가 잘못되고 삐뚤어진 현실 속에서 힘든 삶을 살아가는 청년들의 삶을 그대로 보여준다. 붕괴와 리셋을 생각할 만큼 현실은 부정적이다. 신문 기사의 일부만 인용해보자. "2016년 첫해가 떠올랐다. '복 받으라'는 덕담이 오갈 것이다. 결심도 세울 것이다. 그러나 모두 알고 있다. 삶이 달라지지 않으리라는 것을. 통계대로라면 오늘도 20~34세 청년 6명이 목숨을 끊었을 것이다. 2014년에 2243명의 청년(20~34세)이 자신의 생을 파괴했다. 20~30대 사망 원인 1위가 자살이다. 한 해 1000만 원대의 학비, 스펙경쟁, 취업난, 저임금, 치솟는 주거비에 치이고 있는 젊은이들의 아픔을 보고 싶은가. 청년을 소재로 한 보도는 2015년에만 29만여 건이 쏟아졌다. 클릭 몇 번이면 이 사회의 모순이 응축된 그들의 삶이 파노라마처럼 펼쳐진다."[1] 하지만 우리는 부정적인 현실을 붕괴시킬 수도, 리셋할 수도 없다. 자기계발서가 유행할 수 있는 이유는 이런 부정적인 현실을 자신의 힘만으로 쉽게 '리셋'할 수 있다고 주장하기 때문이 아닐까?

1   경향신문 2015.12.31 「[부들부들 청년][1부①우린 붕괴를 원한다]"우리는 붕괴를 원한다"」

경향신문 2015.12.31, <흙수저의 길> 박순찬 작

　아무리 노력해도 안정적으로 살기 힘든 현실이 자기
계발서를 유행시킨 가장 중요한 원인이다. 하지만 자기계
발서는 부정적 현실을 바로 보기 위한 객관적 분석을 하
지 않는다. 부정적 현실의 원인에 대해서도 말하지 않는
다. 자기계발서는 힘든 현실의 원인이 개인의 생각 때문
이라고 한다. 너의 잘못된 생각이 네가 살기 힘든 현실을
만들었다고 이야기한다. 자기계발서에는 개인이 겪는 삶
의 어려움이 파편적으로 나열되어 있을 뿐이다. 자기계발
서는 삶의 어려움을 만들어낸 불평등과 불공정의 원인이
잘못된 법 때문인지, 지배 집단의 부도덕성 때문인지, 잘
못된 시장경제의 문제 때문인지, 정치시스템의 문제 때문
인지 결코 이야기하지 않는다. 현실을 바꾸기 위한 정치
적 경제적 대안 따위는 존재하지도 않는다. 그들에게는

객관적이고 보편적인 사실이 존재하지 않는다. 그들은 문제의 원인을 밝히기 위한 객관적 분석도 없이 해결책을 내놓는다. 그렇게 그들은 '나'의 생각이 모든 문제의 원인이니, 당장 잘못된 생각을 바꾸라 한다.

사회문제를 개인문제로

「졸음운전에 숨진 부부, 석 달 뒤면 첫 손자 안을 텐데…」.[1] 신문기사 제목이다. 광역버스 기사가 졸음운전을 한 탓으로 8명의 사상자가 발생했다. 안타까운 죽음이었다. 그것도 졸음운전 때문이었다고 하니 허망하기 그지없다. 하지만 사람들은 버스기사를 비난하지 않았다. 버스기사는 사고 전날에도 18시간 이상 근무하고 밤 11시가 넘어 퇴근을 했고, 사고 당일에는 오전 7시에 출근했다. 사실이 알려지자 사람들은 안타까운 죽음이 운전기사 때문이 아니라, 버스기사들의 열악한 근무환경 때문이라고 했다. 이런 안타까운 사고를 예방하기 위해서는 문제의 원인을 제대로 알아야 한다. 그리고 시스템의 문제가 발견되면 함께 해결 방안을 마련해야 한다. 열악한 근무환경을 개선할 제도적 법적 장치를 마련해야 하는 것이다.

1　　중앙일보 2017.07.11

하지만 자기계발서는 객관적 사실을 해체하고 문제의 원인을 단지 '나'에게서 찾는다. 자기계발서는 부조리한 사회시스템의 문제를 이야기하지 않는다. 해결 방법도 개인이 찾아야 한다. 그들은 객관적 현실을 망각하게 하고 문제의 원인과 해결책을 모두 개인에게 떠넘긴다. 더군다나 자기계발서는 놀랍게도 개인적 해결책을 알게 된 '나'를 특별한 존재로 만든다. 자기계발서가 말하는 해결책을 알게 된 '나'는 다른 사람들이 알지 못하는 비법을 알게 된 특별한 존재가 된다. 힘든 현실에서 탈출할 수 있는 비밀을 자신만 알게 된 것이라고 여긴다. 그렇게 자기계발서는 '나'를 우리와 분리시킨다. 사회문제를 해결하기 위해서는 '우리'가 필요한데, 자기계발서는 평범한 '우리'를 해체하고 특별한 '나'만 존재하게 만든다.

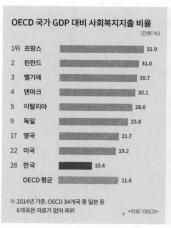

OECD 국가 GDP 대비 사회복지지출 비율
(단위: %)

1위 프랑스		31.9
2 핀란드		31.0
3 벨기에		30.7
4 덴마크		30.1
5 이탈리아		28.6
9 독일		25.8
17 영국		21.7
22 미국		19.2
28 한국		10.4
OECD 평균		21.6

※ 2014년 기준. OECD 34개국 중 일본 등 6개국은 자료가 없어 제외   <자료: OECD>

OECD 주요국 '삶의 만족도' 지수 순위
2014년 OECD 회원국, 러시아·브라질 포함 36개국 대상

1위 스위스		7.8
2 노르웨이		7.7
3 캐나다		7.6
덴마크		7.6
5 아이슬란드		7.5
오스트리아		7.5
7 핀란드		7.4
스웨덴		7.4
멕시코		7.4
네덜란드		7.4
호주		7.4
25 한국		6.0 평균 6.6

5.0 5.5 6.0 6.5 7.0 7.5 8.0
점수(0~10점)
<자료: OECD 2014 더 나은 삶 지수>

이봉진 자라코리아 사장은 한 강연에서 "여러분이 시위에 나가 있을 때 참여 안 하는 4900만 명은 무엇인가를 하고 있다. 여러분의 미래는 여러분이 책임져야 한다"며 촛불집회와 관련한 발언을 했다. 이어 이 사장은 "도널드 트럼프가 미국 대통령에 당선된 것처럼 정치는 여러분에게 영향을 미치지 않는다. 여러분은 공부나 하면 된다"고 덧붙였다.[1] 자기계발에나 힘쓰라는, 사회문제에 관심을 두지 말라는 그들의 생각이 어쩌다 직접적으로 드러난 경우다. 자라코리아 사장만이 아닐 것이다. 우리는 어려서부터 '나'의 문제에만 집중할 것을 배웠다. 정치는 말할 것도 없지만, 학교에 문제가 있어도 참여할 수 있는 길은 없다. 그저 성적을 올리는 일만 생각하라고 할 뿐이다. 우리는 주변과 사회에 관심을 두는 일 자체가 자신에게 손해가 된다고 배워왔는지 모른다. 함께 해결할 수 있는 일이 없다는 생각은 뿌리가 깊다.

자기계발서는 우리가 함께 만들어가야 하는 해결책을 말하지 않는다. 자기계발서는 사회에 참여하는 길을 막는다. 선거를 통해 사회를 바꾸거나, 제도를 바꾸는 일 따위는 자기계발서가 할 일이 아니다. 이렇게 사회문제를 개인에게 떠넘기는 것은 자기계발서만이 아니다. 실제 유

---

1   세계일보 2016.11.22 「이봉진 자라코리아 사장, 네티즌… "브랜드 이미지 떨어지고 직원들은 부끄럽고…"」

력한 정치 집단은 사회문제를 개인의 문제로 만들어버린다. 언론도 그런 정치 집단의 편에서 보도하는 경우가 훨씬 많다. 더구나 유력 정치 집단과 언론은 힘을 합쳐 사회문제에 공통의 목소리를 내는 사람들을 이기적이고 못된 사람들로 만들기도 한다. 사회문제를 사람들이 함께 해결할 수 있다는 생각을 하지 못하게 하는 것이다.

한겨레 2016.04.18 <한겨레 그림판>

그들은 사회문제를 개인의 문제로 만드는 한편으로, 사회문제를 해결하기 위한 개인들을 조직적이고 정치적인 집단으로 몰아간다. 함께 문제제기를 하는 사람들에게는 배후가 있다고, 불온한 사상을 가지고 있다고 낙인찍는다. 그래서 우리는 나쁜 일이 생기면 부조리한 사회 시스템보다 부정한 개인에게만 집중하고, 나쁜 일의 원인을 밝히고 대책을 수립하라고 주장하는 평범한 사람들의 목소리에 부정적 인식을 갖게 되었는지도 모른다. 어쩌면 '연대'라는 예쁜 말이 거북하거나 무섭게 느껴지는 이유도 그들 때문에 생긴 것은 아닐까? 유시민 작가는 『어떻게 살 것인가』라는 책에서 '공감을 바탕으로 사회적 공동선을 이루어나가는 것'을 연대라고 했다. 사람들이 함께 사회문제를 해결하기 위해 노력하는 것은 아름다운 일이 분명하다.

하지만 초월적 자기계발서는 서로가 힘을 합쳐 문제를 해결할 수 있는 방법을 이야기하지 않는다. 모든 자기계발서가 다 그렇다. 자기계발서에는 여럿이 함께 무슨 일을 하거나 함께 책임을 진다는 연대가 없다. 특별한 '나'들은 평범한 '우리'들과 함께 연대하지 않는다. 그들은 잘못된 사회를 보지 못하게 하고, 오로지 '나'만을 보게 만든다. 그들은 사회를 바꾸기 위한 '우리'의 힘보다 우주의 도움을 원하게 만드는 '나'의 생각만을 이야기한다. '나'들은 '우리'보다 조금이라도 더 돋보이는 능력을 가진 내가 되기 위해서 자기계발서를 보고 또 본다.

『시크릿』의 진짜 비밀은 따로 있다. 자본은 어느 순간부터 자기 스스로 덩치를 키워나간다. 노동이 더하고 빼고를 반복하면서 제자리걸음을 하고 있을 때, 자본은 곱하기로 2배, 3배, 10배로 쉽게 자신의 몸집을 불린다. 그것도 노력 따위는 필요도 없이 스스로 계속 커나갈

수 있다. 어쩌면 돈이 돈을 부르는 시스템이 그들이 이야
기하는 끌어당김의 법칙이 아닐까? 어쩌면 그들이 알려
고 할 필요도 없다고 이야기하는 『시크릿』의 작동 원리
는 물질적 부가 자동으로 만들어지는 지나치게 삐뚤어진
자본주의 시스템이 아닐까?

미처 못 다한 말.
둘

당신의 생각을 현실로 만들기 위해서
슈뢰딩거의 고양이는
그렇게 죽은 것도 산 것도 아니었나 보다.

당신의 생각을 현실로 만들기 위해서
빅뱅은 우주 밖에서
또 그렇게 다른 우주를 계속 만드나 보다.

탐나고 부러움에 가슴 조이던
평범한 삶의 뒤안길에서
인제는 돌아와 자기계발서 앞에 선
생생한 꿈속의 당신이여

당신이 생각했던 성공을 이루어내려고
뉴턴의 사과는 저리 떨어지고
아인슈타인은 상대성이론을 만들었나 보다.

서정주 시인의 「국화 옆에서」를 패러디했습니다.
원숙미를 표현한 놀라운 시를 엉망으로 만들었습니다.

무조건 죄송합니다. 물론 저도 엄청 민망하고 부끄럽습니다. 그래도 한 송이 국화꽃을 피우기 위해 천둥도 울고, 소쩍새도 울고, 무서리가 내린 것처럼 자기계발서를 읽은 한 명의 성공을 이루기 위해 온 우주가 움직인다는 생각 때문에 어쩔 수 없었습니다. 쓰고 싶은 걸 어쩝니까?

자기계발서 작가들은 어찌 그 대단한 끌어당김의 법칙을 개인의 성공과 건강을 위해서만 사용할까요? 그들이 함께 모여 생생하게 정의로운 사회를 그려본다면, 경제적 불평등이 해소된 사회를 그려본다면, 남북통일과 세계 평화를 그려본다면 세상이 금방 바뀔 수 있지 않을까요? 그 위대한 생각의 힘을 이용해서 지속가능한 성장을 이룰 수 있다면 얼마나 좋을까요? 그들은 개인적인 부유함을 위해서 종합격투기 대회에서만 초능력을 사용하는 이기적인 슈퍼맨 같습니다.

자기계발서 작가들에게만 비난의 화살을 돌릴 수는 없습니다. 기득권층에게도 '자기계발의 시대'가 필요했습니다. 사람들이 사회구조와 시스템을 쳐다보지 않기를 바라는 마음은 자기계발서 작가들보다 기득권층이 더 클 듯합니다. 사람들이 서로를 경쟁 상대로만 여기고 자신만을 위해서 살면 그들의 이익이 더 커지기 때문입니다.

어쩌면 기득권층에서 몰래 초월적 자기계발서 작가

들을 비밀 연구소에서 육성하고 있는지도 모릅니다. 잘 읽히는 자기계발서를 만들어서 '자기계발에나 빠져 살아라'는 것이겠지요. 그들은 자기계발서를 통해서 우리들을 각자 헛된 꿈에 사로잡힌 개별적인 존재로 만들려고 하는지도 모릅니다. 그리고 그들은 우리를 개돼지 운운하며 비아냥댈 겁니다. 물론 그들은 옛날보다 훨씬 정교하고 치밀합니다. 우리는 결코 그들이 만든 비밀 연구소도, 그들의 결탁 증거도 찾아낼 수 없을 겁니다.

물론 말도 안 되는 이야기입니다. 기득권층이 자기계발서 작가를 육성하기 위해 '비밀 연구소' 따위를 만들 리가 없지요. 다만, 이런 엉터리 상상을 통해서 기득권층이 자기계발서를 우호적으로 생각할 수도 있겠구나 하는 정도의 이해를 바랄 뿐입니다.

그런데 이런 엉터리 상상보다, 좋은 시를 엉뚱하게 패러디한 것보다 더 조심스러운 표현이 있습니다. 기득권층, 부조리한 사회시스템, 자본, 노동, 연대와 같은 단어들이 그렇습니다. 정치 상황을 빗댄 예들도 조심스럽습니다. 이런 단어들과 정치적인 예들이 불편한 분들이 있을 듯해서입니다. 사실, 저에게도 그리 편한 단어들은 아닙니다. 단어들이 너무 무겁습니다. 더 깊은 생각이 필요한 단어일 것 같기도 하고, 함부로 쓰면 안 될 것 같기도 하고, 글을 읽는 사람들에게 괜히 거북한 마음만 들게 하지는 않을까 하는 염려도 됩니다. 비정치적인 자기계발서를 너무 정치적으로 본다는 비판도 각오해야겠지요.

하지만 전혀 정치적으로 보이지 않는 자기계발서가 하는 정치적 역할은 의외로 매우 큽니다. 스포츠는 정치적이지 않습니다. 하지만 80년대 대대적으로 육성된 프로 스포츠 경기들은 사람들의 관심을 부당한 권력으로부터 눈 돌리게 만드는 매우 정치적인 역할을 하였습니다. 스포츠 자체는 전혀 정치적이지 않더라도 특정한 사회 상황 속에서 은연중에 정치적인 역할을 하게 될 수 있는 것이지요. 전혀 정치적이지 않은 유명 연예인들의 사생활이 매우 정치적인 역할을 하기도 하는 것처럼 말입니다.

성공을 이야기하는 자기계발서는 '우리'를 해체하고, 경쟁에서 이기기 위한 '나'를 추켜세웁니다. 더군다나 자기계발서는 사람들의 가치관과 행동방식에 직접적인 영향을 미칩니다. 이런 자기계발서가 정치적인 역할을 하지 않을 수 있을까요? 이 글은 분명 정치적입니다. 색안경인 셈입니다. 하지만 저는 제 글이 평면적 시각을 입체적 시각으로 바꾸어주는 입체적 색안경이 될 수 있기를 바랍니다. 혹시라도 제가 사용한 불편한 표현을 통해서 전혀 정치적으로 보이지 않았던 자기계발서들의 정치적인 색채를 발견하실 수 있으리라 믿어봅니다.

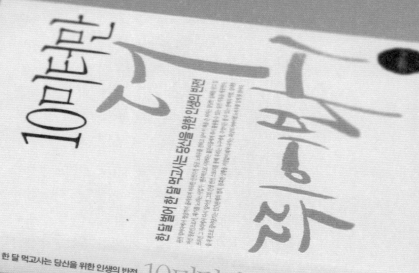

10미터만 더 뛰어봐!

한 달 벌어 한 달 먹고사는 당신을 위한 인생의 반전 10미터만 더 뛰어봐!

막노동꾼 출신 서울대 수석합격자
장승수 이야기 공부가 가장 쉬웠어요

한국의 부자들 2

한국의 부자들

빨간 양말 행운권

Winning Habit 이기는 습관

16살, 네 꿈이 평생을 결정한다 3

가난하다고 꿈조차 가난할 수는 없다

3.

읽으면 심장이 뛰는 책

성공담 자기계발서

가슴 벅찬 아름다운 이야기들

첫 경험 자기계발서는 대입 성공담

성공담 자기계발서는 자신의 경험을 바탕으로 독자에게 자신의 성취 과정을 알려준다는 면에서 자서전 성격을 가지고 있다. 자기계발서 중에서 가장 먼저 접하는 책이기도 하다. 물론 최근에는 슬프게도 어린이용 자기계발서가 나오고 있지만, 대체로 우리가 처음으로 접하는 자기계발서는 자서전 성격을 가진 대입 성공담이다. 『공부가 가장 쉬웠어요』, 『7막 7장』, 『나나의 네버엔딩 스토리』, 『16살, 네 꿈이 평생을 결정한다』, 『멈추지 마, 다시 꿈부터 써봐』, 『가난하다고 꿈조차 가난할 수는 없다』, 『공부는 내 인생에 대한 예의다』, 『나는 꿈에도 SKY는 못 갈 줄 알았다』 등 대한민국 집집마다 한두 권씩은 있는, 누구나 공부 해보려고 마음먹으면 한 번쯤 읽는 책이다.

대입 성공담은 시련을 극복하고 명문대에 합격한 선배의 이야기다. 주인공들은 막노동을 하기도 하고, 게임에 빠져 지내기도 하고, 가정불화 속에서 방황을 하기도

한다. 하지만 어느 순간 그들은 삶의 목표를 깨닫고 열정
적으로 살아야겠다는 다짐을 한다. 삶의 목표를 향한 길
에서 수없이 많은 고통과 어려움을 겪으면서도 그들은 도
전을 멈추지 않는다. 그들이 겪는 고통과 어려움이 크면
클수록 우리들은 그들의 열정과 노력에 공감하고 힘껏
응원한다. 결국 그들은 목표를 이루고 성공한다.

 "어려운 가정형편 때문에 대학은 일찌감치 포기하
고 술집으로 당구장으로 돌아다니며 싸움꾼 고교시절을
보냈다. 싸움도 술도 오토바이도 다 시시껄렁해지던 스무
살, 공부에 대한 열정이 열병처럼 찾아왔다. 집안의 생계
를 책임지는 가장 노릇과 뒤늦게 대학문을 두드리는 늦
깎이 수험생 노릇을 함께 했다. 그동안 그는 포크레인 조
수, 오락실 홀맨, 가스 물수건 배달, 택시기사, 공사장 막
노동꾼 등 여러 개의 직업을 전전했고, 고려대 정치외교
학과, 서울대 정치학과 등에 지원했다가 떨어졌다. 작은
키, 왜소한 몸으로 공사판에서 살아남는 것도 힘들었지
만, 보통 머리, 낮은 고등학교 성적으로 대학에 들어가는
것도 쉽지 않았다. 스스로의 한계에 부딪히고 얻어터지
며 실패를 거듭했지만 그게 끝이라는 생각은 안 해봤다.
일을 해야 할 땐 일에 몰두하고 공부를 할 땐 공부에만
매달렸다. 그러던 1996년 1월, 난생 처음 1등을 하며 서
울대 인문계열에 수석 합격했다." 대입 성공담의 고전인
『공부가 가장 쉬웠어요』를 소개한 글이다. 정말 아름답

고, 감동적인 이야기다. 대입 성공담을 담은 대부분의 책은 이런 감동적인 이야기 구조를 가지고 있다.

앞에서 이야기한 계몽적 자기계발서와 초월적 자기계발서는 누구에게나 적용 가능한 성공 방법을 소개한다. 진실, 지혜, 원리, 원칙과 같은 표현을 사용하는 이유도 모든 사람에게 통할 수 있는 보편적인 이야기이기 때문이다. 하지만 개인의 성공담은 보편적이지 않다. 성공담 자기계발서는 누구에게나 적용할 수 있는 성공 법칙이 아니라 자신의 경험을 통해 이루어낸 자신만의 성공 방식을 이야기한다. "초라한 들러리에서 연봉 10억 골드미스가 된 유수연의 성공 비법"이라는 광고 문구를 단 『20대, 나만의 무대를 세워라』는 광고 문구 그대로 '초라한 들러리'에 불과했던 사람이 '연봉 10억'을 받는 유명 강사가 되는 과정을 담아낸 성공담 자기계발서다. 저자는 책만이 아니라, 강의실에서도 학생들에게 왜 열정적으로 자신의 삶을 살지 않느냐는 따끔한 말을 많이 하는 것으로도 유명했다.

성공담 자기계발서의 큰 장점은 공감할 수 있는 현실적인 이야기가 많다는 점이다. 부모에게 많은 재산을 물려받은 사람이 성공담 자기계발서를 쓰지는 않는다. 성공담 자기계발서의 주인공은 모두 우리와 별반 다르지 않은 출발을 했다. 그들은 오로지 자신의 열정과 노력으로 성공을 만들어냈다. 부유한 삶을 살고 있는 그들도 '들러리'에 불과한 삶을 살았다는 사실은 나에게도 성공할 수 있다는 희망을 주기에 충분하다. 성공담 자기계발서는 계몽적인 특징을 가지고 있기는 하지만 완전히 깨달은 자가 이야기하는 것이 아니라 우리와 같이 어딘가 부족한 사람의 이야기이기 때문에 공감의 폭이 넓다. 자신이 직접 겪은 이야기를 전해주기 때문에 친근감도 크다. 이미 모든 것을 깨달은 누군가가 저 멀리서, 내 머리 위에서 이야기를 해주는 형식이 아니라, 나와 눈을 맞추고 '너 많이 힘들지? 나도 아주 많이 힘들었어' 하며 마치 내 옆에서 이야기를 해주는 듯하다. 그것도 성공의 과정을 온몸으로 직접 겪은 구체적인 인물이 말이다. 이런 이유들로 성공담 자기계발서는 다른 자기계발서에 비해서 훨씬 진정성 있게 다가온다.

2008년에 출간된 『10미터만 더 뛰어봐!』는 시련과 고난을 이겨내고 건강식품 기업을 일구어낸 성공한 기업가 이야기다. 책 내용을 통해 알게 된 그는 보통 사람들이 겪는 어려움보다 더 큰 어려움을 겪으면서도 자신이 가진 신념을 잃지 않고, 미친 사람처럼 보일 정도로 자신의 일에 몰두해서 성공을 일구어낸다. 그 과정에서 있었던 일은 그가 직접 겪은 것으로, 책을 읽는 누구나가 진정성을 느낄 수가 있다. 그의 책은 성공을 원하는 사람들에게 많은 감동과 힘을 준다.

성공: 목적하는 바를 이룸

성공은 목적하는 바를 이룬다는 뜻이다. 참으로 단순한 의미를 가지고 있다. 사전을 확인하면서도 무엇인가 빠져 있는 느낌이 든다. 나는 아마도 성공이라는 단어에서 행복하고 편하게 살 수 있는 상태라든가, 시련이나 고통을 이겨냈다거나, 권력과 부를 마음껏 누릴 수 있다는 말을 찾으려고 한 모양이다. 하지만 성공의 사전적 의미는 그저 '목적하는 바를 이룸'일 뿐이다. 가만히 생각해보니 성공은 목적하는 바에 따라 전혀 다른 상태를 나타낼 수 있는 말이다. 70점이던 국어 점수가 80점을 넘는 것도 성공일 수 있고, 친구들과 즐거운 술자리를 갖는 것도 성공일 수 있고, 가족과 오랜만에 여행을 떠나는 것도 성공일 수 있다. 목적하는 바가 무엇이냐에 따라 성공의 의미는 다 다를 수 있다.

하지만 우리에게 성공은 이렇게 소소한 것이 아니다. 우리는 이렇게 쉽게(?) 이룰 수 있는 것을 성공이라고 하지 않는다. 우리에게 성공은 멀기만 하다. 도대체 우리가 가진 목적이 무엇이기에 성공은 어렵기만 할까? 무엇보다 성공이라는 단어에서 내가 찾고 싶었던 의미는 어떻게 만들어졌을까?

성공을 잡을 수 없는 먼 곳에 위치시킨 것은 성공담 자기계발서의 역할이 크다. 감히 '성공했다'고 이야기할 수 있으려면 남들이 우러러볼 수 있는 어떤 상태에 이르러야 한다는 사회적 기준이 만들어진 것에 성공담 자기계발서가 기여한 바는 매우 크다. 역설적이지만, 성공을 이야기하는 자기계발서가 많아지면서 성공은 우리에게서 더욱더 멀어지고 있는지 모른다. 평범한 사람이 성공할 수 있음을 보여주는 성공담 자기계발서가 오히려 '성공'이라는 단어를 우리에게서 멀리 떨어뜨린 것은 아닐까?

성공담 자기계발서는 아무리 좋게 평가한다고 해도 단지 성공한 소수의 얘기일 뿐이다. 성공담 자기계발서의 주인공을 따라 한다고 성공이 보장되지는 않는다. 그가 판매한 제품에 대한 사회적 인식, 당시의 경제적 상황, 그를 도와준 주변 사람 등 특정한 시기에 특정한 사람이 만들어낸 성공 신화일 뿐이다. 사람은 모두 다른 능력과 성격을 가지고 있고, 다른 환경에 놓여 있다. 특정한 누군가를 흉내 낸다고 해서 그처럼 될 수는 없다. 누군가가 명문대에 합격한 공부 방법을 따라 한다고 해서 명문대에 합격하기 어려운 것과 같다. 남을 흉내 내서 돈을 버는 일은 더 어렵다. 성공은 멀기만 한 이야기임이 분명하다.

성공담 자기계발서와 위인전

성공담 자기계발서는 많은 면에서 어린 시절 읽었던 위인전과 비슷하다. 위인전은 위인들이 남긴 업적과 그들의 존재 자체가 내용에 신뢰를 준다. 가상의 인물을 대상으로 한 위인전은 존재할 수조차 없다. 성공담 자기계발서도 자신의 존재가 성공의 증거가 되기 때문에 그가 주장하는 성공의 방법에 대한 신뢰도가 매우 높다. 또한 성공담 자기계발서의 이야기 구성 방식은 어려운 가정환경과 주변 사람들에게 인정받지 못하는 현실 속에서도 자신의 꿈을 위해 열심히 노력해서 훌륭한 일을 해내는 위인전과 크게 다르지 않다. 성공담 자기계발서의 주인공도 위인전의 주인공처럼 삶의 굴곡이 심하다. 노력과 열정으로 삶의 힘겨움과 고통을 극복하는 과정도 필수 요소다. 자기계발서도 위인전도 모두 우리에게 가슴 벅찬 아름다운 이야기를 들려준다.

그래서일까? 최근에는 어린이를 대상으로 하는 위인전에도 성공담 자기계발서 주인공이 등장하기도 한다. 아니, 심지어는 어린이용 자기계발서 자체가 유행이다. '마음을 잘 다스리는 것이 성공의 첫걸음이다!', '1등으로 가는 숨은 습관', '리더들의 특별한 성공 방법', '부자가 되려면 꼭 알아야 할 6가지 방법', '긍정습관이 성공의 미래를 만든다' 등은 모두 초등학생용 자기계발서 표지에 있는 말이다. 슬프게도 우리는 초등학생에게도 성공을 이

루고, 부자가 될 수 있다는 습관과 마음가짐을 강요하고
있다.

　실제로 최근 자기계발서로 만들어져야 할 책마저도
위인전으로 만들어지고 있을 만큼 성공을 향한 사람들의
욕망은 매우 크다. 어쩌면 앞으로는 성공담 자기계발서가
위인전을 대체하게 될지도 모르겠다. 그렇다면 자기계발
서와 위인전은 같을까? 우리는 자기계발서와 위인전에서
같은 것을 배우고 있을까?

　위인전과 자기계발서를 비교하는 것 자체가 우스운
일인지도 모른다. 위인전과 자기계발서의 이야기 구성 방
식은 비슷할지 모르지만, 둘은 전혀 다른 영향을 미친다.
위인전 주인공의 목표는 다른 사람을 향해 있지만, 자기
계발서 주인공의 목표는 자신만을 향해 있기 때문이다.
위인전의 성취는 다른 사람을 향한 희생과 헌신이 밑바
탕을 이룬다. 물론 과학자처럼 자신이 관심을 가진 전문
분야의 혁신적인 발전을 통해서 간접적으로 사람들에게
도움을 주는 경우도 많다. 위인전은 국가나 민족, 넓게는
인류의 삶을 향상시킨 사람들의 이야기다. 그들의 관심은
자신의 개인적인 삶이 아닌, 다른 사람과 함께 누릴 수 있
는 가치에 있었다. 그것이 예술적 완성이든지 과학적 진실
이든지 타인의 삶이든지 말이다. 우리가 그들의 삶을 동
경하고 그들의 삶을 본받으려고 하는 이유는 바로 이런

이유 때문이다.

하지만 자기계발서는 개인적인 성공만을 이야기한다. 다른 사람을 위한 일을 한다고 하더라도 그저 구색을 맞추기 위한 수단에 불과하다. 책의 전반적인 내용이 개인이 겪은 어려움과 그것을 극복하고 얻어낸 물질적 성공에만 초점이 맞추어져 있다. '나는 이렇게 해서 잘살게 되었다'가 성공담 자기계발서의 주된 내용이다.

막힌 골목으로 뛰어가는 우리들

성공담 자기계발서는 성공하는 삶의 가슴 벅차도록 아름다운 이야기다. 더구나 자기계발서는 누구나가 성공의 주인공이 될 수 있다고, 당신도 가슴 벅차도록 아름다운 이야기의 주인공이 될 수 있다고 이야기한다. 자신도 평범한 사람이었다고, 자신도 시련과 고통을 견디기 어려웠다고, 자신도 포기하고 싶었던 날들이 많았노라고. 하지만 꿈을 잃지 않았다고, 자신도 자신이 이렇게까지 성공할 줄은 몰랐다고 한다. 그러니 당신도 할 수 있다고, 어쩌면 시련과 고통은 당신의 성공을 완성하기 위한 필수 조건일지도 모른다고, 참고 견디라고, 조금만 더 힘을 내라고, 더 노력하라고 그들은 말한다. 우리는 성공담 자기계발서의 응원과 질책에 자극을 받아서 자신의 삶을 반

성도 하고, 잃어버린 꿈을 찾기 위한 노력을 시작하겠다
고 다짐하며 주먹을 불끈 쥐어보기도 한다. 우리는 성공
담 자기계발서의 주인공을 이상적 모습으로 설정하고 그
들의 삶을 닮고 싶어 한다.

지극히 드물지만, 그런 노력의 결과로 책의 주인공과
같은 성취와 성공을 이룰 수도 있다. 자신이 닮고 싶은 사
람이 위인전의 주인공이든 자기계발서의 주인공이든 성
공을 한다면 멋진 일이다. 하지만 문제는 이상적인 인물
의 모습을 닮고 싶어서 노력을 했음에도 불구하고 실패
했을 경우에 생긴다. 위인전은 닮고 싶은 노력이 실패하
더라도 아무런 문제가 없다. 사실 실패라고 할 수도 없다.
우리가 닮고 싶어 하는 위인의 삶을 닮고자 하는 노력 자
체로 훌륭하다. 성공 여부와 상관없이 그 과정에서 많은
것을 배우고, 얻을 수 있다. 설사 평범한 삶을 살게 되더
라도 자기 스스로 자신의 삶을 공격하지는 않는다. 성공
이나 실패라는 결과와 상관없이 지나온 자신의 삶의 과
정을 있는 그대로 받아들일 수 있다. 위인들의 삶을 좇아
사는 길은 다양한 방향으로 열려 있기 때문이다.

하지만 자기계발서는 그렇지 않다. 자기계발서가 이
야기하는 좁은 성공의 길은 그들의 부추김에 이끌려 나
온 사람들로 이미 꽉 막혀 있다. 어쩌면 우리는 성공을
원하는 사람들로 꽉 막혀 있는 골목으로 뛰어가고 있는

지도 모른다. 사람들로 막힌 골목 앞에서 멈춰선 우리들은 자신의 열정과 노력을 탓하며, 자책하고, 낙담한다. 혹시라도 자기계발서가 문제였다고, 그냥 다 책 속의 이야기였을 뿐이었다고, 어차피 막힌 골목이었다고 생각한다면 다행이다. 하지만 대부분의 경우, 실패한 사람들은 자신을 문제로 여기고 자신을 공격한다. 헛된 꿈을 가지는 것이 아니었다면서, 내가 내 주제도 모르고 괜한 짓을 했다고 자신을 탓하는 사람이 많다. 성공을 향한 노력의 과정 전체가 무의미해지는 것이다.

성공담 자기계발서를 읽고 그 내용을 실천해서 성공하는 사람보다 실패하는 사람이 훨씬 많다. 물론 실패하는 사람보다 아예 실천하지도 못하는 사람이 훨씬 더 많을 것이다. 성공담 주인공을 부러워하며 읽은 자기계발서는 자신을 초라하게 만든다. 자신감을 얻기 위해 읽은 자기계발서가 자신감을 잃게 만드는 경우는 또 얼마나 많을 것인가? 내 이야기였으면 좋겠다고 생각했던 자기계발서가 결국 단지 남의 이야기였을 뿐임을 깨닫게 되면서 좌절감은 더 깊어질 뿐이다. 그리고 그 자기계발서는 책장 속 어딘가에 처박아둔다. 혹시 언젠가 당신의 가슴을 뛰게 만들었던 성공담 자기계발서가 책장 어딘가에 처박혀 있지 않은가?

성공담 자기계발서는 성공하는 이유와 성공하지 못

하는 이유를 단지 개인의 열정과 노력만으로 설명한다. 하지만 성공담 자기계발서는 편집된 이야기일 뿐이다. 이야기 구성에 필요 없는 짝사랑 이야기나 군대 이야기는 편집해도 괜찮다. 문제는 성공을 만들어낸 원인이 단지 그들의 열정과 노력만은 아니었다는 점이다. 성공담 자기계발서는 그들이 보여주는 아름다운 성공 이야기에는 들어갈 수 없는 이야기들을 '통편집' 한다.

가슴 벅찬 아름다움 뒤에 숨겨진 잔인한 이야기

보이는 것과 보이지 않는 것

성공담 자기계발서는 개인의 성공 과정을 보여주며 우리에게 감동과 힘을 주는 아름다운 이야기다. 그런데 그들은 왜 성공담 자기계발서를 썼을까? 그들이 성공담 자기계발서를 쓴 이유에는 다른 사람의 성공을 돕고자 하는 마음도 분명 있을 것이다. 하지만 그것보다 더 큰 이유는 자신의 성공 과정을 멋지고 아름답게 꾸미고, 현재 진행하는 사업을 더욱 확장하기 위해서일 것이다. 이타적인 이유가 20%라면 자신의 성공을 홍보하기 위한 이유가 80%쯤 되지 않을까? 자신의 이야기를 다른 사람에게 하기 위해서는 보여야 할 것과 보이지 말아야 할 것을 구분해야 한다. 더군다나 성공담 자기계발서를 쓴다면 자신이 겪은 시련과 고난, 그리고 성취와 성공은 빠짐없이, 때로는 과장되게 쓰게 될 것이다. 그렇다면 어떤 이야기를 쓰지 않을까? 그들이 보이고 싶어 하지 않는 이야기는 무엇일까? 보이는 모습과 보이지 않는 모습의 차이는 얼마나 클까?

자신의 실제 모습과 다른 사람에게 보이는 모습의 차이가 가장 큰 사람들은 아마도 연예인이지 싶다. 영화, 드라마, 광고, 뮤직비디오는 대중들이 원하는 이미지를 멋지고 아름답게 보여준다. 그렇게 멋지게만 보이는 모습을 조금이나마 벗어던지고 인간적인 모습을 엿볼 수 있는 프로그램이 예능이다. 그중에서도 관찰 예능은 연예인의 실제 모습에 가장 가까운 듯하다. 유명 성공담 자기계발서 주인공의 회사와 제품이 멋지게만 보이는 영화, 드라마라면 그들이 쓴 성공담 자기계발서는 관찰 예능인 셈이다. 우리는 성공담 자기계발서를 통해서 성공한 사람의 실제 모습을 엿볼 수 있다고 생각한다.

관찰 예능은 진짜일까, 가짜일까?
최근 가장 많이 늘어난 TV 프로그램이 관찰 예능이다. 음식프로그램과 함께 TV를 켜면 어느 채널에서나 볼 수 있을 만큼 인기를 끌고 있다. <오 마이 베이비>, <슈퍼맨이 돌아왔다>, <아빠 어디가>, <학교 다녀오겠습니다>, <진짜 사나이>, <꽃보다 청춘>, <나 혼자 산다>, <발칙한 동거 빈방 있음>, <정글의 법칙>, <인간의 조건>, <한끼줍쇼>, <삼시세끼>, <섬총사>, <나만 믿고 따라와 도시어부>, <효리네 민박>, <윤식당 1, 2>, <강식당>, <발레교습소 백조클럽>, <어서와 한국은 처음이지>, <이방인>,

<서울 메이트>, <짠내 투어>, <짝>, <님과 함께 최고의 사랑>, <우리 결혼 했어요>, <불타는 청춘>, <아빠를 부탁해>, <아빠본색>, <동상이몽 괜찮아 괜찮아>, <미운 우리 새끼>, <자기야 백년손님>, <꽃보다 할배> 등 정말 사람의 일상을 모두 관찰하고 있다.

　　관찰 예능은 리얼 버라이어티보다 더 리얼하다. 마치 사실 자체를 보여주는 듯해서 다큐테인먼트라고도 한다. 관찰 예능은 특정한 MC가 없거나 역할이 매우 적다. 설정을 최소화해서 연출자가 개입하지 않는 것처럼 보인다. 대본이 없는 것은 물론이고 상황 자체가 가공되지 않은 듯 보인다. 카메라의 위치도 숨어서 보는 듯한 각도를 많이 사용하고 출연자들은 카메라가 없는 듯 자연스럽게 행동한다. 또한 일상의 소재를 주로 사용해서 공감할 수 있는 요소도 많다. 방송용으로 만들어진 것인지 현실인지 헷갈릴 정도다. 우리들은 일반적인 TV프로그램과 다르게 관찰 예능을 통해서 연예인의 진솔함을 볼 수 있다. 우리는 특별할 것 같은 연예인의 우리와 같은 평범한 모습을 보면서 즐거움을 느끼기도 하고, 또 한편 우리가 할 수 없는 부러운 모습을 보면서 대리 만족을 경험한다. 관찰 예능은 수없이 많은 다른 프로그램과 섞이면서 더욱 변형·확장되고 있다.

　　하지만 리얼처럼 보이는 관찰 예능도 보이지 않는 설

정과 편집의 힘이 막강하다. 진짜 같은 가짜인 셈이다. 평범한 고등학생의 하루를 어떻게 편집해서 무엇을 보여주느냐에 따라서 열심히 공부하는 성실한 학생으로도, 영상매체에 빠져 사는 얼빠진 청소년으로도, 성격 더럽고 폭력적인 학생으로도, 감수성 많은 청소년으로도 보일 수 있다. 하루가 아니라 일주일을 찍어서 편집한다면 어떨까? 전혀 다른 콘셉트의 방송을 몇 개쯤은 제작할 수 있을 것이다. 지금 이 글을 읽고 있는 당신의 삶도 그렇다. 중요한 건 무엇을 선택해서 어떻게 보이게 할 것인가를 결정하는 편집이다. 우리는 그렇게 선택된 화면을 연출자가 정해놓은 방향으로 볼 수밖에 없다.

관찰 예능 출연자의 삶이 방송에서 보이는 모습과 다른 경우가 드러나기도 한다. 일반인을 대상으로 한 관찰 예능 프로그램인 <짝>은 여성 출연자의 자살로 프로그램이 폐지되었다. 인기 프로그램인 <아빠 어디가>의 출연자 중에는 방송과 전혀 다른 실제 삶 때문에 프로그램에 대한 논란이 일기도 했다. <정글의 법칙>도 인위적인 설정을 진짜처럼 편집해서 문제가 되었다. <자기야 백년손님>은 방송에 출연했던 연예인 중 일곱 커플이나 이혼을 해서 '자기야 저주'라는 말이 있을 정도였다. <아빠를 부탁해>에서 '애인 같은 아빠'가 되기를 바란다던 출연자는 성추행 문제로 교수직을 사퇴해야 했다. 관찰 예능을 접목해서 무대 위가 아니라 무대 밖의 모습이 더 이슈가 된 <슈퍼스타 K>는 '악마의 편집'으로 유명했다. 연출자의 연출 방향이 얼마나 많은 것을 실제와 다르게 보이게 만드는지 알 수 있다. <윤식당>처럼 외국에서 식당을 운영하는 일은 결코 낭만적인 일일 수가 없다. <삼시세끼>를 즐겨보는 아내를 위해서 흉내라도 냈다가는 욕만 얻어먹게 될 것이 분명하다.

관찰 예능이 설정되고 편집된 가짜임을 알고 보더라도 우리 뇌는 착각한다. 관찰 예능은 드라마와 음악프로그램, 그리고 리얼 버라이어티와는 확연히 다르다. 저건 '가짜야, 그저 TV프로그램일 뿐이야'라는 구분이 희미해지기 때문이다. 우리는 TV 방송을 위해 편집된 화면만을 보고 출연자의 삶을 모두 본 듯한 착각을 한다. 나는 속지 않아도 내 뇌는 속는다. 관찰 예능의 보이는 영상이 현실과 매우 가깝기 때문에 더 무서운 것이다. 어쩌면 우리는 관찰 예능 덕분에 잘못된 기준으로 우리의 삶을 바라보고 있는지도 모른다.

삶의 무게로 마음에 여유가 없는 우리 아빠를, 가족을 위해 배려하는 모습만 비춰지는 TV 속 아빠와 비교하는 건 아닐까? 계속 귀찮다가 어쩌다 귀여운 사촌 동생을, 짜증내는 모습마저 예쁘게 보이는 TV 속 아이들과 비교하는 건 아닐까? 좁고 지저분한 우리 집을, 그들이 사는 널찍한 아파트와 비교하는 건 아닐까? 일 년에 한두

번 함께 가는 우리 가족의 콘도 여행을, 그들의 아름답고
멋진 유럽 여행과 비교하는 건 아닐까? 그들이 갖는 여
유를 우리 주변에선 찾아보기 어렵다. 우리들의 삶은 TV
속 관찰 예능과는 너무나도 다르다. TV 속에서는 갈등이
축소되고 때로는 아름답게 꾸며질 뿐이다. 우리가 가진
깊은 갈등은 많은 노력으로도 풀리지 않는데 말이다.

성공담 자기계발서는 편집된 이야기다

　관찰 예능에 대한 이야기를 길게 한 이유는 성공담
자기계발서와 많은 부분이 비슷하기 때문이다. 지극히 개
인적인 경험담인 성공담 자기계발서가 가진 진솔함이, 못
난 사람으로 시작해서 꿈을 갖게 되는 과정이, 그들이 겪
는 시련과 고통에 대한 공감이, 성공해서 그들이 누리는
삶의 여유에 대한 부러움이 모두 그렇다. 어쩌면 우리는
진짜인 듯한 가짜 이야기에 속고 있는지 모른다. 성공담
자기계발서의 모든 이야기가 진짜일 수는 없다. 작가가
직접 경험한 이야기라고 할지라도 그것은 편집된 기억일
뿐이다. 그마저도 책을 쓰고자 하는 목적으로 편집된 기
억이다. 실제 있었던 일이냐 아니냐의 문제가 아니다. 성
공담 자기계발서는 수많은 경험 중 책의 목적에 맞는 것
만 골라서, 그것도 편집 방향과 일치하게 재구성한 내용
이다. 결국 성공담 자기계발서는 아주 아름답고 감동적으

로 꾸며진 이야기일 뿐이다.

　『나는 꾼이다』는 성공담 자기계발서다. 작가는
자신의 경영 철학을 '도우'(dough: 꿈과 정성을 빚는다), '숙
성'(꿈을 현실로), '토핑'(topping: 아이디어와 차별화), '굽기'(뜨
거운 열정)로 표현했다. 성공의 과정을 피자 만드는 과정으
로 표현한 것이다. 『나는 꾼이다』는 유명한 피자 프랜
차이즈의 창업주가 쓴 책이다. 이 책에는 자신이 피자 사
업을 시작하며 세운 세 가지 원칙이 담겨 있다. 혼신의 노
력으로 올인하고, 반드시 'A급' 식재료를 쓰며, 가맹점 이
익을 위해 사업을 운영하겠다는 다짐이다. 하지만 그는
총 91억7000만 원의 회사 돈을 횡령하고 64억6000만 원
을 배임한 혐의로 기소되었다. 친동생이 운영하는 업체
를 끼워 넣어 가맹점주들에게 치즈를 비싼 가격에 공급
하여 부담을 떠넘기기도 하고, 탈퇴 점주들의 가게 근처에
직영점을 내는 보복 출점과 부당한 고소·고발로 탈퇴 점
주를 자살로 내몰기도 했다. 자신의 가족을 유령 직원으
로 올려놓고 급여를 챙기기도 했고, 사촌이 운영하는 간
판 가게에서 비싼 값에 가맹점들의 멀쩡한 간판을 교체
하게 했다. 아들이 투자 실패로 90억 원가량의 빚을 지자
매달 5000만 원가량의 금융이자를 낼 수 있도록 아들의
월급을 2100만 원에서 9100만 원으로 올려주기도 했다.[1]

1　　국민일보 2017.07.26 「갑질종합세트' 미스터 피자… 할 수 있는 '갑질' 다 했다」

경비원 폭행 사건[1]으로 갑질 논란을 일으키기도 했다. 책에 나온 그의 모습과 뉴스에 나온 그의 모습 모두 진짜일 수 있다. 문제는 책에 담긴 이야기만으로 가슴 벅찬 아름다움을 느끼며 속고 있는 우리일지도 모른다.

　『총각네 야채가게』, 『인생에 변명하지 마라』, 『피어라, 청춘』, 『장사 수업』을 펴낸 유명 프랜차이즈 야채가게의 대표도 트럭 행상으로 시작해서 연매출 수백억 원대의 업체로 키워낸 성공 신화로 유명하다. 그의 이야기는 책으로, 드라마로, 뮤지컬로 만들어지기까지 했다. 하지만 그는 SNS에 스승의 날에 감사하다는 말을 남기지 않은 점장들에게 "지금 이 시간 이후로는 연락하지 마세요… 참~~ 쓰레기 같은 놈들"이라는 말을 남겼다. 500만 원을 내고 받아야 하는 '똥개 교육'에 불참하는 사람들에게는 "건방지게 지멋대로 행동하는 놈들은 가만히 두지 않겠습니다. 성공하는 것도 도와줄 수 있지만, 망하는 것도 도와줄 수 있다는 사실을 명심해라"라는 협박도 서슴지 않았다. 그 '똥개 교육'장에서는 다른 점장들이 다 보는 데서 욕설을 퍼붓고, 따귀를 때리기까지 했다.[2]

1　서울신문 2016.08.11 「'경비원 폭행' 정우현 미스터 피자 회장 벌금 200만 원 약식기소」

2　국민일보 2017.07.27 「총각네 야채가게 이영석은 '갑질의 신'… 초고속 사과에도 비난 쇄도」

『온몸으로 부딪쳐라: 위기를 성공으로 이끄는 힘』, 『신화는 없다』의 작가는 서울시장과 대통령을 역임했다. 『신화는 없다』는 흔히 말하는 '사재기'를 통해 만들어진 베스트셀러였다. JTBC 뉴스룸(2017.12.11)에 나온 다스 관계자는 "옛날에 신화는 없다 책 발간해서, 다스 돈으로, 어마어마하게 들어와서 책을 감당 못 했었어. 몇 트럭을 샀어. 큰 차로 왔어. 경주하고 어디에 차에 넣어놓고 내 차에도 넣어놓고 한창 막 뿌렸으니까. 1톤 트럭이 아니고 큰 차가 왔을 거야"라며 신화의 비밀을 밝히기도 했다. 안타깝게도, 우리에게 보이지 않았던 그의 모습을 담기에 이 지면은 너무 좁다.

사실 가슴 벅찬 아름다운 이야기 뒤에는 잔혹한 경쟁과 비열한 방법으로 성공을 이루어낸 모습이 있을 수 있다. 우리가 성공담 자기계발서를 통해서 보는 그들은 특정한 목적을 위해 편집된 모습일 뿐이다. 이렇게 보이는 그들의 모습과 보이지 않는 그들의 모습의 차이가 큰 경우가 드러나면, 보이지 않는 그들의 모습을 의심해야 할까, 아니면 보이는 그들의 모습을 의심해야 할까?

아 참, 앞에서 소개한 『10m만 더 뛰어봐』의 작가에게도 보이지 않는 모습이 드러난 경우가 있다. 그는 자신이 운영하는 '뚝심이 있어야 부자 된다'는 온라인카페에 '나라가 걱정됩니다'라는 제목의 글에서 "촛불시위 데모

등 옛날이야기 파헤치는 언론 등 왜 이런지 모르겠다. 국정이 흔들리면 나라가 위험해진다"고 했다.[1] 촛불 집회로 흔들리는 나라를 염려한 것이다. 하지만 여론은 싸늘했다. 다른 나라들은 촛불 집회를 오히려 부러워했을 뿐이다. 진짜 무서워해야 할 것은 엄청난 국정농단 사건에도 침묵하는 것이 아니었을까? 안타깝게도 부정하게 운영되었던 것은 나라만은 아니었다. 그가 운영하던 건강식품회사는 '6년근홍삼만을', '쥬아베홍삼', '6년근홍삼진액', '스코어업', '마늘홍삼', '닥터공부스터' 등 6개 제품에 물엿, 캐러멜 색소, 치커리 농축액을 섞어 만든 가짜 홍삼 제품을 판매하다가 서울 서부지검 식품의약조사부에 적발되었다. 가짜 홍삼제품 판매액만 433억 원이었다.[2] '6년근홍삼농축액과 정제수 외에는 아무 것도 넣지 않았습니다'라고 광고한 제품이었다. 그도 결국 자리에서 물러날 수밖에 없었다.

　　물론 성공담 자기계발서의 주인공이 다 그런 것은 아닐 것이다. 일부 사람들의 잘못으로 모든 성공담 자기계발서 작가들이 똑같다고 할 수는 없다. 보이는 모습과 보이지 않는 모습의 차이가 작은 사람들도 분명 많을 것이다. 하지만 보이는 모습과 보이지 않는 모습의 차이가

1　　동아일보 2016.11.19 「김영식 천호식품 회장, 촛불집회 비판 논란 "왜 이러는지… 국정 흔들리면 나라 위험해"」

2　　중앙일보 2017.01.04 「천호식품 '가짜 홍삼액' 네티즌 뭇매」

비록 작다고 해도 그들의 가슴 벅찬 아름다운 이야기는 편집된 이야기에 불과하다. 보이기 위해 선택된 것이 보이지 않는 것을 가리고 있기 때문이다.

사실, 나는 숨겨진 그들의 부정적인 이야기를 말하고자 하는 것이 아니다. 그들의 가슴 벅찬 아름다운 이야기가 가리고 있는 것은 그들의 치부만이 아니다. 우리가 진정으로 보아야 하는 것은 그들의 치부가 아니라, 그들의 성공에 가려진 평범한 우리들의 삶일지도 모른다. 어쩌면 우리는 각자의 자리에서 자신의 역할에 충실했던 우리들의 이야기를 외면하고 있었던 것은 아닐까? 매일 회사에 남아 야근을 하면서, 택시 운전을 하면서, 식당에서 음식을 만들면서, 미용실에서 손님들의 머리를 만지면서, 마트 계산대에서 상품의 바코드를 찍으면서 세금을 내고, 자식들 키워내고 건강하게 살려고 노력하는 우리들과 우리 부모님들의 이야기가 초라해지지 않았으면 좋겠다. 어쩌면 그들의 가슴 벅찬 아름다운 이야기는 평범한 우리들을 루저로 만들고 있을지도 모른다.

성공의 합리화와 다수의 루저들

가슴 벅찬 아름다운 이야기가 합리화 수단으로

성공을 위해 겪은 시련과 고통은 그것 자체로 성공을 합리화한다. 명문대학에 합격한 학생들은 합격을 위한 자신의 노력과 힘들었던 과정으로 자신이 누리는 특권을 합리화한다. 그 특권 의식은 대학의 서열화를 더욱 단단하게 만든다. 명문대에 다니는 학생은 IN서울 학생을, IN서울 대학에 다니는 학생은 수도권 학생을, 수도권 대학에 다니는 학생은 지방대 학생을 무시한다. 그렇게 해야만 자신의 노력으로 일구어낸 성과가 빛이 나기 때문이다. 심지어 그들은 같은 대학 내에서도 서열화를 만든다. 진골, 성골, 6두품과 같은 말이 대학 내에서 신분을 나타내는 말로 쓰인다. 그들은 수능시험을 보고 합격한 학생인지, 특별전형으로 합격한 학생인지에 따라 신라시대에나 있을 골품제를 들먹이며 그들 스스로를 구별하여 차별한다.

사람을 획일적인 기준으로 줄 세워서 배타적으로 자신의 위치를 확인하고자 하는 의식은 대학을 넘어 직장으로, 연봉으로, 타고 다니는 자동차로, 사는 집으로 이어진다. 사람들은 자신이 가진 것에 만족하지 못하고 끝없이 더 높은 수준으로 올라가고 싶어 한다. 동시에 자신보다 낮다고 생각하는 직장, 연봉, 자동차, 집에 대해서는 우월감을 갖는다. 중고등학생 때부터 시작된 성공 신화를 향한 동경이 평생에 걸쳐 영향을 미치고 있다.

　자기계발서의 성공 신화도 소수 성공자를 향한 동경과 다수 실패자에 대한 배척으로 만들어진다. 성공한 사람들은 자신이 이룬 성공을 바탕으로 더 많은 사람에게 도움을 주고자 손을 내미는 것이 아니라, 오히려 벽을 세우고 자신들만의 세계를 만든다. 그 벽은 자신이 성공을 하기까지 겪은 시련과 고통으로 만들어져 있다. 시련과 고통이 크면 클수록 그 벽은 두껍고 높아진다. 그 위에 서 있는 그들은 당당하게 자신들의 시련과 고통을 자랑한다. 우리들은 그들이 겪은 시련과 고통 앞에서 작아진다. 분명 나도 힘들고 괴로운데 그들 앞에서는 명함도 내밀 수가 없다. 그렇게 힘든 현실을 이겨낸 그들의 삶은 신화화되고, 우리는 그들이 겪은 시련과 고통이 그들이 누리고 있는 많은 것을 정당하게 만들어준다고 믿는다. 가슴 벅찬 아름다운 그들의 이야기는 넘어설 수 없는 거대한 벽이 되고 있을 뿐이다. 성공한 자들은 자신들의 특권을 위해 자신들이 겪은 시련과 고난을 성공의 합리화 수단으로 이용하는 것은 아닐까?

숭고미와 비장미

성공담은 미적 범주로 볼 때 숭고미에 해당한다. 문
학에서 이야기하는 미적 범주는 숭고미, 비장미, 우아미,
골계미가 있다. 이 네 가지 미적 범주는 두 가지 기준으로
나눌 수 있다. 첫 번째 기준은 이상과 현실이다. 있어야
할 것, 즉 이상을 바라보는 것이 숭고미와 비장미다. 흔히
물질적 성공이나 사랑이 주된 추구의 대상이 된다. 이와
다르게 있는 것, 즉 현실을 바라보는 것이 우아미와 골계
미다. 두 번째 기준은 조화와 상반이다. 단순하게 정리하
면 이상적인 삶을 위해 현실을 극복하는 숭고미와 극복하
지 못하고 좌절하는 비장미, 모순과 갈등 없이 현실의 삶
에 만족하는 우아미, 현실에 대한 풍자와 해학을 바탕으
로 하는 골계미가 있다.

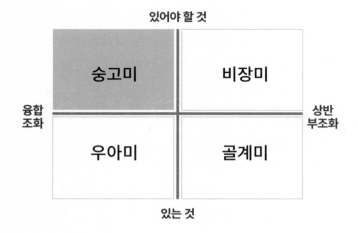

　　성공담은 숭고미다. 성공담은 시련과 고난이라는 성공의 대가를 치른다. 어려움을 이겨내고 원하던 바를 이루어낸 성공담은 보편적인 이야기다. 곰이 동굴 속에서 마늘과 쑥만 먹고 웅녀가 되었다는 단군 신화, 알에서 태어나 수많은 어려움을 이겨내고 고구려를 건국한 동명왕 신화를 비롯해서 많은 건국 신화의 기본 구성이기도 하다. 우리가 흔하게 보는 영화와 드라마도 마찬가지다. 이런 이야기 구조를 가진 성공담은 역사적 뿌리가 깊은 만큼 많은 사람의 의식에 깊이 새겨져 있다. 드라마의 결말이 비극적으로 끝나지 않기를 바라는 수많은 댓글은 숭고미의 힘을 보여준다.

　　성공담 자기계발서는 숭고미를 보여준다. 하지만 그들은 진정한 의미의 숭고미가 아닌 짝퉁 숭고미를 이야기하고 있을 뿐이다. 시련과 고난을 이겨낸 이야기가 진정으로 아름답기 위해서는 그들이 이루어낸 성취가 소수만이 향유할 수 있는 특권이 되어서는 안 된다. 자신들의 성공을 합리화하면서 다른 사람들에게 노력과 열정이 부족하다고 함부로 말해서는 안 된다. 부러우면 자격을 갖추라고 떠들어대서는 안 된다. 우리가 아름다움을 느끼는 진짜 숭고미는 수단과 방법을 가리지 않고 돈을 많이 벌어들이는 이기적 개인의 이야기가 아니다. 나라를 세운 신화부터 강력한 악당들에게 지구를 구하는 영웅이 주인공인 영화, 사랑을 지켜내기 위해 수많은 시련을 이겨내

는 드라마 모두 자신만의 이익을 위해 시련을 견디는 이
야기와는 전혀 다르다. 진짜 숭고미는 사랑하는 사람을
위해, 또 사회적 약자들을 위해, 또 지켜야 할 가치를 위
해 시련과 고난에 맞서는 이야기다.

하지만 언젠가부터 우리는 짝퉁 숭고미에 익숙해지
고 있다. 물질적인 부를 축적한 개인의 성공담을 아름답
다고 생각하는 사람들이 점점 많아지고 있다. 삶의 다양
한 가치는 물질적 부 앞에서 끝없이 작아지고 있을 뿐이
다. 친구들을 만나 한참을 수다를 떨었다. 생활에서 겪은
소소한 이야기도, 영화·낚시와 같은 취미 이야기도, 사회
문제에 대한 소신을 밝히는 이야기도 나누었다. 하지만
집에 와서 기억에 남는 이야기는 은지네 아파트 값이 많
이 올랐다는 이야기일 뿐이다. 조금 과한 표현일 수도 있
지만 물질적 욕망이 지나치게 커져가고 있는 것만은 분
명하다. '부자 되세요'로 시작된 물질적 욕망의 자극은 광
고, SNS, 주변 사람들 그리고 자기계발서까지 일상의 공
간 깊이 스며들었다.

우리가 성공담 자기계발서를 읽는 이유는 우리도 짝
퉁 숭고미의 주인공이 되고 싶기 때문이다. 하지만 사람
들이 자기계발서를 많이 읽는다고 해서 성공하는 사람이
많아지지는 않는다. 오히려 자기계발서의 판매가 급격히
늘어난 2000년대 이후 사회적 불평등은 더욱 증가했고,

성공한 사람 수는 줄어들기만 했다. 각종 통계 자료를 보아도 자기계발서 판매가 늘어나는 시기인 2000년대 중반부터 경제적 상황은 더 좋아지지 않았다. 사회적 불평등을 나타내는 양극화가 더욱 심화되었을 뿐이다. 그럼에도 자기계발서는 끝없이 짝퉁 숭고미를 찬양한다. 너도 나처럼 할 수 있다고 약 올리는 셈이다. 자기계발서는 경제성장률을 높이기는커녕 사회적 불평등을 더욱 심화시키는 데 한몫하고 있는지도 모른다. 설사 사회적 불평등을 심화시키지 않았다고 해도 사람들에게 좌절감을 더 많이 안겨준 것만은 분명하다.

사회적으로 보면 숭고미를 키우는 것보다 비장미를 최소화시키는 것이 훨씬 중요하다. 그런데 자기계발서는 비장미를 크게 확대시키는 역할을 한다. 예전에는 숭고미를 추구하더라도 우아미와 골계미가 밑바탕에 있었다. 우리들은 성공하지 못했다고 패배자가 되지는 않았다. 가지고 싶은 것을 가지고자 열심히 노력하면서도, 가지고 있는 것을 소중하게 생각했다. 하지만 자기계발서는 나쁜 변화를 만들었다. 자기계발서는 사람들에게 짝퉁 숭고미와 비장미 둘 중에 하나만 선택해야 하는 것처럼 강요했다. 자기계발서를 읽은 대다수의 사람들에게 성공한 삶을 향한 부러움은 커지고 자신의 삶에 대한 못마땅함은 깊어진다. '이번 생은 망했다'의 줄임말인 '이생망'은 부러움이 만들어낸 가슴 아픈 말이다. 우리는 자기계발서에 의해 성공한 사람이 아니면 루저가 된다. 결국 자기계발서는 숭고미를 느낄 수 있는 극소수를 위해서 비장미를 느낄 수밖에 없는 다수를 만들고 있는 셈이다.

우아미와 골계미

숭고미만큼이나 아름다운 것이 있다. 바로 우아미와 골계미다. 있는 것에 더 집중하는 우아미와 골계미는 숭고미와 달리 쉽게 더 크게 만들 수 있다. 주어진 것에 만족한 삶을 사는 것, 풍자와 해학을 가지고 사는 것은 언제 어디서나 할 수 있다. 주어진 삶에 만족하며 조화롭고, 또 행복하게 사는 것은 우아미에 가깝다. 남과 비교하지 않으며 스스로 만족하는 삶이다. 자신에게 주어진 일에 만족하며 소소한 취미 생활도 하며 사는 것이다.

또 한편 주어진 삶에 만족하지는 못하지만 잘못된 현실에 대한 비판을 통해 건강하게 삶을 만들어가는 풍자와 해학은 골계미에 가깝다. 불평, 불만도 가지고 있지만 건강하게 해소해나가는 삶이다. 자신에게 주어진 일이 불만족스럽긴 해도 열심히 살고, 가끔씩 비슷한 처지에 있는 사람들과 함께 삼겹살에 소주 한잔하면서 윗사람들 욕도 하고 잘못된 현실을 안주 삼아 씹기도 하며 사는 것이다. 숭고미처럼 있어야 할 것을 추구하는 삶 못지않게 우아미와 골계미처럼 있는 것을 추구하는 삶도 아름답다. 가슴 벅찬 아름다운 이야기는 성공한 사람만이 가질 수 있는 이야기는 아니다. 우리가 사는 평범한 일상 속에도 때때로 가슴 시리도록 벅차고 아름다운 이야기가 있다.

자기계발서는 소수의 숭고미를 위해 다수의 비장미를 만들어낸다. 소수 성공자의 삶을 합리화하면서, 다수의 루저를 만들고 있는 것이다. 자기계발서는 소수의 성공한 사람이 더 당당하게 성공의 성과를 누릴 수 있게 하면서, 동시에 다수의 사람이 자기 삶을 못마땅하게 여기도록 만든다. 우리들은 비록 성공하지 못했더라도 비장미를 느끼며 살아야 하는 루저가 될 필요는 없다. 그럼에도 자기계발서는 우리를 루저로 만든다. 그렇지 않으면 자신의 존재가 부정당하기 때문이다. 이것이 자기계발서가 존재하는 방식이 아닐까?

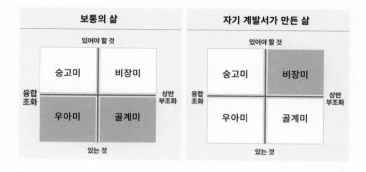

로또 사회

'부자 되기' 자기계발서

　대한민국은 로또 사회다. 노력 없이 한 번에 쉽게 성공할 수 있다는 뜻이 아니라, 당첨될 가능성이 없으면서도 당첨될 수 있다는 희망을 버리지 못하게 한다는 뜻이다. 당첨될 수 있다는 '희망'이라는 말보다는 당첨되고 싶다는 '욕망'이라는 말이 더 적절할 듯하다. 욕망을 버리지 못하게 하는 '부자 되기' 자기계발서의 영향력이 막강하다. 부자 되기 자기계발서는 성공담 자기계발서와 조금 다르게 주로 재테크와 부동산 투자와 관련한 내용뿐만 아니라, 부자와 관련된 모든 것을 소재로 사용한다.

　『부자 아빠, 가난한 아빠』, 『부자를 만드는 부부의 법칙』, 『한국의 1000원짜리 땅 부자들』, 『부자언니 부자특강』, 『부자의 습관』, 『부자의 그릇』, 『부자가 되는 정리의 힘』, 『부자가 되는 책읽기』, 『부자사전』, 『한국의 부자들』, 『한국의 자수성가 부자들』, 『월세 부자의 비밀노트』, 『부자의 습관 빈자의 습관』, 『부자의 금고』, 『부자의 방』, 『부자의 운』, 『부자의 인간관계』, 『부자의 인맥』, 『부자들의 생각법』, 『부자들의 저녁식사』, 『나도 상가투자로 월세 부자가 되고 싶다』, 『나도 월세 부자가 되고 싶다』, 『빌딩부자들』, 『부자들은 왜 장지갑을 쓸까』 등은 모두 '부자 되기' 자기계발 서들이다. 실제로 출간된 '부자 되기' 자기계발서는 위에 나열된 책의 100배 이상이다.

'부자 되기' 자기계발서는 주식이나 부동산, 보험에 대한 구체적인 투자 방법과 성공 사례들이 중심을 이루는 책과, 부자들의 사고방식과 생활 습관을 담아놓은 책으로 나눌 수 있다. 실질적인 도움을 주는 일부 책을 빼고 보면 대부분 부자에 대한 부러움과 보통의 삶에 대한 못마땅함을 바탕으로 우리들의 욕망을 들쑤시는 책이다. 부자들의 세세한 생활 습관부터 돈에 대한 사고방식에 이르기까지 부자와 관련한 모든 것이 책의 소재가 된다. 이런 '부자 되기' 자기계발서를 보다 보면, 주식이나 부동산으로 대박을 낸 경우가 어쩜 이렇게 많을까 싶다. 그런데 책이나 TV에서 흔하게 볼 수 있는 대박 투자자들이 왜 내 주변에는 하나도 없을까? 하긴 로또 1등 당첨자가 2017년 12월까지 5,000명이 넘는다고 하니 그렇게 어려운 확률을 뚫고 대박을 내는 사람들이 있기는 한 모양이다.

부자가 되는 가장 쉬운 방법은 로또에 당첨되는 것

이다. 사실 진짜 부자가 되기 위해서는 로또 1등에 10번
쯤 당첨되어야 하겠지만, 그냥 평범한 서민의 입장에서는
한 번의 로또 1등 당첨도 엄청난 부자가 되는 길이긴 하
다. 어쨌든 부자가 되기 위한 투자와 로또는 은유적 연결
이 충분히 가능하다. 원하는 사람이 엄청 많지만 극소수
의 사람만이 성공한다는 점에서 같다. 이 둘을 약간의 문
학적 상상력을 바탕으로 엮어서 엉터리 소설을 만들어보
았다. 제목은 「로또 사회」다.

소설 「로또 사회」

김은 평범한 비정규직 직장인이다. 답답하고 불안한 생
활이 지속되었다. 그나마 일주일을 버티는 힘은 로또였
다. 매번 5천 원짜리 5등도 쉽게 당첨되지는 않았지만 그
래도 로또만이 희망이었다. 당첨 확률이 작기는 해도 일
주일마다 4 5명씩은 1등에 당첨되고 있지 않은가 말이
다. 로또 광고판에 있는 '이번 주 주인공은 당신입니다'라
는 말처럼 김이라고 해서 되지 말라는 법은 없었다. 김은
매주 1만 원씩은 꼭 로또를 샀다. 물론 숫자 3개 맞는 것
도 쉽지는 않았다. 하지만 당첨번호를 추첨하는 날은 언
제나처럼 혹시나 하는 마음이 생긴다.

김은 당첨이 잘 된다는 복권 판매점에서 로또를 사보

기도 하고, 가끔은 큰 투자를 한다는 마음으로 10만 원이 넘게 구입하기도 했다. 김은 오늘도 자동으로 5천 원과 수동으로 5천 원을 구입했다. 얼마 전까지만 해도 무조건 자동으로만 구입했던 그였다. 하지만 친구인 박의 이야기를 듣고 수동으로도 구입하고 있다. 김의 친구 박은 7년 동안 각종 알바를 섭렵하며 살고 있다. 커피 전문점, 주유소, 치킨 배달, 편의점, 택배 회사, 병원에서 임상 실험까지 안 해본 일이 없었다. 어느 날 박이 한 말은 이랬다.

"로또가 운이라는 생각을 버려. 누군가가 부동산이나 주식 투자로 떼돈을 벌었다고 하면 다 운이라고들 하지? 하지만 그런 게 아니야. 수많은 투자 정보 중에서 가치 있는 정보를 선별하고 적절한 시기에 맞춰 어떻게 실행하느냐에 따라 결과는 하늘과 땅만큼 차이가 나거든. 로또도 그래. 수많은 당첨번호 정보를 어떻게 분석하고 해석하느냐에 따라서 당첨 확률은 확 달라지는 법이야. 그냥 무식하게 자동 선택만으로 1등이 되겠다는 생각은 버려야 한다구. 자동 선택은 당첨 결과를 100% 운에 맡기는 것이야. 하지만 수동은 달라. 자료에 대한 분석과 해석을 바탕으로 1등에 근접해나가는 것이거든."

그는 설마 수동으로 번호를 선택한다고 해서 ①②③④⑤⑥을 선택하는 사람이 있겠냐고 물었다. 그럼 어떤 번

호를 어떻게 선택해야겠냐고 물었다. 분명히 ①②③④
⑤⑥보다 당첨 확률을 더 높일 수 있는 방법이 있다고 했
다. 박은 1등 당첨번호를 맞춘 적이 있었다. 직접 김에게
그 당첨 로또를 보여주기도 했다. 다만 2주 전에 산 로또
였다는 점이 아쉬울 뿐이었다. 하지만 그는 5천 원의 당
첨금도 받지 못한 그 '2주 후 당첨 로또'를 자신의 노력의
결과로 굳게 믿고 있었다. 1등 당첨번호에 대한 예측률을
높인 결과란다. 물론 그는 실제로 3등에 3번이나 당첨이
됐다. 6개 당첨번호 중에서 5개를 맞춘 것이다. 물론 6개의
숫자 중에 5개를 맞춰도 당첨금은 100만 원 안팎에 불과
했다. 1개의 숫자만 더 맞추면 1등이 될 수 있었다는 아쉬
움에 비해 당첨금의 차이는 너무 컸다. 어쨌든 김은 박의
말을 듣고 나서부터 자동과 수동을 같이 구입하고 있다.

어느 날 박에게서 연락이 왔다. 무슨 일인지 자신이 술을
사겠다고 한다. 흔하지 않은 일이다. 웬일인지 박의 표정
은 밝기만 했다. 박은 눈을 반짝이며 말했다. 곧 대박이
터질 것 같다. 이제 로또 당첨의 비밀을 알 수 있을 듯하
다. 자신이 로또에 투자한 7년이라는 시간이 헛되지 않
았다. 성공하는 사람들의 생각은 보통 사람들의 생각과
는 다르다. 로또 769회까지 총 당첨금 21조3천억 중에서
1등이 받은 당첨금은 절반에 육박하는 10조에 이른다.
10조를 4,965명이 나눠 가졌다. 1인당 20억이 넘는 돈을
가져간 셈이다. 숫자 6개 중 5개를 맞춰야 하는 3등은 1

조6천억을 가져갔다. 3등 당첨금은 110만 명이 대략 100만 원씩 나눠 가진 셈이다. 6개 번호 중 5개를 맞춰야 하는 3등도 고작 100만 원이다. 하지만 숫자 한 개를 더 맞힌 1등은 다르다. 평균 20억이다. 3등은 소용없다. 그깟 100만 원을 받기 위해 로또를 하는 것은 아니니까 말이다. 어떻게 해서든 1등을 해야 한다. 자신이 투자한 7년이라는 시간은 1등이 되기 위해 꼭 필요했던 시간이었다.

현재까지 총 판매금액	43,708,037,937,000 원
현재까지 총 당첨금액	21,854,018,968,500 원
현재까지 누적 1등 당첨자수	5,098 명
현재까지 누적 2등 당첨자수	29,687 명
현재까지 누적 3등 당첨자수	1,134,971 명
현재까지 누적 1등 당첨지급금액	10,337,902,334,573 원
현재까지 누적 2등 당첨지급금액	1,722,121,312,762 원
현재까지 누적 3등 당첨지급금액	1,722,535,288,918 원
평균 1등 당첨금액	2,027,834,903 원
최고 1등 당첨금액	40,722,959,400 원
최저 1등 당첨금액	405,939,950 원

제1회부터 제784회까지 누적 히스토리입니다.

박은 쉬지 않고 말했다. 두서없는 말이었지만 김은 박의 말을 충분히 알아들었다. 박은 로또 사회학 박사 같았다. 박의 말은 김이 좁은 세계에 갇혀 살고 있다는 느낌이 들게 했다.

이번 주도 김은 자동 선택도 수동 선택도 모두 로또 당
첨번호로 선택받지 못했다. 6개 중에 3개도 맞추지 못했
다. 그런데 이번 주 당첨자는 좀 독특했다. 1등 당첨자 중
에서 수동 당첨자가 6명이나 나왔다. 1등 당첨 확률은
8,145,060분의 1이다. 그런데 한 주에 800만 분의 1이라
는 확률을 6명이나 스스로 만들어낸 것이다. 이상하게
생각하고 있던 그에게 그동안 눈에 띄지 않았던 로또 전
문회사 광고가 보였다. 수십 명의 당첨자를 만들어낸 업
체라고 했다. 업체 사이트에는 업체가 제공한 번호로 수
동 선택에 당첨된 사례들이 빼곡했다. 업체 회원은 회원
가입 금액에 따라 실버, 골드, 다이아몬드와 같이 나누어
져 있었다. 등급별로 제공되는 번호의 정확도에 차이가
있다는 것이다.

김은 업체에 전화를 해서 상담을 받았다. 상담원인지 대
표인지 하는 사람은 로또는 운이 아니라며 말을 시작했
다. 자기 회사에서 1등과 아쉽게 2등에 당첨된 사람들을
한참 열거한다. 그렇게 많은 당첨자를 배출한 이유는 자
기 업체가 사용하는 매우 과학적인 시스템 덕분이란다.
그는 기간별로 당첨번호가 출현한 횟수에 대한 빈도수를
과학적으로 분석해내면 다음에 당첨될 확률이 높은 번
호를 어느 정도 가려낼 수 있단다. 거기에 당첨번호에 대
한 홀짝 통계부터 당첨번호 간 거리를 수학적으로 분석
하는 방법도 있다고 한다. 합리적으로 당첨 확률을 높일

수 있는 방법이 있다는 것이다. 김은 약간의 투자를 통해서 좀 더 확률을 높일 수 있겠다는 생각이 들었다. 주식 투자도 전문가의 도움을 받는 것이 훨씬 좋지 않은가 말이다. 그러고 보니, 로또 전문 업체는 주식 투자를 도와주는 펀드 매니저와 많이 닮아 있었다. 좀 더 많은 수익률을 올리기 위해서 전문가의 도움을 받는 일이 나쁘지는 않을 것이었다.

설레는 마음으로 전문 업체가 추천해주는 번호대로 로또를 구입했다. 그래도 5천 원짜리 당첨은 그 전보다 잘되는 듯했다. 간혹 당첨금이 5만 원인 4등에 당첨되기도 했다. 하지만 그것뿐이었다. 업체를 통해서 당첨 예상 번호를 바탕으로 로또를 구입해도 큰 변화는 없었다. 오히려 매주 로또를 구입하는 금액만 늘어났다. 김은 언젠가 박에게 이 사실을 털어놓았다. 왠지 박에게는 이야기하고 싶지 않았는데 몇 달 동안 별 효과가 없는 로또 전문 업체에 대한 실망감이 너무 컸기 때문이다. 박은 이미 알고 있었다. 업체가 이야기한 방법들까지도 말이다.

박은 은밀하게 새로운 업체를 소개해줬다. 구시대적인 방법을 사용하는 업체가 많은데 자신이 소개하는 업체는 다르다고 한다. 최근 트렌드는 회차별로 당첨된 번호의 패턴을 분석하는 것으로, 예전 방법보다 훨씬 과학적이고 당첨 확률이 높은 방법이라고 한다. 거기에 최근 10

회 안에 뽑히지 않은 번호들을 알면 당첨 확률을 훨씬 높일 수 있단다. 그 외에도 업체에서 밝히지 않는 비법이 더 있다면서 그는 눈을 반짝였다. 김은 당장 업체를 바꿨다.

업체를 바꾸고 몇 주만에 3등에 당첨되었다. 3등은 비록 당첨금은 적었지만, 당첨번호 중에서 하나만 맞히지 못했다는 아쉬움으로 금방이라도 1등에 당첨될 듯한 기분을 안겨주었다. 하지만 그런 기분도 얼마 가지 못했다. 단한 번의 3등 당첨 이후 달라진 것은 없었다. 4등이나 5등에 조금이나마 더 당첨되는 듯싶었으나, 그것마저도 기대심리로 인한 착각일 뿐이었다. 그는 45개의 숫자를 수없이 많은 방법으로 나누어보기를 반복했다. 부동산 투자에서 입지 선정 방법과 투자 수익률, 향후 발전 계획과 같이 복잡한 계산과 이론처럼, 주식 투자에서 PBR과 PER의 크기와 회사의 각종 지표까지 수없이 복잡하고 많은 고려 사항이 있는 것처럼, 단지 45개의 숫자 속에 수없이 많은 방법이 그를 괴롭혔다. 그는 지쳐갔다.

그러던 어느 날 김은 뒤늦게 로또 판매금의 50%만이 당첨금이라는 사실을 알게 되었다. 별 생각 없이 로또 사이트를 뒤적거리다가 '당첨 구조 및 당첨금 배분'을 본 것이다. 당첨금만 생각하고 있던 김은 뭔가 이상했다. 당첨금으로 배분되는 50%를 제외한 나머지 50%는 이미 누군가에게 돌아가는 정해진 수익이었다. 당첨될 필요도 없

이 로또만 팔리면 무조건 그들은 50%를 가져가고 있었
다. 부러웠던 1등보다 훨씬 큰 수익을 안정적으로 항상
가져가는 그들이 있었던 것이다. 김은 비로소 희미하게
알 수 있었다. 그들의 거대한 수익을 위해 자신이 필요했
음을. 자신은 그들이 내세운 1등이라는 미끼만 쳐다보며
살고 있었음을. 어차피 50%는 그들의 몫이었다. 그리고
그들은 남은 50%로 생색을 내고 있었다. 그들은 1등이
가져가는 당첨금을 미끼로 자신들의 더 큰 수익을 위해
많은 사람을 낚고 있었다.

등위	당첨내용	당첨확률	당첨금 배분 비율
1등	6개 번호 일치	1 / 8,145,060	총 당첨금 중 4등과 5등 금액을 제외한 금액의 75%
2등	5개 번호 일치 + 보너스 번호일치	1 / 1,357,510	총 당첨금 중 4등과 5등 금액을 제외한 금액의 12.5%
3등	5개 번호 일치	1 / 35,724	총 당첨금 중 4등과 5등 금액을 제외한 금액의 75%
4등	4개 번호 일치	1 / 733	50,000원
5등	3개 번호 일치	1 / 845	5,000원

총 당첨금은 로또 전체 판매액의 50%이며, 42% 이상은 복권기금으로 활용됩니다.

김은 그제야 알았다. 증권회사와 보험회사가 가입자들의
돈으로 운영된다는 사실도 새삼 느껴졌다. 흔히 개미라
고 불리는 우리의 존재 이유는 어쩌면 그들의 확정된 수
익을 위해 필요했던 것이다. 극소수를 제외하고 매번 실
패만 하는 개미들이 더 좋은 방법을 향해서 발버둥 치고
있을 때, 누군가는 손해 보지 않는 규칙을 만들어놓고 개

미들 중에서 성공할 극소수의 사람을 뽑고 있었다. 개미들이 포기하지 않도록 하기 위해서, 개미들에게 희망을 주기 위해서 그들은 소수의 성공 개미를 홍보했다. 성공할 수 있다고, 이번 주는 당신 차례라고 그들은 끊임없이 우리를 자극하고 있다. 주식 투자도 부동산 투자도 나를 필요로 하고 있었다. 우리는 '나'들의 작은 손해를 모아 모아 그들의 커다란 이익을 만들어주고 있었다. 김은 자신의 욕망이 자신의 것인지 곰곰이 생각해보았다.

- 끝 -

소수의 성공자는 설계자가 만든다

차마 소설이라고 말하기 어려운 엉터리 이야기를 만들어보았다. 물론 로또 판매금의 50%는 누군가의 이익이 아니다. 로또 운영자금이나 법정 배분금 사업과 공익사업에 사용된다고 한다. 위 엉터리 소설에서는 당첨금으로 분배되지 않는 50%를 특권층이 가져가는 수익으로 설정했다. 만약 소설에서처럼 로또 판매금의 50%가 특권층의 수익이라고 가정한다면, 로또는 대한민국의 모습과 똑같다. 대한민국 전체 이익의 50%는 이미 특권층 몫으로 정해져 있다. 나머지 50%만을 가지고 남은 대다수의 사람들이 서로 다툰다. 안타깝게도 남은 50% 중에서도 절반에 해당하는 25%는 6개 숫자를 모두 맞힌 극소수의 성공자에게 돌아간다. 5%는 5개의 숫자와 보너스 숫자 1개를 맞힌 사람들에게, 5%는 5개의 숫자를 맞힌 사람들에게 돌아간다. 그리고 남은 15%를 가지고 남은 대다수의 사람들이 살고 있다. 국가의 분배 구조가 로또와 같다면 정말 불공평하다. 하지만 우리 사회는 로또를 닮아 있다.

아니다. 대한민국의 분배 구조는 로또보다 훨씬 불공평하다. 소득이 아닌 자산을 기준으로 하면 대한민국 자산의 66%는 불공정한 시스템 설계자인 상위 10%의 사람들이 가지고 있다. 하위 50%의 사람들은 단지 전체 자산의 1.7%를 놓고 아웅다웅 다투고 있을 뿐이다. 시스템 설계자는 그들이 가져가는 66%를 뺀 나머지 34%를 나머지 90%의 사람들에게 나누어 준다. 물론 그들은

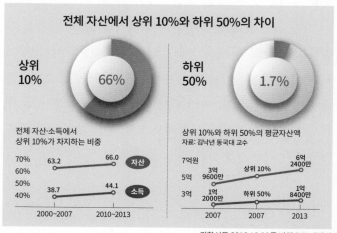

경향신문 2015.10.29를 바탕으로 재작성

34% 중에서도 적당히 큰 비중을 소수의 성공자가 가져 갈 수 있게 설계한다. 설계자는 우리 앞에 보이지 않는다. 우리의 눈에는 설계자가 계획해서 만들어내는 로또 당첨 자와 같은 소수의 성공자만 보일 뿐이다. 우리는 그 소수 의 성공자가 되기 위해서 서로 물고 뜯으며 살고 있다.

대한민국의 50%인 2500만 명이 대한민국 전체 자 산의 1.7%만을 가지고 살고 있다는 사실은 자산을 증식 할 수 있는 방법이 노동이 아님을 확실하게 보여준다. 자 산은 이미 가진 자산이 불려줄 뿐이다. 돈을 벌기 위해서 는 몸과 머리가 아니라 자본이 필요하다. 자본이 많을수 록 더 쉽게, 더 많이, 더 지속적으로 돈을 벌 수 있다. 노 력과 노동으로는 마음 편히 쉴 수 있는 집 한 칸도 마련 하기 어렵다. 통계청의 <2015 주택소유통계>를 보면, 주 택을 소유하고 있는 가구수는 55%가 조금 넘는다. 44% 는 아직 집을 소유하지 못한 무주택자다. 절반 가까운 사 람들이 전세와 월세의 형태로 살고 있는 상황이지만, 51 채 이상의 주택을 소유한 가구는 3천 가구에 달한다.[1] 정 당하게 소유한 집이 여러 채에 달한다고 해도 문제될 것 은 없다. 다만 열심히 노력해도 안정적인 삶의 터전조차 마련하기 어려운 현실은 분명 문제다.

---

1   연합뉴스 2016.12.15 「전체 가구 44% "내집 없다"··· 3천 가구는 51채 이 상 소유」

　우리는 불가능한 1등 당첨을 바라면서 매주 당첨의 희망을 버리지 못하고 계속 로또를 구입하면서 살고 있다. 대한민국에도 로또에 당첨된 것 같은 소수의 성공자가 존재한다. 우리는 그들이 부럽다. TV와 언론에는 왜 이리 로또 1등 당첨자 같은 성공한 사람이 많은가? 우리에게는 광고 한 편에 수억 원을 받는 배우가, 재래시장에서 불고기 버거를 팔아 하루 매출이 몇 백만 원에 이르는 사장님이, 주식 투자를 통해서 대박을 낸 20대 대학생이, 1000만 원으로 시작해서 빌딩 몇 채를 가지고 있는 부동산 투자자가, 인터넷 개인 방송으로 부자가 된 BJ가, 그리고 성공담 자기계발서를 쓴 사람들만 보일 뿐이다.

　하지만 이들은 시스템 설계자가 만들어놓은 로또 1등 당첨자에 지나지 않는다. 우리 눈에는 로또 1등 당첨자와 같은 소수의 성공자와 비교도 할 수 없을 만큼 많은 수익을 가져가는 시스템 설계자가 보이지 않는다. 어쩌면 그들의 수익은 미리 정해져 있는 확정된 수익일지도 모른다. 시스템 설계자는 소수의 성공자에게 화려한 조명을 비추고, 요란한 축포를 쏘아대면서 자신들을 보지 못하게 한다. 어쩌면 소수의 성공자는 시스템 설계자가 만들어놓은 가림막에 불과할지도 모른다. 우리는 시스템 설계자를 볼 수 없을 뿐만 아니라, 불공정한 시스템 자체를 인식하지 못한다. 단지 눈에 보이는 성공자를 부러워하면서 자신도 성공자가 되기를 바라며 몸부림치고 있을 뿐이다.

가상화폐는 어떤가?

2000만 원을 투자해서 15억 원을 벌었다는 이야기가 많은 사람들의 마음을 뒤흔들었다. 가상화폐 혹은 암호화 화폐로 돈을 벌었다는 새로운 성공자들이 나타났기 때문이다. 물론 비트코인이나 이더리움 같은 가상화폐를 로또와 비교할 수는 없다. 어쩌면 가상화폐는 믿을 수 없는 국가 권력에 의해 통화량이 결정되는 기존의 화폐가 가진 단점을 해결해줄 수 있는 화폐가 될지도 모를 일이다. 가상화폐는 양적완화라는 희한한 이름으로 화폐를 마구 찍어 양극화를 더욱 심화시키는 일 따위는 하지 않을 것이다. 가상화폐는 국가의 통제와 감시를 뛰어넘어 많은 사람들이 좀 더 투명하고 안전하게 그리고 자유롭게 거래할 수 있도록 도와줄지도 모를 일이다.

하지만 안타깝게도 현재 대한민국에 부는 가상화폐 열풍은 더 안전하고 더 투명한 사회를 만드는 것과는 거리가 멀다. 가상화폐를 만들어낸 블록체인 기술은 더 많은 곳에서 유익하게 사용될지는 모르겠지만, 가상화폐에 투자한 사람들에겐 그런 이야기보다 많은 돈을 짧은 시간에 벌었다는 소수의 성공담이 훨씬 매력적으로 들렸을 것이다. 알고리즘을 기반으로 하는 가상화폐나 블록체인 기술에 대해서 무지한 나는 단지 뒤늦게 참가한 다수 사람들의 돈이 먼저 참가한 소수에게만 흘러들어가지 않기를 바랄 뿐이다. 그러나 아쉽게도 현재의 가상화폐 열풍은 성공담을 바탕으로 개인의 욕망을 들쑤시고, 다수의 사람들에게 박탈감을 안겨줄 개연성이 크다.

만약 가상화폐(블록체인 기술이 아닌)가 개인의 욕망을 부풀려서 소수만 큰 이익을 얻게 하는 불공정한 시스템이라고 해도, 가상화폐 투자에 뛰어든 다수에게 불공정한 시스템은 보이지 않았을 것이 분명하다. 소수의 성공자가 불공정한 시스템을 가리고 있기 때문이다. 소수의 성공자처럼 많은 돈을 짧은 시간에 벌 수도 있다는 욕망이 눈을 어둡게 하기 때문일 것이다.

로또 당첨이 행복의 충분조건일까?

설계자와 설계자가 만든 잘못된 시스템에 대한 이야기보다는 성공자가 될 수 있다는 이야기가 아무래도 훨씬 매혹적이다. 그런데 부자가 되면 행복하긴 한 것일까?

우리 눈에 비치는 부자들은 분명 행복해 보인다. 하지만 우리에게 보이는 그들의 행복은 과장되어 있다. 다행스럽게도(?) 물질적 부유함은 행복을 지속시킬 수 없다. 우리 뇌는 행복을 지속적으로 느낄 수 없게 만들어져 있기 때문이다. 행복의 감정을 만드는 호르몬은 생존을 유지시키는 활동과 깊은 관련을 맺고 있다. 성욕과 식욕을

채운 한 번의 기분 좋은 감정이 평생 지속된다면 우리는
생존할 수가 없다. 만족감은 곧 사라진다. 그래야만 다시
추구할 수 있기 때문이다. 성욕과 식욕만이 아니다. 로또
에 당첨되어도, 로스쿨에 합격해도, 의대에 합격해도, 승
진을 해도 그 기쁨은 이내 사라진다. 성취의 기쁨은 짧다.
다음 단계로 주어진 더 큰 목표를 이루어야 다시 그 기분
좋은 감정을 느낄 수 있다.

의사가 된다고 해서, 변호사가 된다고 해서, 세무사
가 된다고 해서, 연예인으로 화려하게 데뷔한다고 해서
끝이 아니다. 주변 사람들의 기대는 더욱 커질 뿐이다. 그
속에서 이루어지는 경쟁은 더욱 치열하다. 주변 사람의
기대에 맞추기 위해서는 더 크게 성공해야 하고 더 행복
해 보여야 한다. 다른 사람의 시선을 털어내지 않는 한 압
박은 계속된다. 또 남들이 부러워할 만큼 많은 돈을 벌었
다고 해서 행복한 것도 아니다. 돈이 많으면 많은 만큼 자
존심을 세우기 위해서는 더 큰돈이 필요하다. 비교의 대
상은 갈수록 높아지고, 성취에 대한 강박은 커지기만 한
다. 행복하기 위해서는 지금 가지고 있는 것보다 더 가져
야 한다. 주변 사람들에게 인정받기 위해서는 자신의 성
취를 지속적으로 보여야만 한다. 누군가에게 인정받기 위
한 몸부림에서 그들도 자유로울 수가 없다.

부자도, 유명 연예인도 우리와 다름없이 외롭다. 자

신이 가진 것을 잃게 되면 자신의 가치도 하락할 것이라
는 두려움은 누구보다 크다. 월세가 꼬박꼬박 나오는 건
물을 가지고 비싼 스포츠카를 타고 다니는 사람도 마약
에 손을 대기도 하고 때로는 자살로 삶을 마감하기도 한
다. 그렇게 많이 가지고도 형제들끼리 경영권을 다투고,
자식과 고소·고발 사건에 휘말리기도 한다. 그들이 행복
할 것이라는 메시지는 과잉되게 우리에게 전달되고 있다.

　　유엔 지속가능개발연대(SDSN)가 발표한 <2016 세계
행복보고서>에 따르면 한국은 조사 대상 157개국 중 57
위다. 1위부터 5위까지는 덴마크, 스위스, 아이슬란드, 노
르웨이, 핀란드로 모두 북유럽 국가들이다.[1] 비교적 부유
한 국가인 우리나라나 일본은 국가별 행복지수가 그리 높
지 않다. 행복지수가 높은 대표적인 나라는 덴마크다. 이
들이 행복한 이유는 성공이라는 동일한 목표를 향해 일
렬로 줄을 서지 않기 때문이다. 누군가가 자신보다 앞서
있어서 배 아플 일이 없다. 그저 각자가 좋아하는 일, 또
는 잘하는 일을 열심히 할 뿐이다. 자신의 가치를 다른
사람과 비교하지도 않고, 비교할 필요도 없다. 물론 성공
한 사람을 향한 부러움을 조장하지도 않는다. 덴마크만
이 아니다. 북유럽 국가 대부분이 그렇다.

1　　국민일보 2016.03.17 「한국 행복지수 세계 57위, 1위는 덴마크」

물론 이들이 이런 마음을 가질 수 있는 가장 큰 이유는 안정적인 복지시스템 덕분이다. 덴마크는 대학 교육까지 들어가는 비용과 의료비를 전액 국고에서 지원한다. 법정근로시간은 주당 37시간이다. 아프면 연간 최대 120일까지 월급을 다 받으며 치료를 받을 수 있다. 정규직과 비정규직도 동일한 대우를 받고, 실업급여는 2년간 이전 급여의 90%까지 지급받는다.[1] 덴마크를 비롯한 북유럽 국가들은 이런 복지시스템을 유지하기 위해서 세율이 무척 높다. 하지만 대부분의 국민들이 정부를 신뢰하기 때문에 높은 세금에 대한 불만이 없다. 정부를 신뢰한다는 말이 우리에겐 선뜻 와 닿지 않는 표현일 수도 있겠다. 어쨌든 우리가 부러워해야 할 것은 성공한 사람이 아니라 성공한 사람을 부러워할 필요가 없는 사회시스템이다.

아 참, 유엔 보고서도 불평등 해소가 행복에 큰 영향을 준다고 했다. 유엔 보고서는 '유럽 국가들의 경우 불평등을 해소시켜줄 사회보장 장치들이 많기 때문에 행복지수도 높았다'는 말도 덧붙였다.[2] 경제적 불평등이 갈수록 심화되기만 하는 대한민국이 귀 기울여 들어야 할 말이다.

---

[1]   한국무역신문 2017.12.14 「'행복지수 1위' 덴마크 직장에는 있고 한국에는 없는 7가지」

[2]   국민일보 2016.03.17. '위의 기사'

잘못된 시스템을 고치기 위해서는

능력과 자격에 대한 과도한 평가가 잘못된 시스템을 정당화한다. 물론 능력 있는 사람들이 더 잘사는 시스템은 정당하다. 노력을 더 많이 하고, 더 창의적인 생각으로 많은 사람들을 행복하게 만드는 사람들이 더 많은 돈을 벌어야 한다. 평등이란 노력의 차이를 인정하지 않는 것이 아니다. 노력에 대한 정당한 평가와 그에 따른 적절한 혜택의 기준을 만드는 일은 어려운 일이 분명하다. 하지만 대한민국의 시스템은 너무나 지나치게 한쪽으로 치우쳐 있는 것이 분명하다. 노력이나 능력에 상관없이 모두가 똑같이 평등해서는 안 될 일이지만, 지나치게 기회가 편중되는 시스템도 지양해야 한다. 그렇다면 과도하게 기울어진 시스템을 고치기 위해서는 어떻게 해야 할까?

잘못된 시스템을 고치기 위해서는 시스템 자체에 접근해야 한다. 시스템에 접근하는 가장 쉽고 확실한 방법은 정치다. 국회의원이나 대통령이 될 필요는 없다. 그저 제대로 된 국회의원과 대통령을 뽑으면 된다. 심각한 양극화 문제를 해소할 수 있는 정치인을 뽑으면 된다. GDP와 GNP와 같은 거대한 국가 이익을 이야기하는 정치인이 아니라, 최저임금과 가계소득 증가 그리고 사회적 안전망을 이야기하는 정치인을 뽑아야 한다. 66%의 자산을 가진 10%의 사람들에게 좀 더 많은 세금을 거둬 지속적 성장이 가능한 사회를 만들고자 하는 정치인을 뽑아야 한다. 대한민국 국민의 10%가 아니라, 90%를 위해서 정책을 펴는 정치인을 뽑으면 된다.

그러면 어떤 변화가 생기게 될까? 좋은 모습으로만 가정해본다면, 단단한 복지를 바탕으로 좀 더 많은 사람의 행복을 위한 제도를 만드는 국가가 될 수 있지 않을까? 복지는 노르웨이처럼, 교육은 핀란드처럼, 문화는 프랑스처럼, 경제는 독일처럼 말이다. 물론 다른 나라를 흉내 내고 따라 하자는 말이 아니다. 단지 우리가 나아가야 할 방향을 대략적으로 가늠해보자는 것이다. 로또 1등 당첨자를 부러워할 필요가 없는 사회를 만들 수 있다면 좋겠다. 불행하더라도 부자로 살고 싶다고 하는 우리가, 돈 한번 마음껏 써보고 죽으면 소원이 없겠다고 생각하는 우리가 부끄러워졌으면 좋겠다. 누구나 자신의 일에 만족하며 행복한 삶을 사는 시스템을 만들 수 있으면 좋겠다. 그러기 위해서는 성공담 자기계발서와 '부자 되기' 자기계발서를 쳐다볼 것이 아니라 우리와 같은 위치에 있는 주변 사람들을 보아야 한다. 소수의 성공자 밑에는 수없이 많은 우리가 깔려 있다.

배우나 탤런트 10명 중 9명은 최저임금에도 못 미치는 급여를 받는다. 반면에 상위 1%에 해당하는 배우 154명의 연평균 수입은 19억이 넘는다. 상위 1%의 배우가 전체 배우 수입의 45%가 넘는 수준을 가져가는 것이다. 상위 10%가 가져가는 비중이 86%라고 하니,[1] 배우들이 사는 세상은 대한민국의 다른 영역보다 더 불공정하다고 할 수 있다. 주식으로 많은 돈을 버는 일은 꿈같은 일일지도 모른다. 음식을 팔면서 식당을 유지하기도 힘든 것이 현실이다. 우리는 광고 한 편에 몇 억을 받는 배우가 아닌, 계약서도 없이 약속된 임금마저도 제때 받지 못하는 배우들의 삶을 보아야 한다. 밤낮없이 일해도 프랜차이즈 본사의 이익만 더 크게 만드는 가맹점주의 삶을 통해 부당하게 만들어진 가맹점 계약 조건을 보아야 한다. 여러 채의 빌딩을 소유한 건물주가 아니라 건물주의 이익에 봉사하는 잘못된 법을 보아야 한다. 소수의 성공자가 아니라, 소수만 성공할 수밖에 없는 잘못된 시스템을 보아야 한다.

　우리가 우리에게 시선을 돌려 우리의 삶을 개선하고자 한다면 많은 것들이 달라질 수 있을 텐데, 왜 우리는 이런 우리들의 모습을 제대로 보지 않는 것일까? 어려운 현실을 극복하는 방법은 부러운 소수의 성공자가 되기 위한 욕망이 아니라, 힘들게 노력하면서 살고 있는 우리들의 공감과 연대가 아닐까?

1　동아일보 2017.01.17 「배우-탤런트 90%가 월소득 58만원, 상위 1% 年평균 19억… 전체의 46% "고소득자 빼곤 대부분 빈곤계층"」

미처 못 다한 말.
셋

야구 경기를 합니다. A팀은 4명, B팀은 20명입니다. A팀의 공격입니다. 이상합니다. 모든 공이 볼입니다. 심판이 미쳤나 봅니다. 사람들이 항의를 하니 어쩌다 스트라이크로 판정하는 공이 하나씩 있긴 합니다. 계속 포볼로 점수가 납니다. 4명이 계속 돌고 돕니다. 이놈의 경기는 콜드게임도 없습니다. 점수가 30 대 0인데도 4명은 포볼로 계속 돌고 있습니다. 어쩌다 안타도 때리긴 합니다. 사람들이 지겨워할 무렵 어찌어찌 공수가 교대됩니다. 이제 B팀의 공격입니다. A팀은 투수 1명, 포수 1명, 수비가 2명뿐입니다. 어? 그런데 모든 공이 스트라이크입니다. 방망이가 가 닿지도 않는 위치의 공도 스트라이크로 판정합니다. 완전 불공정합니다. 사람들이 항의를 하니 어쩌다 볼로 판정하는 공이 하나씩 있긴 합니다. 3명이 타석에 섰지만 모두 삼진 아웃으로 금방 공격이 끝납니다. 정말 말도 안 되는 야구경기입니다.

그런데 해설자들은 B팀의 선수들이 노력을 하지 않는다고, 열정이 없다고 몰아세웁니다. 목표를 가지고 칠 수 있다는 신념을 가지고 타석에 서야 하는데 그렇지 않다고 닦달합니다. 반면 A팀 선수들에게 배워야 할 점이 많다고 칭찬 일색이네요. 미친 해설자와 뇌물을 받은 것 같은 심판이 경기를 좌우합니다. 어? B팀에 있는 선수 1명을 A팀이 스카우트해서 주전자를 들게 합니다. 경기 중에 말입니다. 어? 그런데 B팀 선수들 부러워합니다.

B팀 선수 중 1명이 경기 규칙도 이상하고, 판정도 편파적이라며 항의를 합니다. 어? 그런데 B팀 선수들은 항의를 하는 같은 편 선수를 쫓아냅니다. A팀으로 스카우트될 기회를 뺏는다면서 말이죠. 그리고 모두 자신이 스카우트되기를 바라며 해설자 말처럼 열정을 가지고 그저 열심히 뜁니다. 정말 어이가 없습니다. 결국 게임은 66 대 1.7로 끝납니다.

강원랜드는 수단과 방법을 가리지 않고 기득권층의 취업 청탁을 들어주었죠. 다른 공공기관과 은행의 취업 비리는 불공정한 세상의 민낯을 낱낱이 보여주었습니다. 부정한 방법을 이용해서 취업에 성공한 그들이 제대로 된 법의 심판을 받기를 원합니다. 그런데 원칙을 지킬 수 있는 마지막 보루인 법마저도 그들의 편이 되지 않을까 염려하지 않을 수 없습니다.

그런데 말입니다. 해산물 식당 수족관에서 킹크랩 2마리를 훔쳤다고 징역 1년, 남이 분실한 중고 시세 5만 원짜리 휴대전화를 갖고 갔다가 징역 6개월, 소시지 17개와 과자 1봉지(총 8,900원)를 슈퍼마켓 자물쇠를 부수고 훔쳐서 징역 8개월을[1] 선고받았다고 합니다. 버스 요금 2,400원을 입금하지 않은 버스기사의 해고가 정당하다고 대법원이 판결[2]했죠. 법과 정의를 위한 결정이라고 할 겁니다. 저도 범죄를 저지른 사람들이 그에 합당한 처벌을 받아야 한다고 생각합니다. 하지만 이런 판결을 내린 판사들이 몇 천만 원, 몇 십억을 주고받아도 증거가 불충분하다며, 명백한 증거가 나오면 대가성 여부가 확인되지 않는다며 무죄를 선고하는 일은 흔합니다. 도저히 무죄를 선고할 수 없으면 집행유예, 어쩔 수 없이 실형을 선고하면 얼마 뒤에 대통령이 사면을 합니다. 엉터리 심판이 진행하는 야구경기와 무슨 차이가 있는지 모르겠습니다.

멀쩡한 강을 망친 사람들은 돈도 벌고 포상도 받았습니다. 그 강 다시 복원하는 데 또 국민 세금 수십조가 든다고 하는데, 처벌받는 사람은 없으니 정말 화가 납니다. 은행은 돈 많은 사람에게 훨씬 더 싼 이자로, 돈 없는 사람에게 훨씬 더 비싼 이자로 돈을 빌려주죠. 신용이라는 더럽게 합리적인 이유로 말입니다. 없는 사람에게 더 잔인하고 있는 사람에게 더 너그러운 게 은행입니다. 서

---

1   국민일보 2017.12.30 「'장발장 사면' 사례들… 소시지 17개 8900원어치 훔치다 징역 8개월」

2   세계일보 2014.04.11. 「'2400원' 횡령한 버스기사 결국 해고」

울대 합격생의 23%가 강남 지역 학생입니다. 4명 중 1명이 강남지역 학생[3]인 셈이지요.

이런 상황 속에서도 시스템이 잘못되었다고 이야기하는 사람들을 집단이기주의로 몰아붙이는 언론과, 성공한 사람들은 목표에 대한 뜨거운 열정이 있다고 찬양하는 자기계발서는 불공정한 야구경기의 미친 해설자와 무엇이 다른가요? 좀 더 근본적인 고민이 필요하다고 이야기하는 사람들은 사상이 불순하다고 낙인찍는 세상입니다. 큰 용기를 내지 않으면 노조에 가입하는 것도 어려운 세상입니다. 부정부패를 비판하고, 정당한 권리를 요구하는 것도 두려움을 이겨내야 할 수 있는 세상입니다. 정말 더럽게 무서운 세상입니다. 돈 있는 사람은 외모도 학벌도 사회적 지위도, 그리고 더 큰 돈도 쉽게 얻을 수 있는 사회. 바로 대한민국입니다.

우리가 당연하다고 믿고 있는 것들이 정말 당연하기는 한 것일까요? 세상이 미쳐 돌아가는 것처럼 보이지만, 큰 문제 없이 잘 굴러갑니다. 사람들은 바쁘거든요. 옆 사람보다 조금이라도 높은 경쟁력을 갖추기 위해서, 성공하기 위해서 사람들은 바쁘기만 합니다.

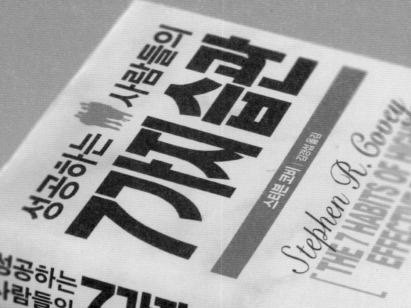

성공하는 사람들의 **7가지 습관** | 스티븐 코비
김경섭 옮김, *Stephen R. Covey*
THE 7 HABITS OF HIGHLY
EFFECTIVE PEOPLE

어떻게 원하는 것을 얻는가 · 스튜어트 다이아몬드 지음

미루는 습관 버리기 · 오늘 할 일을 내일로 미루게 만드는 시간

1日30分 인생 승리의 공부법 55
Learn to Win

HOW TO WIN FRIENDS AND
INFLUENCE PEOPLE 카네기 인간관계론 · 데일 카네기 지음 | 최염순 옮김

내일이 바뀌는 새로운 습관 잠자기 전 30분

인생을 바꾸는 시간 **18**분

어떤 사람이 최고의 자리에 오르는가

4.

당신의 인생을 뒤바꿔놓을 경이로운 책

관리형 자기계발서

성과주체의 자발적 착취

효율성과 성과를 위해

1994년에 출판된 『성공하는 사람들의 7가지 습관』은 관리형 자기계발서의 바이블이다. 책은 성공을 위해 개인의 습관을 의존성 단계에서 독립성 단계를 거쳐 상호의존성 단계로 끌어올려야 한다고 주장한다. 관리형 자기계발서는 가장 실질적인 도움을 주는 자기계발서다. 생활의 변화를 만드는 데 실질적인 도움을 주고, 생활 속에서 구체적으로 실행할 수 있는 지침을 준다. 『성공하는 사람들의 7가지 습관』은 기업의 생산방식이 소품종 대량생산에서 다품종 소량생산으로 바뀌는 과정에서 탄생한 책이다. 기업 입장에서는 노동력의 양적 관리보다 질적 관리를 중요하게 여기는 시점이었다. 무작정 열심히 일하는 사람이 아니라, 생각하면서 효율적으로 일하는 사람이 필요했던 시기이기도 하다. 1993년 출범한 김영삼 정부가 내세운 세계화와 신자유주의 정책과 우연히 시기가 잘 맞아떨어진다.

관리형 자기계발서는 1997년 IMF 이후에야 유행했

다. 관리형 자기계발서가 유행하기 시작한 이유는 노동 방식이 달라졌기 때문이다. IMF 이후 노동 계약 방식이 송두리째 바뀌기 시작했다. IMF를 계기로 연봉제라는 새로운 급여 지급 방식이 본격적으로 확대되었다. 연봉제는 업무 성과에 따라 임금을 1년 단위로 계약하는 임금 지급 체계다. 연봉제는 신자유주의가 시작된 영국과 미국에서 보편화된 임금 형태였다. 정부에서도 1998년부터 연봉제를 도입하여 1999년에는 경찰과 소방공무원을 제외한 모든 공무원에 확대 실시했다. 기존의 호봉제는 연공서열제도로 동양의 장유유서 전통에 기반하여, 또 일한 기간이 길수록 지식과 기술이 향상되고 기업에 대한 공헌도가 높아진다는 점을 감안하여 급여와 지위를 결정한 제도였다. 연봉제는 무엇보다 한 기업체에서 오랜 기간 근무하는 관행을 없앴다. 평생직장의 개념이 사라진 것이다. 그래서 연봉제 도입 초기에는 매우 비인간적인 급여 제도라는 심리적인 반발도 많았다. 하지만 경제위기라는 상황 속에서 고통 분담을 내세우는 자본의 요구를 이겨낼 수는 없었다. 결국 성과사회를 이끌어갈 급여 제도는 적절한 시기를 만나 자연스럽게 안착할 수 있었다.

연봉제는 기본적으로 업무 성과에 따라 급여를 결정하는 방식이다. 안정적인 평생직장의 개념이 사라지고 업무 성과에 따라 매년 자신을 평가받아야 하는 시대가 된 것이다. 급여제가 바뀜에 따라 우리들은 주변 사람보다 업무 성과를 높일 수 있는 개인적인 능력을 필요로 하게 되었다. 자연스럽게 관리형 자기계발서는 선택이 아닌 필수가 되었다. 더구나 기업의 변화는 더욱 빨라졌다. 연봉제에 익숙해지기도 전에 많은 노동자들을 정규직과 비정규직으로 나누더니, 또 어느 순간 기업 자신이 직접 계약하지 않은 노동자를 하청기업을 통해 간접적으로 고용하는 방식이 도입된다. 기업은 부담과 책임을 줄이면서 안정적으로 노동력을 확보할 수 있게 되었다. 심지어 직접 고용하던 노동자들도 고용관계가 아닌 계약관계로 빠르게 전환되고 있다.

대한민국에서 일하는 사람의 5명 중 1명은 사장님이라고 불리는 자영업자다. 대부분 한때 노동자였던 사람들이 살던 집을 저당 잡히고 은행 빚을 끌어들여 사장님이 되고 있다. 그렇게 자신의 모든 것을 걸고 만든 작은 간판은 채 3년도 지나지 않아, 자신의 모든 것을 건 다른 사장님에게 넘어간다. 성과를 올리지 못하면 자신의 모든 것을 걸고 만든 간판도 금방 사라질 수밖에 없는 세상이다.

노동자가 사라져간다. 한때 노동자였던 커피 전문점과 치킨가게 사장님만이 아니다. 보험설계사, 학습지 교사, 택배기사, AS수리기사, 대리운전기사, 골프장 경기보조원과 같은 특수형태 근로종사자뿐만 아니라 연출가, 카

피라이터, 기자, 아나운서, 배우, 작가, 번역가, 강연자, 컨설턴트, 기고가, 디자이너, 프로그래머와 같은 직업도 프리랜서라는 예쁜 이름으로 개인 사업가가 되었다. 많은 사람이 사업주와 근로계약을 맺는 것이 아니라 사업자 대 사업자의 관계로 일을 한다. 성과급과 같은 비율제 급여를 지급받는 노동자들도 대체로 개인 사업가와 노동자 사이를 오간다. 그리고 이런 방식의 개인 사업가는 기하급수적으로 늘어간다. 심지어 정부는 공공부문에 종사하는 노동자까지 개인별 성과에 따라 연봉을 조절하는 성과연봉제를 도입하려고 했다. 모든 사람이 개인의 성과를 높여야 하는 무한경쟁의 시대로 가고 있다.

성과의 차이

자신의 능력만큼 보수를 지급받는 계약 방식은 올바른 방법이 아닐까? 성과를 올리면 자신의 급여, 혹은 이익이 늘어나는 셈이니 그것이 오히려 더 열심히 노력하는 사람들에게는 더 좋은 제도가 아닐까? 노동을 제공한 시간만큼 급여를 받는 방식보다 성과를 낸 만큼 급여를 받는 방식이 훨씬 합리적으로 보인다. 물리적으로 일한 만큼이 아니라 실제 이익을 만들어낸 만큼 받으라는 것이니 반박하기도 어렵다. 만약 더 높은 성과를 올려도 똑같은 대우를 받는다면 이상할 것이다. 능력의 차이가 큰 두 사람을, 혹은 노력의 차이가 큰 두 사람을 동일하게 평가하고, 동일한 대우를 한다면 누가 열심히 일하려고 할까?

능력과 노력의 차이는 분명히 존재한다. 하지만 능력과 노력에 대한 평가 기준과 그에 따른 급여 체계는 어떻게 정할 수 있을까?

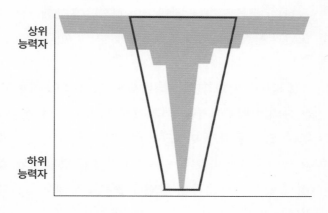

그림은 성과에 따른 분배를 단순화시켜 보여주고자 만들었다. 세로는 성과 혹은 능력의 크기를, 가로는 소득의 크기를 나타낸다. 붉은 색 바탕의 그림은 대략 대한민국의 소득 격차를 보여준다고 할 수 있겠다. 능력에 따른 소득의 격차가 지나친 그림이다. 최상위 능력자가 너무나 많이 가져간다. 중위 중력자와 하위 능력자의 차이도 크지 않다. 극단적인 부의 양극화를 보여준다. 사실, 소득이 아닌 자산을 기준으로 하면 붉은 색 그림은 압정 모양이 될 것이다. 토지 소유를 기준으로 하면 그나마 뾰족한 아래 부분은 아예 사라질 것이다. 반면 파란색 선은 능력에 따른 차이가 있기는 하지만 그 차이가 그렇게 크지 않다. 사다리꼴이 직사각형이 되어서 모두가 똑같이 대우를 받아서는 안 될 일이다. 평가 기준과 그에 따른 급여 체계는 적절한 기울기를 가진 사다리꼴을 이루어야 한다. 당연히 더 노력하거나, 더 능력 있는 사람이 더 좋은 대우를 받아야 한다. 물론 얼마나 더 받아야 하느냐에 대해서는 많은 고민과 사회적 합의가 필요하다.

합리적인 사회라면 능력에 따른, 또 성과에 따른 적절한 분배가 이루어져야 한다. 다른 사람보다 더 열심히 일할 수 있는 동기가 부여되어야 하기 때문이다. 성과에 따라 급여를 지급하겠다는 논리가 잘못된 것이 아닌 것은 분명하다. 하지만 그런 당연한 논리로 현실을 합리화하기에는 현실은 차마 역삼각형이라고 부르기에도 민망할 정도로 불공정하다. 대한민국에 사는 우리들은 과잉된 성과주의, 혹은 능력에 따른 지나친 차별을 별 문제 없이 받아들이고 있는 것은 아닐까?

모두가 경영자가 되는 시대: 성과주체의 탄생

초기 자본주의가 신분의 제약을 풀어 모든 사람을 농노에서 노동자로 살 수 있는 자유를 준 것처럼 신자유주의는 노동자에서 경영자로 살 수 있는 자유를 우리에게 주었다. 물론 토지에 얽매인 신분의 제약에서 풀려나 노동자가 된 것을 진정한 자유를 얻었다고 하지 않는 것처럼 노동자에서 경영자가 된 것도 그와 크게 다를 바는 없다. 실질적인 갑을 관계는 조금도 달라지지 않은 상황에서 단지 겉으로 드러난 형식적인 관계만 달라졌기 때문이다.

　　고용관계가 계약관계로 바뀌면서 우리는 노동자가 사라지고 모두가 경영자가 되는 시대를 살게 되었다. 회사와 직원의 관계는 더 이상 갑과 을로 이루어진 착취와 피착취의 관계가 아니다. 그런 형식의 착취-피착취 관계는 아예 없어졌다. 모두가 동등한 계약자의 관계일 뿐이다. 그들은 고용주가 아니라 우리의 '파트너'가 되었다. 물론 고용관계가 계약관계로 바뀌는 것이 동등함만을 의미하지는 않는다. 개인 사업가 입장에서는 계약관계로 인해 기업이 책임져야 할 많은 문제를 떠안게 되었다. 고용이 아닌 계약이기 때문에 개인들은 똑같은 일을 하게 되더라도 더 많은 비용과 위험을 떠맡게 된다. 일하는 공간과 업무 지시를 내리는 주체, 그리고 계약을 맺는 회사가 다른 경우도 많다. 복잡하게 얽히고설킨 계약관계에서 자신의 권리를 지키기는 더욱 어려워질 뿐이다. 개인 사업가는 성과는 기업과 함께 나누고 책임은 혼자 짊어지게 된 것이다. 더구나 언제라도 계약이 해지될 수 있다는 사실

은 기업의 효율성을 위해 많은 사람의 삶을 항시적인 불
안 상태에 빠뜨리고 있음을 의미한다.

　　고용관계를 계약관계로 바꾼 가장 큰 이유는 자본
의 책임을 줄이고 이익을 더 크게 만들기 위해서다. 자본
은 더 이상 옛날처럼 공장에 사람들을 가두어놓고 통제
하면서 일을 시키지 않는다. 오히려 일하는 사람들에게
자유를 주고, 개인별 성과에 따라 돈을 벌게 함으로써 더
큰 이익을 얻을 수 있다. 그렇게 하는 것이 업무의 효율성
과 생산성, 그리고 서비스나 상품의 질을 높이는 좋은 방
법이기 때문이다.

　　그런데 정말 큰 의문이 생긴다. 어떻게 일하는 사람
들을 통제하지 않으면서도 효율성을 높일 수 있을까? 어
떻게 일하는 사람들을 교육시키지 않으면서도 서비스나
상품의 질을 높일 수 있을까? 어떻게 일하는 사람들을 닦
달하지 않으면서 생산성을 높일 수 있을까? 그것이 가능
한 이유는 바로 경쟁 때문이다. 일하는 사람들을 서로 경
쟁시키면 모든 문제가 자연스럽게 해결된다. 서로 경쟁을
시키기만 하면, 스스로를 통제하면서 효율성을 높이려 하
고, 스스로 교육 받으러 다니며 서비스나 상품의 질을 높
이려 하고, 스스로를 닦달하면서까지 생산성을 높이기
위해 노력한다.

　　더구나 그들은 우리를 정규직, 비정규직, 시간제, 하청, 재하청으로 계속 나누었다. 일방적 고용관계가 상호적 계약관계로 바뀌면서 경쟁은 예전보다 더욱 치열해졌다. 언제부터인가 우리는 필요한 경쟁 이상의 불필요한 경쟁을 당연하게 생각하면 산다. 회사와 회사의 경쟁은 팀과 팀의 경쟁으로, 개인과 개인의 경쟁으로 더욱더 세분화되며 곳곳으로 스며들었다. 개인의 주위는 모두 경쟁 상대가 되었다. 그 경쟁에서 살아남기 위해서는 차이를 만들어야 한다. 차이는 곧 성과다. 성과에 의해서 차이가 눈에 보이는 영역으로 나타난다. 성과가 없으면 차이도 없다. 그렇게 우리는 자기 스스로 자신의 성과를 높이기 위해 노력해야만 하는 성과주체의 시대를 살게 되었다.

경향신문 2013.05.31, 〈김용민의 그림마당〉

자기 착취의 시대가 열리다

고용관계가 계약관계로 바뀌면서 사람들은 오히려 더 많은 자유를 잃게 되었다. 자기 삶의 경영자가 된 우리는 성과를 내야만 살아남을 수 있는 과도한 경쟁 속에 던져졌다. 이제 그 누구도 나를 통제하지도 억압하지도 않는다. 그 누구도 나를 감시하지 않고, 나에게 강제로 일을 시키지 않는다. 그저 성과를 평가할 뿐이다. 이제 억압과 감시는 국가도 자본도 아닌 성과주체의 몫이 되었다. 우리는 누군가의 지시와 통제에 따라 억지로 움직이지 않는다. 좋은 평가를 위해, 더 높은 성과를 위해 스스로 최선을 다할 뿐이다. 나에게 일을 시키는 사람도 '나'이고, 나를 억압하는 사람도 '나'이고, 나를 통제하는 사람도 '나'일 뿐이다. 우리는 그렇게 자기 스스로 성과를 올리기 위해 할 수 있는 모든 노력을 자발적으로 해나가는 성과주체가 되었다.

성과주체는 스스로 주위 사람과 자신을 항상 비교한다. 그러면서 자기 스스로 주위 사람보다 높은 생산성을 갖기 위해 지속적으로 노력한다. 자신을 차별화시키려는 노력은 노동자로서 상품가치를 높이기 위한 것이 아니라 경영자로서 자기경영능력을 높이는 것이다. 이렇게 개인의 경영능력, 즉 성과를 높여야 하는 시대에서 자기계발은 더욱더 중요하다. 다른 사람보다 성과를 높여야 한다는 자본의 논리에 동의한 개인에게 자기계발은 필수적이다. 자기계발서에는 성과주체가 자신의 업무 성과를 높일 수 있는 방법이 담겨 있다. 성과주체는 자기계발서 앞에서 고분고분해질 수밖에 없다. 오늘도 많은 사람이 서점에서 또 인터넷에서 '당신의 성과를 높여줄 수 있다'고 주장하는 자기계발서를 고르고 있다.

관리형 자기계발서는 내면 관리, 습관 관리, 시간 관리, 계획 관리, 사람 관리를 이야기한다. 그래서 책 제목에도 대체로 시간이나 습관과 관련된 단어가 들어가 있는 경우가 많다. 관리형 자기계발서는 치열한 경쟁 속에서 효율적으로 성과를 내기 위한 개인들의 몸부림을 돕는 책인 셈이다. 자기 착취 시대에 딱 맞는 책이라고 할 수 있다. 『아침형 인간』, 『미라클 모닝』, 『하루 5분 아침 일기』, 『독일 사람들의 시간관리법』, 『하루관리』, 『15일의 기적』, 『21일』, 『나를 변화시키는 좋은 습관』, 『1등의 습관』, 『습관의 힘』, 『이기는 습관』, 『습관 혁명』, 『계속하게 만드는 하루관리 습관』, 『습관의 재발견』, 『모든 관계는 말투에서 시작된다』, 『실행이 답이다』, 『일을 했으면 성과를 내라』 등등은 모두 개인의 성과를 높이기 위한 자기계발서들이다.

세상은 열려 있다고, 누구나 자신을 바꿀 수 있다고, 누구나 치열하게 노력하면 성공할 수 있다고, 성과를 올리는 방식으로 일하라고, 한 가지 일에만 집중하라고, 신

뢰를 쌓고 있냐고, 시간을 제대로 관리하고 있냐고, 효율
적인 습관을 가지고 있냐고, 자기계발서는 끊임없이 나에
게 성과를 올릴 수 있는 내가 되고 있는지 묻고 또 묻는
다. 앞으로도 자기계발의 열풍이 쉽게 꺼질 것 같지 않은
슬픈 예감이 든다. 성과주체[1]라는 새로운 이름으로 나는
나를 착취하고 있다.

1　　'성과주체'라는 말과 문제의식의 상당 부분은 한병철의 『피로사회』를 바탕
　　으로 하였다.

습관을 관리하라

버릇과 습관

20세기 초 생산시스템의 효율성을 혁신적으로 높인 것은 포드자동차의 생산 방식을 말하는 포드주의였다. 포드주의는 컨베이어 벨트로 상징되는 작업 방식으로 단위 시간당 생산량을 급격히 증대시킴으로써 소품종 대량생산 시대에 적합한 생산 시스템을 만들어내었다. 그 결과 모든 사람이 하루 종일 단순한 작업을 반복하게 되었다. 포드주의는 생산 과정에 있는 한 사람이라도 문제를 일으키면 전체 생산에 차질이 생기는 시스템이다. 그런 문제를 예방하기 위해서라도 공장의 노동자들은 철저하게 관리되어야 했다. 그래서 대량생산 시스템에 적합한 관리 방식은 감시와 처벌이었다. 노동자의 단순 반복 작업을 위해서 억압과 통제가 필요했다. 하지만 대규모 시장에 표준화된 물건을 지속적으로 생산하는 산업은 사라지고 있다. 기업의 필요인지 소비자의 요구인지는 모르겠지만, 소비 패턴의 변화는 갈수록 빨라졌다.

다품종 소량생산이 필요하게 되었고 기업은 다변화

된 시장에 적합한 유연한 생산 시스템이 필요했다. 이제 사람들은 패스트푸드를 먹을 때에도 양파를 빼달라고, 콜라에 얼음을 넣지 말아달라고 하는 등의 개인적인 주문을 한다. 획일화된 메뉴만을 고집하던 패스트푸드 업체도 매달 새로운 메뉴를 내놓는다. 소비자의 요구에 부합하기 위해서다. 또한 비인간적이고 기계적인 생산 방식을 바꿔야 한다는 요구에 맞춰 포스트 포드주의, 네오 테일러주의, 도요타주의 등과 같은 다양한 시도가 생겨났다. 포드주의 이후 변화된 다양한 생산 방식에는 자발성, 성과, 유동성, 통합, 유연성, 참여와 같은 단어들이 포함되었다.

하지만 대한민국의 기업들은 한결같이 이런 요소의 부정적인 면만을 쏙쏙 흡수했다. 자발성과 성과는 성과 주체의 자발적 착취로, 유동성과 통합은 특정 개인에게 이 업무 저 업무 시키면서도 모든 업무를 해결할 수 있는 다양한 능력을 요구하는 것으로, 유연성은 언제든지 해고가 가능한 노동유연성으로 받아들인 것이다. 물론 참여는 필요가 없었는지 가끔 이름으로만 들을 수 있을 뿐이다. 대한민국에서는 어떤 일이라도 할 수 있을 능력을 가지고, 스스로 알아서 최선을 다해 일하며, 언제든지 회사를 떠날 준비가 되어 있어야 한다. 이런 사회에서 어찌 관리형 자기계발서가 필요하지 않을 수 있겠는가?

　　관리형 자기계발서의 핵심 주제 중 하나는 습관이다. 습관이란 어떤 행위를 오랫동안 되풀이하는 과정에서 저절로 익혀진 행동 방식을 의미한다. 습관은 타고난 것이 아니라 후천적으로 학습된 것으로, 반복적 노력에 의해 변화될 수 있는 자동화된 행동 방식이다. 우리들에게 본래 습관은 버릇과 비슷한 의미로 쓰였다. 버릇은 입버릇, 말버릇, 손버릇, 잠버릇, 술버릇 등처럼 반복을 통해 몸에 익어버린 행동이라는 의미와 함께 윗사람에게 지켜야 할 예의라는 뜻도 있다. 그래서 버릇은 의식주는 물론, 자신의 건강과 다른 사람에게 예의를 지키기 위한 것이기도 하였다. '버릇없다'는 말은 권위적인 위계질서를 지키기 위한 말이기도 하였지만, 잘못을 고쳐주기 위한 위엄을 가진 말이기도 하였다. 그래서 버릇을 갖추는 것은 나를 위해 필요한 경우가 많다. 좋은 버릇은 건강에 이롭거나, 위험을 피하게 하고, 다른 사람과의 관계를 원만하게 만든다. 물론 '꼰대'가 강요하는 버릇이 좋은 버릇일 리는 없다.

　　하지만 자기계발서가 말하는 습관은 버릇이 아니다. 반복을 통해 저절로 익혀진 행동 방식과 함께 일하는 방식을 의미한다. 좀 더 넓은 의미로 생각과 같은 정신적, 심리적 경향을 포함하여 쓰인다. 자기계발서가 말하는 습관은 특정한 관점으로 고정되어 있다. 바로 기업이다. 기업의 관점에서 필요한 습관이 좋은 습관이다. 그래서 자기계발서에서 변화시키고자 하는 습관의 방향은 기업의 인재상에 맞춰져 있다. 기업이 필요로 하는 인재상에 부합하는 사람이 되는 것이 안정적인 성공의 중요한 바탕이기 때문이다. 좋은 습관은 좋은 버릇과 다르게, 나를 위해서가 아니라 나를 누군가에게 맞추기 위해서 필요한 것이 되었다.

기업이 습관에 주목하는 이유는 습관이 일회성이 아니라 지속성을 가진 자동화된 행동 방식이기 때문이다. 습관은 어떤 일을 실행할 때마다 추가로 에너지를 들일 필요가 없게 한다. 습관의 자동화된 지속성은 들인 노력에 비하여 큰 결과를 만들어낸다. 즉, 노동력의 직업적 효율성을 높일 수가 있는 것이다. 이익을 중시하는 기업은 항상 효율성을 생각한다. 그런 기업에 적합한 나를 만들기 위한 방법이라면 내 잘못된 습관을 바꿔야 하지 않을까? 바꿔야 한다면 좀 더 검증된 방식으로 나를 바꾸는 것이 더 효율적이지 않을까?

성공하는 사람들의 7가지 습관

습관에 관한 최고의 책은 세계 70개국에서 2500만 부 이상 판매된 『성공하는 사람들의 7가지 습관』일 것이다. 이후 발행된 관리형 자기계발서 중 이 책의 영향을 벗어난 책은 없을 듯싶다. 뜬금없이 고백하자면, 『성공하는 사람들의 7가지 습관』은 내 삶의 큰 변화를 만들어낸 열 권 중 한 권에 속하는 책이다. 정말 배우고 익혀야 할 내용이 많은 책이다. 나는 대학교 1학년 때 <사랑의 스튜디오>라는 MBC에서 방영한 프로그램에 출연한 좋은 직장을 가진 멋진 남자처럼 되고 싶었다. 모두 좋은 대학을 졸업하고, 좋은 회사에 다니는 선남선녀들이었다. 나는 『성공하는 사람들의 7가지 습관』을 그 꿈을 실현시켜줄 책처럼 여겼다. 계획 없이 되는 대로 살던 삶을 반성하게 만들고 좀 더 효율적이면서도 중요한 일을 먼저 할 수 있게 만들어준 책이기도 하다.

물론 이후에 읽은 책들이 '성공'이라는 단어 자체에 대한 고민을 불러일으켰고, 『성공하는 사람들의 7가지 습관』도 왠지 무엇인가에 나를 종속시키는 나쁜 책이라고 막연하게 생각하기도 하였다. 그럼에도 『성공하는 사람들의 7가지 습관』은 지금까지 내 생활 방식의 많은 부분에 영향을 미치고 있다고 해도 과언이 아니다. 관리형 자기계발서의 내용 중에는 우리 생활에서 필요한 것도 많고, 배워야 할 것도 많다. 관리형 자기계발서는 정말 긍정적인 의미에서 좋은 깨달음도 많이 준다. 우습지만 애증을 느끼는 책이라는 표현을 할 수 있는 책일 듯싶다. 『성공하는 사람들의 7가지 습관』은 자신의 습관을 점검하고 '바른' 방향으로 고치기 위한 책이다. 7가지 습관 중 3

번째 습관을 통해서 일부 내용을 소개하고자 한다. 3번째 습관은 '소중한 것을 먼저 하라'는 멋진 제목으로 되어 있다. 핵심 내용은 아래 도표와 같다.

	급한일	급하지않은일
중요한일	ⓐ • 직업으로 해야 할 일들 • 관리비나 세금 내기 • 필요한 숙제, 과제 • 마감 시간이 정해진 일 • 집안 일(청소, 빨래, 설거지)	ⓑ • 책 읽기, 운동하기 • 좋은 사람 만나기 • 자신을 되돌아 보기 • 자기 계발 및 취미생활 • 가족과 함께 경험 쌓기
중요하지않은일	ⓒ • 직업으로 해야 할 일들 • 쓸데 없는 숙제, 과제 및 보고서 • 매일 똑같은 회의 • 메일 및 문자 확인 • 집안 일(청소, 빨래, 설거지)	ⓓ • 하찮은 일 • 쓸데 없는 메일 및 문자 삭제 • TV와 스마트 폰과 같은 영상매체 • 참석하기 싫은 모임

이 표는 자신이 하고 싶은, 또 해야 할 많은 일을 중요함과 긴급함이라는 두 가지 기준으로 분류했다. 책은 이런 두 가지 기준에 따라 우리가 하는 일을 4가지 영역으로 나누었다. '소중한 것을 먼저 하라'는 80%의 결과는 20%의 중요한 활동에서 나온다는 파레토의 원칙을 바탕으로 만들었다고 한다. 많은 사람이 중요하지 않은 긴급한 일인 ⓒ에 너무 많은 시간을 빼앗기고 있다. 그래서 정작 중요한 일인 ⓑ를 하지 못하는 것이다. ⓐ와 ⓒ에 공통으로 있는 직업으로 해야 할 일들과 집안일은 중요성에 대한 판단에 따라 들어갈 내용이 다를 수 있다. 어쨌든

ⓐ는 하지 않을 수 없는 필수적인 일이기 때문에 대부분 열심히 한다. 하지만 ⓑ는 그렇지 않다. 중요하기는 하지만 안 한다고 해서 특별히 뭐라고 할 사람은 없다. 우리는 ⓐ와 ⓒ 그리고 ⓓ에 많은 시간을 보내고 있다. 자기발전의 기회를 자꾸 상실하면서, 일상에 떠밀려 하루하루를 의미 없이 그저 바쁘게만 살고 있는 것이다. 정작 미래를 바꾸고 발전시키는 것은 ⓑ인데도 항상 나중에 하겠다며 미루고만 있다. 그래서 책은 ⓒ와 ⓓ에 소모되는 시간을 줄여서 최대한 ⓑ에 집중해야 한다고 말한다. 분명히 자기가 해야 할, 또 하고 싶은 많은 일의 우선순위를 정하는 기준을 보기 쉽게 정리해준다. 정말 유용한 표이다. 나도 여러 가지 일을 해야 할 상황이면 이 표를 머릿속으로 생각하면서 각각의 일을 ⓐ ⓑ ⓒ ⓓ칸에 구분해서 넣어본다. 그러면 어느 정도 효율적으로 일을 할 수 있는 기준이 생긴다.

애(愛)에서 증(憎)으로

관리형 자기계발서는 많은 장점에도 불구하고 결코 쉽게 권할 수가 없다. 책을 읽고 가지게 될 부정적 효과가 꽤 크기 때문이다. 문제는 부정적 효과를 구체적으로 설명하기 어렵다는 점이다. 우리는 관리형 자기계발서가 가진 긍정적인 면과 부정적인 면을 나누기도 어렵고, 책이 가진 부정성을 쉽게 볼 수도 없다. 나는 지금도 이 책에서 받아들여야 할 부분과 받아들여서는 안 되는 부분을 잘 구분할 수가 없다. 부분이라는 말도 잘못된 표현이다. 온통 뒤섞여 있어서 특정 부분이 잘 되었다고, 또 잘못 되었다고 이야기하기가 어렵기 때문이다.

『성공하는 사람들의 7가지 습관』이 전하는 메시지는 훌륭하다. 하지만 비판의 초점은 메시지 자체가 아니다. 메시지는 메시지 자체로 완성되지 않는다. 메시지는 그것이 전달되는 상황과 분리되어 순수하게 그 자체로 존재할 수 없다. 관리형 자기계발서는 신자유주의 시대의 산물이다. 신자유주의는 80년대 영국과 미국이 가진 높은 경쟁력을 바탕으로 국가의 개입을 최소화하고, 기업 간의 자유경쟁을 중시하는 이론이다. 대처리즘, 레이거노믹스는 모두 신자유주의와 같은 말이다. "사회와 같은 것은 존재하지 않는다. 개별적인 남성과 여성만이 있을 뿐이다"라는 말은 영국 수상인 마가렛 대처가 신자유주의의 핵심 원리를 상징적으로 표현한 말이다. 89년에 미국에서 출판된 『성공하는 사람들의 7가지 습관』은 이런 사회 분위기가 밑바탕을 이루고 있다. 개인의 생존과 번영을 위해 각 개인이 해야 할 일을 기업과 조직의 입장에서 정리한 책인 것이다. 이 책이 세계적으로 유명한 책이 될 수 있었던 이유도 신자유주의 시대에 걸맞은 메시지를 담아내었기 때문이다.

신자유주의는 예쁜 말들로 다가왔다. 김영삼 정부에서 내세운 '세계화'는 멋져 보였다. 작은 곳에 갇혀 서로 아웅다웅할 것이 아니라, 더 넓은 세계로 나아가기 위해 경쟁력을 높여야 한다는 말 앞에 작은 권리를 가지고 다투어서는 안 될 것 같았다. 참으로 예쁜 말로 만들어진 '노동시장 유연화'는 경쟁력을 갖추지 못한 개인들을 가차 없이 거리로 내쫓았다. 그럼에도 노동시장이 '경직'되어서는 안 될 것 같은 느낌을 주었다. 규제 완화로 대기업들은 더 커진 힘으로 더 많은 것을 집어삼키고 있을 뿐인데도, '규제 완화'라는 말은 왠지 그렇게 해야 하는 것이 올바른 일인 듯한 느낌을 줬다. 제대로 된 의미를 이해하기도 전에 '세계화', '노동시장 유연화', '규제 완화'는 당연히 해야 할 일인 것처럼 느껴졌다. 투박한 공기업들이 '민영화'되면서 세련되게 바뀌어갔고, 촌스러운 '호봉제'는 고상한 '연봉제'에 밀려 사라졌다.

그렇게 모두가 성과주체가 되어야 하는 신자유주의는 어느새 우리 속에 깊이 자리 잡았다. 필요 이상의 경쟁은 국가의 간섭이 사라진 자본만이 아니라, 기업의 보호가 사라진 노동에게도 중요한 화두가 되었다. 성과를 높이기 위한 치열한 경쟁은 『성공하는 사람들의 7가지 습관』을 유행시켰다. 자기 스스로 경쟁력 있는 상품이 되기 위해 끝없이 스펙을 쌓아야 하는 대학생들도, 성과를 평가해서 연봉이 결정되는 직장인들도, 불안한 삶을 살아야 하는 비정규직 노동자들도 모두 『성공하는 사람들의 7가지 습관』이 간절하게 필요했다.

그런데 『성공하는 사람들의 7가지 습관』은 주도적 삶을 이야기하고 있지만, 주체적인 삶에 대한 고민은 하지 않는다. 훌륭한 협상 기술은 있지만, 공감과 연대의 필요성은 없다. 시너지를 내기 위한 기술은 있지만, 잘못된 시스템에 대한 문제제기는 없다. 결국 『성공하는 사람들의 7가지 습관』은 사회문제를 개인의 문제로 치환해서 잘못된 현실을 정당화한다. 잘못된 현실 속에서 성공한 소수의 사람들을 합리화하면서 다수의 사람들을 루저로 만든다. 무엇보다 책 제목처럼 삶을 특정한 목적을 위한 도구로 만든다. 그래서 오히려 많은 사람의 삶을 힘들게 만들고 있는지도 모른다. 개인에게는 분명 필요하고 좋은 말들인데도, 사회 전체가 더 빠르게 잘못된 방향으로 가도록 만들고 있는 것이다.

관리형 자기계발서는 성과주체의 자발적 착취를 더욱 가속화하는 책이기도 하다. 관리형 자기계발서는 효율적으로 일할 수 있는 나를 만들기 위해 정신적, 심리적 상태와 일하는 방식을 기업이 요구하는 적합한 습관으로 만드는 방법을 알려준다. 여유와 휴식조차도 생산성 향상을 위해 관리해야 할 것이 된다. 일에서 성과를 내기 위해서는 내가 가진 모든 습관이 내 몸에 배어들어 자동으로 움직일 수 있도록 만들어내야 한다. 효율성은 내가 바꾸어야 하는 가장 중요한 기준이 되었다. 그래서 나에게 『성공하는 사람들의 7가지 습관』은 애(愛)에서 증(憎)으로 바뀌었다.

<헝거게임>이라는 영화가 있다. 다른 사람을 죽여야만 살아남을 수 있는 이상한 상황을 설정한 영화다. 주인공인 캣니스 에버딘은 헝거게임에 참여한 다른 사람을 죽이거나, 죽게 하면서 최후의 승리자가 된다. 하지만 다른 사람을 죽여야만 하는 헝거게임 자체가 잘못되었기에 에버딘은 게임 설계자와 맞서 싸운다. 만약 헝거게임에 참여한 사람에게 생존의 기술과 다른 사람을 효율적으로 죽이는 방법을 가르쳐주는 책이 있다고 하자. 그 책은 분명 특정 개인의 생존을 위해서 필요한 책일 수 있다. 하지만 그 책이 그런 게임 자체가 잘못된 것이라는 이야기를 하지 않는다면, 그 책은 의도하지는 않았더라도 그런 잘못된 게임을 정당화하는 역할을 하게 되는 것은 아닐까? 잘못된 규칙을 이야기하지 않고, 잘못된 규칙 속에서 이기는 방법만을 이야기하는 것은 옳지 않다.

우리 모두가 애버딘처럼 불의에 항거하는 영웅이 되어야 한다는 이야기를 하는 것도 아니고, 자기계발서가 다른 사람들에게 직접적인 피해를 준다는 이야기를 하고자 하는 것도 물론 아니다. 다만 개인에게 도움이 된다고

해서, 사회 전체에 부정적인 영향을 끼치는 일을 아무런 문제의식 없이 받아들이는 것은 옳지 않다는 이야기를 하고 싶을 뿐이다. 어쩔 수 없이 해야만 하는 일은 있다. 대부분의 사람들이 자기계발을 위해서 노력하는데, 혼자서만 자기계발의 노력 없이 살기는 어려운 일이 분명하다. 특히나 관리형 자기계발서는 다른 자기계발서에 비해 훨씬 유용하다. 하지만 최소한 자기계발을 강제하는 사회가 잘못된 것은 아닐까 하는 의문은 가지고 있어야 하지 않을까? 내가 읽은 책이 비록 나에게는 도움이 되고 필요한 책이라도, 사회 전체를 나쁘게 만드는 책이라면 필요한 부분과 필요하지 않은 부분을 구분하기 위해서 주의를 기울이게 되지는 않을까?

　　패스트푸드로 통칭되는 음식은 많은 장점을 가지고 있다. 무엇보다 맛있다. 그럼에도 건강에 좋지 않은 영향을 미치는 것만은 분명하다. 우리는 패스트푸드에서 좋은 점만을 골라서 먹을 수는 없다. 맛있는 패스트푸드를 먹지 않을 수도 없다. 하지만 설사 패스트푸드를 즐겨 먹더라도 최소한 부정적인 면을 제대로 알고 먹어야 하지는 않을까? 나의 삶을 바꿀 수 있는 습관이라면 더욱 그렇다. 내가 가지고자 하는 습관의 부정성도 모르는 채로 무작정 습관이 몸에 배어버리는 일은 매우 위험하다. 나는 아직도 패스트푸드를 먹는 것처럼 자기계발서를 읽고 있다. 하지만 나와 내가 사는 공동체에 미치는 부정적 영향을 인식하려고 한다. 물론 패스트푸드를 맛없게 먹지 않는 것처럼 자기계발서도 재미없게 읽지는 않는다. 먹고 싶어서 먹는데 굳이 쓸데없는 생각하면서 먹을 필요는 없다. 자기계발서도 마찬가지라고 생각한다.

인식하고 있는 것과 그렇지 못한 것의 차이는 크다. 선택의 빈도도 다르고 대상이 가진 장점을 인정하더라도 그것에 매몰되지는 않을 수 있기 때문이다.

시간을 관리하라

당신의 시간은 제대로 관리되고 있습니까?

우리는 어려서부터 정해진 시간에 주어진 일을 하는 것에 매우 익숙하다. 아침에 일어나면 학교에 가야 하고, 학교에서는 시간표에 따라 생활해야 한다. 학교가 끝나면 학원과 독서실로 이동해서 정해진 시간까지 공부를 한다. 그것도 요일별로 다니는 학원이 다르다. 복잡한 시간표에도 대부분의 학생들은 정해진 시간에 정해진 장소에서 정해진 일을 수행한다. 학생들에게 시간의 빈틈은 거의 없다. 우리는 중고등학교를 다니며 시간을 어떻게 사용해야 하는지 온몸으로 배운다.

강제로 정해져 있던 시간이 대학생이 되면서 풀어진다. 어떤 시간에 어디에 있어야 할지를 자신이 결정해야 한다. 자신이 결정해야 할 가용시간이 급격히 늘어나기는 했지만, 가용시간이 늘어난 것보다 해야 할 일은 더 많이 늘어난다. 정해진 시간에 정해진 분량의 일만 해도 괜찮았던 고등학생 때와는 차원이 다르다. 리포트와 자격증, 과제 발표와 시험, 스펙에 필요한 활동들, 그리고 지속적으로 해야 하는 영어 공부, 더구나 아르바이트까지 해야 한다면 시간은 더욱 부족하다. 대학생 때는 그나마 낫다고 말하는 직장인도 많다. 우리는 항상 해야 할 일은 많고 시간은 없다. 어떻게 해야 효율적으로 시간을 사용할 수 있을까?

관리형 자기계발서에 빠지지 않는 내용이 시간 관리다. 예전에는 책의 일부에만 소제목으로 시간 관리 비법을 적어놓았는데, 어느새 시간이 주인공인 자기계발서가 봇물을 이루고 있다. 『시간을 지배하는 절대법칙』, 『인생을 바꾸는 시간 18분』, 『나를 위한 시간혁명』, 『10분의 힘을 믿어라』, 『하루 10분 새로운 시작』, 『1일 30분』, 『리더는 시간을 이렇게 쓴다』, 『잠자기 전 30분: 내일이 바뀌는 새로운 습관』, 『버려진 시간의 힘』, 『소소한 시간혁명』, 『출근 전 2시간』, 『내 인생을 바꾸는 시간관리 자아실현』, 『아들아 시간을 낭비하기에는 인생이 너무 짧다』, 『성공하는 시간 관리와 인생 관리를 위한 10가지 자연법칙』, 『시간을 2배로 늘려 사는 비결』, 『사이토 다카시의 시간관리 혁명』 등등 너무나도 많은 책이 나의 시간을 관리해주겠다고 한다.

미하엘 엔데의 소설 『모모』에서도 시간을 관리해주겠다는 '회색 신사'가 등장한다. 그도 사람들이 더 효율적으로 많은 일을 할 수 있는 방법을 알려주면서 시간을 훔쳐 간다. 시간을 관리해주겠다고 하는 자기계발서가 '회색 신사'와 같다고 하면 지나칠까?

오늘의 내가 내일의 나를 만든다

　부모를 잘 만난 사람이든 그렇지 않은 사람이든 시간만큼은 공평하다. 불공평한 세상에서 가장 공평하게 주어지는 것은 시간밖에 없는지도 모른다. 그 시간을 어떻게 사용하는지에 따라 우리의 삶은 달라진다. 어제의 내가 오늘의 나를 만든 것처럼 내일의 나를 만드는 것은 오늘의 나다. 지금 내가 보내는 시간이 쌓여 미래의 나를 만든다. 시간 관리가 필요한 이유다. 자기계발서가 말하는 시간 관리는 지나온 시간을 분석해서 효율적인 미래 계획을 세우고, 지금에 충실하게 집중하라는 거의 비슷한 틀을 가지고 있다.

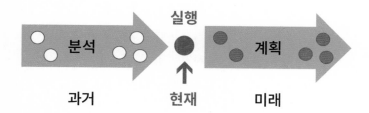

구멍 뚫린 과거의 시간은 헛되게 보내는 시간이나 특정 시간대를 의미한다. 자기계발서는 비어 있는 과거의 시간을 알차게 만들 수 있는 방법을 알려준다. 아침 시간이나 자투리 시간, 혹은 모든 일의 시작과 끝에 아주 짧은 시간을 활용해서 큰 효과를 얻을 수 있다고 한다. 또한 현재에 집중하고 몰입할 수 있는 방법을 알려주기도 한다. 자기계발서는 다른 사람보다 더 많은 성과를 올리기 위해 시간을 효율성을 기준으로 해서 재배치한다. 자기계발서에서 시간은 경쟁력을 높이기 위한 가장 중요한 요소다.

우리가 시간에 관한 자기계발서를 필요로 하는 이유는 미래에 대한 불안 때문이다. 우리는 자신의 시간을 더 쪼개고 나누어 관리해야만 미래의 불안을 조금씩이라도 메울 수 있다고 생각한다. 불확정한 미래를 확정된 상태로 바꾸기 위해서는 쉼 없이 미래로 가고 있는 시간을 관리하는 방법밖에 없다. 자기계발서는 현재와 다른 미래의 내 모습을 위한 책이다. 현재 내가 가진 시간에 대한 마음가짐과 태도에 따라 나의 미래가 정해진다. 따라서 지금의 내가 바뀐다면 미래의 나도 바뀌게 된다. 현재에 충실해야 한다는 말과 오늘이 쌓여 내일을 만든다는 자기계발서의 말은 조금도 문제가 없는 듯하다.

시간은 삶을 닮아 있었다

시간은 자연의 반복적 흐름을 인간의 편의를 위해 구분한 것이다. 만약 반복적 흐름이 없었다면 시간의 개념도 없었을지 모른다. 말도 안 되는 이야기지만, 수천 개의 계절이 존재한다든가 단 하나의 계절만 존재했다면 지금과 같은 시간 개념은 없었을지도 모른다. 지금 우리의 시간관념은 지구의 공전과 자전 속도 그리고 자전축의 기울기에 의해 만들어졌다. 만약 지구가 금성처럼 225일에, 혹은 화성처럼 687일에 한 번씩 공전을 한다면 어땠을까? 1년이 7개월이나 23개월이었을까? 만약 지구가 금성처럼 243일에 한 번씩 자전을 한다면, 혹은 토성처럼 11시간에 한 번씩 자전을 한다면 어땠을까? 하루가 반 토막이 나거나, 1년처럼 길어진다면 우리는 어떻게 살고 있을까? 심지어 지구가 달처럼 자전을 하지 않아서 지구의 반은 항상 밤이고 나머지 반은 항상 낮이라면 공간 개념이 시간을 대체했을지도 모른다. 밤과 낮의 경계를 오가면서 말이다. 자전축이 기울어지지 않아서 계절의 변화가 없었다면 어땠을까? 물론 이런 가정들은 생명 자체가 만들어질 수 없는 상황이 될 수도 있었으니 다 부질없는 짓이다.

이렇게 지구의 공전과 자전 그리고 자전축에 대한 이야기가 아니더라도, 우리에게 익숙한 시간이라는 관념이 만들어진 것은 채 몇 백 년도 되지 않았다. 하루를 균

등한 24시간으로 나눈 것은 황도대를 12개의 별자리로
나눈 것과 관련이 있다고 한다. 애초에 시간은 해가 뜨고
지고, 달이 뜨고 지고, 계절이 바뀌는 단순한 반복일 뿐
이었다. 사람들은 그저 지칠 때까지, 힘들 때까지, 숨찰
때까지, 지루할 때까지 일을 했다. 자기 몸이 모든 일의
시작과 끝 그리고 휴식의 기준이었다.

　시계가 등장하고 삶이 조금 바뀌기는 했다. 하지만
기계적인 시계가 등장하기 전까지 시계는 우리의 삶과 닮
아 있었다. 해시계, 모래시계, 물시계도 모두 구분할 수
없는 아날로그적인 흐름을 나타낼 뿐이었다. 아날로그적
인 초기의 시계는 단지 몇 개의 기준점을 제공할 뿐이었
다. 그렇게 우리의 삶도 명확한 구분이 필요 없는 하나의
큰 흐름에 따라 흘러갔다. 시계는 일상의 삶을 지배하지
못했다. 단지 몇몇 사람들에게 참고가 되었을 뿐이다. 아
직도 일은 낮과 밤 그리고 계절에 맞춰 자연과 함께하는
것이었다. 14세기에 이르러서야 공공장소에 시계가 등장
했다. 그래도 시간은 느리게 흘렀고, 우리는 각자의 시간
속에서 살았다.

잘게 나누어진 시간 속에서 똑같이 살기

사실, 시간이 인간의 삶에 지대한 영향을 미치기 시작한 것은 분침 때문이었다. 분침은 17세기 말부터 널리 사용되었다. 느린 시간, 주관적 시간이 지배하던 세계에 분침의 등장은 시간에 대한 관념뿐만 아니라 실제 생활의 많은 부분을 바꾸어놓는 계기가 된다. 1분을 눈으로 확인할 수 있는 것 자체가 생활의 기준을 송두리째 바꿔버렸다. 분침을 디지털이라고 할 수는 없지만, 최소한 일상생활에서 분침은 생활의 변화 지점을 명확하게 정해주었다. 정확히 몇 시, 몇 분에 해야 할 일을 정할 수 있었고, 그에 맞춰 사람들이 그 시각에 정해진 일을 하는지를 즉각적으로 확인할 수 있게 되었다. 분침은 시간을 더 분명하게 구분함으로써 '지금' 해야 할 일과 하지 말아야 할 일을 명확하게 나누었다. 잘게 구분되고 나누어진 시간에 맞춰서 우리들의 삶도 점차 더 잘게 나누어져갔다.

잘게 나누어진 시간은 마치 좁은 공간을 통과하는 물처럼 속도가 빨라졌다. 해가 뜨고 지는 것을 기준으로, 계절이 바뀌는 것을 기준으로 사는 삶이 강과 같은 시간 속에서 사는 삶이라면 1시간, 10분 단위를 기준으로 사는 삶은 수도관 속의 물과 같은 삶을 사는 셈인 것이다. 시간의 단위가 짧아지면서 시간의 흐름은 더욱더 빨라졌다. 언제부터인가 자신의 삶에 적합한 시간은 무너져 내렸고, 우리는 빠른 시간 속에 쫓기듯이 살게 되었다. 또

한편 분침의 등장은 모든 사람의 시간을 동일하게 만들었다. 모두에게 동일하게 적용되는 객관적 시간을 사용할 수밖에 없게 된 것이다. 그렇게 서서히 우리들은 잘게 나누어진 시간 속에서 쫓기듯이, 또 누군가에 의해 정해진 시간 속에서 만들어진 똑같은 삶을 살아가기 시작했다.

19세기가 되면서 시계의 힘은 더욱 커졌다. 공장은 땅이나 자연에서 필요한 것을 만들어낼 때 받아야 했던 시간의 제약을 걷어냈다. 공장은 자연이 아닌 시계에 맞춰 가동되었다. 그에 따라 사람들의 생활도 획일적으로 조정되었다. 그렇게 모든 사람의 시간이 시계에 의해서 똑같아지자 역설적으로 시간을 다르게 사용할 수 있다는 인식이 생겼다. 공장 주인들은 같은 시간 동안에 더 많은 생산이 이루어지기를 원했다. 더 많은 생산을 하고 싶은 공장 주인들의 욕심이 시간의 역할을 변화시켰다. 시간은 임금과 연결되었고, 시간 관리는 이익을 극대화하기 위해 꼭 필요한 것이 되었다. 시간은 지배층의 것이었다. 노동자와 평민들은 단지 지배층이 조절한 시간에 맞춰 살기만 하면 되었다.

시계는 투입과 산출의 차이를 크게 만들어 효율성을 높이면서 자본주의 발전에 기여했다. 더불어 우리들의 시간에 대한 생각은 효율성에 맞춰져갔다. 시간은 더 이상 모든 사람에게 똑같지 않게 되어버렸다. 누군가는 적은 시간으로 좀 더 많은 것을 만들어냈다. 공장 주인들은 비용을 줄이기 위해서 임금을 줄여야 했고, 그러기 위해서는 시간을 관리할 필요가 있었다. 좀 더 적은 시간으로 좀 더 많은 것을 만들어라! 이것이 시간 관리가 필요하다는 자기계발서 주장의 핵심 전제다. 그리고 그것은 공장 주인들의 바람이기도 했다.

시간 관리의 주체가 바뀌다

21세기는 같은 장소에서 같은 노동을 해야 하는 시대가 아닌, 모두가 성과주체로 자기 일의 경영자가 되어야만 하는 시대다. 그에 맞춰 시간 관리는 더욱더 중요한 일이 되었다. 다만 시간 관리의 주체가 지배층이 아니라 '우리'로 바뀌었다. 신자유주의 시대 혹은 성과사회가 심화되면서 개인의 시간을 통제하고 관리하던 공장 주인들은 이제 개인의 성과를 평가만 하면 되었다. 그러면 개인들은 스스로 알아서 자신의 시간을 더욱 효율적으로 통제하고 관리한다. 시간 관리는 시간을 잘게 쪼개야 가능하다. 잘게 쪼개진 시간을 분류하고 나눈 다음에 주어진 상황에 맞게 적절하게 사용해야 하는 것이다. 성과가 더 높은 사람에게 더 많은 이익을 나누어 주겠다는 정당하고 합당한 주장 앞에 우리들의 시간은 더욱더 잘게 잘게 쪼개지고 있다.

성과주체가 된 우리는 지나간 내 삶의 경험, 즉 과거로 보낸 시간을 잘게 쪼개고 분석해서 미래에 올 시간을 계획해야 한다. 쓸데없이 보낸 시간, 꼭 필요한 시간이지만 다른 방식으로 활용 가능한 시간, 생활 곳곳에 존재하는 자투리 시간을 찾아서 생산성을 높일 수 있는 효율적인 시간으로 변화시켜야 하는 것이다. 또한 더 높은 성과를 위해 할 수 있는 더 중요한 일을 찾아야 한다. 그리고 그 일에 시간을 투자해야 한다. 무엇보다 현재, 바로 지금 이 시간에 충실해야 한다. 이것이 모든 시간 관리법의 비밀이다.

시간 관리라고 표현했지만, 시간으로 이루어진 내 삶의 모습을 누군가의 의도에 맞게 조절하는 것이다. 우리는 하루에도 수 십 번씩 강박증에 걸린 사람처럼 시계를 쳐다본다. 효율성이라는 이름 아래서 내 삶의 시간이 필요한 누군가에게 내 시간을 적합하게 맞추기 위해서 우리는 끊임없이 시간을 확인하면서 살고 있다. 어쩌면 우리는 중고등학생 때부터 지금까지 누군가가 만든 시간의 틀 속을 벗어나지 못하고 있는지도 모른다.

프로크루스테스의 침대와 붕어빵

'프로크루스테스의 침대'라는 말이 있다. 프로크루스테스는 그리스 신화에 나오는 강도로, '늘이는 자' 또는 '두드려서 펴는 자'를 뜻한다. 그는 아테네 교외의 케피소스 강가에 살면서 지나가는 나그네를 꼬여 와 집에 있는 쇠 침대에 눕혀놓고 침대 길이보다 짧으면 다리를 잡아 늘리고 길면 잘라버렸다. 나중에 프로크루스테스는 테세우스에게 똑같은 방법으로 죽임을 당하게 된다. 이 신화에서 융통성이 없거나 자신이 세운 일방적인 기준에 다른 사람들을 억지로 맞추려는 모습을 '프로크루스테스의 침대'라고 비유하는 말이 생겼다. 프로크루스테스의 침대를 떠올린 이유는 우리의 시간이 누군가에 의해서 일방적으로 늘리고, 잘리고 있기 때문이다. 우리는 어쩌면 프로크루스테스의 침대에 누워 있는 것은 아닐까? 내가 필요하다고 생각하는 시간 관리는 정말 나를 위한 것일까? 과연 우리는 우리가 믿는 것처럼 시간을 우리가 통제하고 관리하고 있기는 한 것일까? 과연 우리는 우리의 시간을 가지고 있기나 한 것일까? 어쩌면 우리는 누구에게나 공평하게 주어지는 시간마저도 다른 누군가에게 빼앗기고 있는 것은 아닐까?

사실, 이번 장을 쓰면서 자기 관리형 자기계발서라는 말을 사용할지 자기 '개조'형 자기계발서라는 말을 쓸지 고민을 했다. 물론 나는 '개조'라는 말을 간절히 쓰고 싫었다. 이런 유형의 자기계발서는 다양한 사람들을 결국 기업이 원하는 인간형의 틀에 끼워 맞추려 하기 때문이다. 글을 쓰기 전부터 내 머릿속엔 부족한 부분을 늘리고 넘치는 부분을 잘라내야 하는 기업 맞춤형 인간 틀이 떠올랐다. 『아침형 인간』, 『앞쪽형 인간』, 『N형 인간』, 『동사형 인간』, 『새벽형 인간』, 『집중형 인간』, 『호감형 인간』, 『소통형 인간』, 『다빈치형 인간』, 『아이폰형 인간 VS 렉서스형 인간』, 『이메일형 인간』, 『엑셀런스형 인간』 등은 모두 '~형 인간'이라는 제목을 가진 자기계발서들이다. 꼭 이런 이름을 달고 있지 않더라도 많은 자기'개조'형 자기계발서는 비슷한 개념을 우리에게 전달하고 있다. 누군가가 요구하는 틀에 맞는 인간형이 되어야 한다고 그들은 끊임없이 말하고 있다. 그렇게 틀에 맞는 인간이 된다고 해서 장기 근무가 보장되는 것

한겨레신문 2015.12.16, 〈한겨레그림판〉

이 아닌데도 말이다. 누군가에 맞추기 위해 잘리고 늘린 시간이 아닌, 그냥 내 시간이 있었으면 좋겠다.

아 참, 소설 『모모』의 '회색 신사'도 모든 사람들의 시간을 똑같이 만들려고 했다. 사람들은 이룰 수 없는 목표를 위해 시간을 관리했고, 효율적으로 시간을 관리할수록 자신만의 소중한 시간을 잃어갔다. 우리에게도 시간을 빼앗아가는 '회색 신사'로부터 우리를 지켜줄 '모모'가 필요한 것은 아닐까?

관계를 관리하라

인간친화지능과 대인관계

인간친화지능이 좋다는 것은 대체로 친구가 많다는 것이고, 잘 논다는 것이다. 조금 더 멋지게 표현하자면 리더십과 배려를 갖추고 있는 것이라 할 수 있다. 하지만 이런 인간친화지능은 별로 중요한 지능이 아니다. 언어지능과 논리·수학지능, 공간지능에 밀려 뒷자리로 갈 수밖에 없다. 지능과 능력에서야 공부 잘하는 것 말고는 제대로 평가를 받을 수가 없기 때문이다.

하워드 가드너의 다중지능 이론은 국영수로 대표되는 공부만이 아니라, 인간이 가진 다양한 능력을 지능의 개념으로 설명한다. 다중지능 개념 덕분에 공부하는 능력 외에도 다른 것을 잘하는 아이가 있을 수 있다는 생각이 넓어지긴 했으나, 그래도 인간친화능력은 주목받지 못했다. 신체·운동지능과 음악지능에도 밀리는 지능이 인간친화지능이다. 그런 인간친화지능이 화려하게 주목받게 된 계기는 관리형 자기계발서 덕분이다. 인간친화지능은 자기계발서를 만나 대인관계 기술로 화려하게 피어났다.

관리형 자기계발서는 성공적인 삶을 위해 인간관계
도 관리해야 한다고 한다. 성공을 이야기하는 책이니 당
연히 리더십이나 대인관계에 대한 내용이 있어야 한다.
주변 사람들의 도움 없이 혼자서 성공하는 것은 불가능
에 가까운 일이기 때문이다. 인간친화지능이 돈이 된다는
점을 알아본 것이다. 너무 거칠게 이야기한 듯하다. 조금
더 부드럽게 표현하자면, 자기계발서는 성공을 위해서는
다른 사람들과 협력해야만 한다는 점을 가르쳐준다. 학
교도 부모도 아닌 자기계발서가 말이다.

전통적인 자기계발서는 대인관계에서 출발하였다.
대인관계에 관한 자기계발서는 습관과 시간을 주제로 하
는 자기계발서에 비해 훨씬 역사가 깊다. 사람 사이의 관
계가 성공에서 가장 중요한 역할을 하기 때문이다. 자기
계발서가 이야기하는 대인관계는 경쟁이 더욱 치열해지
는 현실과 다르게, 의외로 경쟁적 관계는 배제해야 할 것
으로 이야기하는 경우가 많다. 자기계발서의 대인관계는
다른 사람과 원만한 관계를 만드는 것을 넘어 나에게 호
의적인 관계를 만드는 것을 목표로 한다. 대부분의 관리
형 자기계발서는 다른 사람과의 소통과 다른 사람에 대
한 존중을 중요하게 이야기한다.

대인관계를 좋게 하는 법

1936년 출간된 『카네기 인간관계론』은 총 30개의 소주제로 이루어진 관리형 자기계발서의 고전이다. 80년이 지난 현재까지도 출판되고 있는 자기계발서계 최고의 초장기 스테디셀러다. 책의 30개 소주제 중에서 몇 가지를 나열해보면 다음과 같다.

○ 꿀을 얻으려면 벌통을 걷어차지 말라
○ 꿀 한 방울이 쓸개즙보다 더 많은 파리를 잡는다
○ 칭찬과 감사의 말로 시작하라

◎ 상대방의 입장에서 사물을 보라
◎ 상대방의 체면을 세워주어라
◎ 즐거운 대화를 나누는 쉬운 방법

● 사람들의 흥미를 끄는 방법
● 사람들이 나를 즉시 좋아하게 만드는 방법
● 상대방의 협력을 얻어내는 방법

☆ 적을 만드는 확실한 방법, 그런 상황을 피하는 방법
☆ 미움을 사지 않고 비평하는 방법
☆ 아무도 명령받기를 좋아하지 않는다

_『카네기 인간 관계론』 차례 중에서

총 30개의 소주제 중에서 12개만 골라서 크게 4종류로 나누어보았다. 우선 ○는 꿀과 파리를 성과로 비유해서 칭찬이나 좋은 말의 효과를 나타낸다. ◎는 나를 중심으로 한 대화가 아니라, 상대방을 배려하는 대화가 더 중요하다는 이야기를 하고 있다. ●는 나를 매력적으로 보이게 하고 나의 의사를 효과적으로 표현하는 방법을

알려준다. ☆는 부정적인 표현이 가져오는 나쁜 상황을 이야기하고 있다. 사실 좀 단순한 내용이다. 내 입장이 아닌 상대방의 입장에서 듣기 좋은 말을 통해서 협력을 얻어내자는 것이다. 물론 누구나 다 알고 있는 이야기면서도 대부분 실천하지 못하는 것들이다. 『카네기 인간관계론』의 핵심 내용은 이후 수많은 대인관계 자기계발서에서 약간의 변화만 있을 뿐 거의 그대로 사용하고 있다. 2011년에 발간된 『어떻게 원하는 것을 얻는가』라는 책도 '13년 연속 와튼 스쿨 최고의 인기 강의'라는 거창한 광고 문구를 앞세우고 있지만 실제 내용은 『카네기 인간관계론』과 큰 차이가 없다.

　　『카네기 인간관계론』보다 좀 더 과학적이고 분석적으로 대인관계를 나타내고자 하는 책도 있다. 앞에서도 이야기했던 『성공하는 사람들의 7가지 습관』이다. 물론 다른 책도 많이 있지만 대인관계를 가장 체계적이고 대중적으로 정리한 책은 『성공하는 사람들의 7가지 습관』이라고 할 수 있다. 이 책에서는 대인관계 기술을 사람이 가지고 있는 사고방식을 기준으로 나눈다. 보통 사람들은 대인관계에서 4가지 사고방식을 가지고 있다. 단순하게 이야기하면 패-패, 승-패, 패-승, 승-승의 사고방식이다. 이렇게 나누는 기준은 상대방 입장을 고려하는 '배려'와 내 의사를 정확하게 표현하고자 하는 '용기'이다.

	용기없음	용기있음
상대방을 배려함	나 너 ⓐ **패 승**	나 너 ⓑ **승 승**
상대방을 배려하지 않음	나 너 ⓒ **패 패**	나 너 ⓓ **승 패**

　　표에서 ⓒ는 패-패적 사고방식으로, 나도 지고 상대방도 진다. 상대방의 행동에 너무 집착해서 자신을 망치더라도 상대방에게 피해를 주고자 하는 욕망 때문에 발생한다. '너 죽고 나 죽자'인 셈이다. ⓓ는 승-패적 사고방식으로, 나는 이기고 상대방은 진다. 나를 중심으로 하는 권위주의적 접근방식이다. 내 방식만이 중요하고 상대방이 내 방식대로 따라와야 한다. 주변 사람들을 불편하게 하는 이기적인 사람들인 셈이다. ⓐ는 패-승적 사고방식으로, 나는 지고 상대방은 이긴다. 모든 것을 상대방의 기준에 맞추고 자신은 상대방에게 인정받는 것만으로 만족감을 느끼는 것이다. 진짜 '마음 좋은' 사람과 구분하기가 어려운 사람들이다. ⓑ는 승-승적 사고방식으로, 나도 이기고 상대방도 이긴다. 합의나 협상의 결과가 나와 상대방 모두에게 유익하고 만족을 준다. 나의 성공이 다른 사람의 실패를 초래하거나 다른 사람의 성공 기회를 박

탈하지 않고 이루어진다는 생각을 바탕으로 하는 사고방식이다.

간단하게 『성공하는 사람들의 7가지 습관』에서 대인관계와 관련된 부분을 정리해보았다. 물론 이 4가지 사고방식 중에서 승-승적 사고방식이 가장 좋은 방식이다. 이 책은 나와 상대방 모두가 승-승할 수 있는 방법을 다양한 사례를 통해서 제시한다.

또 다른 협상법과 관련한 스테디셀러로는 2002년에 발간된 『설득의 심리학』이 있다. 자기계발서라고 부르기에 애매한 책이기는 하지만 이후에 출간된 많은 대인관계 자기계발서들이 참고로 하는, 자기계발서를 이야기하면서 뺄 수 없는 중요한 책이다. '사람의 마음을 사로잡는 6가지 불변의 법칙'이라는 부제를 달고 있는 『설득의 심리학』은 협상법 책의 교과서라 할 만하다. 6가지 불변의 법칙을 책의 뒷면에 소개되어 있는 내용으로만 간단하게 살펴보자.

* 상호성의 법칙
　샘플을 받아본 상품은 사게 될 가능성이 높다.
* 일관성의 법칙
　내가 선택한 상품과 서비스가 최고라고 믿고 싶어 한다.

＊ 사회적 증거의 법칙
'가장 많이 팔린' 상품은 '더 많이' 팔릴 것이다.
＊ 호감의 법칙
잘생긴 피의자가 무죄 판결을 받을 가능성이
높다.
＊ 권위의 법칙
상 받은 상품, 큰 체구, 높은 직책, 우아한 옷차림
에 약하다.
＊ 희귀성의 법칙
한정판매, 백화점 세일 마지막 날에 사람이 몰
린다.

『설득의 심리학』은 협상뿐만 아니라, 마케팅 활동
에 적용할 수 있는 내용이 가득하다. 6가지 법칙 모두 매
우 다양한 사례를 통해서 효과적인 설득의 과정을 쉽고
재미있게 알려준다. 다른 사람의 심리를 적절하게 이용해
서 자신에게 유리하게 협상을 이끌어갈 수 있는 방법을
매우 설득력 있게 제시한 책이다. 『설득의 심리학』은 이
후에 수많은 종류의 행동심리학 책의 유행을 만들어낸
책이기도 하다.

존중과 배려라는 기술

　　대인관계와 관련한 관리형 자기계발서 3권을 간략하게나마 살펴보았다. 성공과 실패를 좌우하는 것은 사람과의 관계다. 자기관리의 완성은 결국 대인관계인 듯싶다. 그래서 많은 관리형 자기계발서가 대인관계를 중요하게 이야기한다. 지금까지 살펴본 3권의 자기관리형 자기계발서는 대인관리와 관련된 유명한 자기계발서들이다. 이 책들은 지금까지 나온 관리형 자기계발서가 이야기하는 대인관계 기술을 모두 포함하고 있다고 해도 과언이 아니다. 물론 앞으로 나올 대인관계에 대한 책들도 이 책들을 넘어서기 어려울 듯하다.

　　우리들은 관리형 자기계발서를 통해서 직업과 관련된 대인관계뿐만이 아니라 일상생활 속에서 경험하는 다양한 협상의 과정에서 서로 간에 더 유익하고 좋은 결과를 만들어내는 방법을 배울 수 있다. 또한 관리형 자기계발서는 다른 사람과의 관계를 지금까지와 다른 방향에서 고민할 수 있는 기회를 주기도 한다. 실제로 구체적인 인간관계에서 사용할 수 있는 유용한 정보도 많이 담겨 있다. 대인관계를 매우 체계적으로 정리한 책도 있고, 또 매우 효과적인 대인관계 방법만을 모아놓은 책도 있고, 특정한 상황에 적합한 협상 방법을 상세하게 설명해주는 책도 있다. 자기계발서를 통해서 대인관계를 좋게 만드는 방법을 배울 수 있는 점만은 분명하다.

하지만 대부분의 자기계발서들이 이야기하는 좋은 대인관계는 상대방을 '이용'해서 나의 목적을 이루기 위한 것일 뿐이다. 효과적이거나 좋은 수단일 수는 있지만 근본적으로는 나의 목적을 이루기 위한 기술에 불과하다. 많은 자기계발서들이 상대방에 대한 존중과 배려를 이야기하고 있지만, 거기에는 결코 진정한 존중과 배려가 담겨 있지 않다. 존중과 배려를 자기 이익이라는 목적을 위한 수단으로 쓰고 있기 때문이다. 관리형 자기계발서는 그런 존중과 배려가 대인관계에서 매우 효율적이고 효과적인 방법임을 다양한 사례를 통해서 제시한다. 많은 시행착오를 거쳐 발견해낸 가장 효과적이고 좋은 대인관계 기술이 상대방에 대한 존중과 배려인 셈인 것이다.

관리형 자기계발서는 사람 사이의 관계마저도 어떤 목적 아래 두고 있다. 자기계발서는 각자의 목적을 이루기 위한 체계적이고 효과적인 대인관계 기술을 가르쳐준다. 우리는 자기계발서를 통해 상대방의 말을 경청하고, 그의 입장을 이해하고, 그가 필요로 하는 것을 받아들이면서도 내가 가진 입장을 적절하게 표현하는 기술과 방법을 배운다. 자기계발서는 어쩔 수 없이 '나'의 목적에 충실할 수밖에 없기 때문이다. 인간관계를 주제로 하는 자기계발서에는 '내가 원하는 것을 얻어내기 위한'이라는 보이지 않는 수식어가 붙어 있는 셈이다.

아무리 좋은 내용을 담고 있더라도 자기계발서는 자기계발서일 수밖에 없는 것인가 하는 아쉬운 마음이 크다. 책을 만든 사람이 가진 근본적인 동기는 무시할 수가 없다. 자기계발서의 근본적인 동기는 결국 '성공'이다. 성공적인 삶을 위해서 모든 것이 수단화된다. 사람 사이의 관계까지도 말이다. 대인관계라는 말 자체가 나를 비롯한 사람들 모두를 동등한 위치에 두고 있는 말이 아니다. 단지 나를 중심으로 다른 사람을 대하는 방식을 뜻할 뿐이다. 대인관계라는 단어의 의미 자체가 다른 사람을 나의 목적을 이루기 위해서 관리해야 할 대상으로 여기는 것이다.

그들은 '성공'하기 위한 대인관계의 효율적인 기술과 효과적인 방법을 우리에게 알려준다. 그들이 이야기하는 소통과 이해, 그리고 존중과 배려마저도 목적을 위한 수단에 불과하다. 분명 존중과 배려는 누군가와 관계를 맺을 때 반드시 필요한 중요한 가치다. 하지만 이것이 다른 목적을 위해 이용되어야 하는지에 대해서는 의문이 든다. 책이 가지고 있는 내용 자체가 문제가 아니라, 그 내용의 전제가 문제인 셈이다. 아무리 좋은 내용이라고 하더라도 어떤 목적을 가지고 글을 쓰느냐에 따라 차이가 크게 벌어질 수밖에 없다는 것을 보여주는 좋은 책이 있다. 바로 『비폭력 대화』라는 책이다.

공감과 연대가 필요하다

『비폭력 대화』는 자기계발서가 아니다. 대인관계를 주제로 하는 책 중에서 협상법을 중심으로 하는 책이 아니라, 대화법을 중심으로 하는 책이다. 무엇보다 '성공'을 목적으로 하는 책이 아니다. 이 책의 대화는 다른 목적을 위한 수단으로 이용되지 않는다. 진정성을 가진 대화에만 집중할 뿐이다. 『비폭력 대화』는 나의 목적을 위해 상대방을 대하는 기술로서 존중과 배려를 이야기하지 않는다. 진정으로 상대방과 소통하기 위해 필요한 것이 무엇인지 알려준다. 바로 상대방에 대한 깊은 이해와 배려 그리고 솔직함이다. 실용서의 가치로만 본다면 『비폭력 대화』가 앞에서 소개한 3권의 책을 이긴다고 말할 수는 없다. 그럼에도 『비폭력 대화』는 소통의 방법에 관해서만큼은 3권의 책을 압도한다. 사람과 사람의 관계에서 무엇이 진정으로 중요한지, 그리고 서로의 진정한 소통을 위한 방식은 어떠해야 하는지를 잘 보여준다. 성공과 이익의 관점을 걷어내고도 상대방과 진정한 소통을 할 수 있는 방법이 있음을 보여 주는 것이다.

마지막으로 대인관계 자기계발서의 또 다른 한계를 이야기하면서 이번 장을 마무리해야겠다. 자기계발서에서 이야기하는 대인관계는 지배와 복종의 경쟁관계에서 이해와 소통의 상호관계를 넘어 존중과 배려의 공감관계까지 왔다. 최근에는 어조, 음색, 고저, 장단, 목소리와 같은 반(半)언어적 표현과 표정과 동작, 그리고 눈짓과 같은 비(非)언어적 표현까지도 대인관계의 중요한 부분으로 이야기하는 책도 많이 나오고 있다. 언어를 넘어선 다양한 소통 방법을 대인관계의 틀로 끌어들이고 있는 것이다. 분명 자기계발서는 대인관계를 개선할 수 있는 좋은 방법을 이야기한다. 그러나 그들이 결코 이야기하지 않는 인간관계의 형태가 있다. 바로 '연대'다.

자기계발서는 '연대'를 이야기하지 않는다. 연대의 사전적 의미는 여럿이 함께 무슨 일을 하거나 함께 책임을 진다는 뜻이다. 주변 의미로는 한 덩어리로 서로 연결되어 있다는 뜻도 있다. 하지만 자기계발서의 대인관계는 사람들이 한 덩어리로 서로 연결되는 것이 아니라 서로 분리되어서 서로가 서로를 이용하게 할 뿐이다. 자기계발서는 여럿이 함께 무슨 일을 하거나 함께 책임을 나누는 것을 말하지 않는다. '자기' 계발서라서 '여럿이 함께' 해결할 수 있는 일에는 침묵하는 것일까? 자기계발서 작가들은 그들이 의도했든 아니든 기득권의 이익에 충실한 일을 하고 있다. 우리를 '나'들로 만들고 서로가 각자의 목적을 위해 끝없이 서로를 이용하게 할 뿐이다.

하지만 자기의 삶을 넘어 우리의 삶을 위해서는 반드시 연대가 필요하다. 내가 이야기하고자 하는 연대는 거창한 이념을 바탕으로 한 말이 아니다. 나와 비슷한 처지의 사람들과 공감하고 함께할 수 있으면 그만이다. 그 저 주변 사람들에게 진정한 관심을 가지면 될 일이다. 우 리들의 연대는 자기계발서가 필요 없는 세계를 만들지도 모를 일이다. 마지막 말은 신영복 선생님의 말씀으로 대 신한다.

"관찰보다는 애정이, 애정보다는 실천적 연대가, 실 천적 연대보다는 입장의 동일함이 더욱 중요합니다. 입장 의 동일함 그것은 관계의 최고 형태입니다."

미처 못 다한 말.
넷

　이쯤 되면 너무 지나치게 자기계발서를 나쁘게만 본다고, 이 책의 내용이 중립적이지 않고 편파적이라고 나무라시는 분도 계실 듯합니다. 그렇긴 합니다. 긍정적인 역할을 제법 많이 한 자기계발서를 제가 너무 나쁘게만 이야기하고 있지요? 아마도 제 책이 '10'만큼의 이야기를 한다면, 그중에서 자기계발서를 긍정적으로 표현한 이야기는 '1'쯤 되겠죠? 나머지 '9'는 부정적으로만 이야기하고 있으니 정말 많이 편파적이라고 할 수 있겠네요. 그런데 자기계발에 대한 비판 자체가 새롭지는 않으셨나요? 혹시 이 책을 통해서 '9'만큼의 비판을 보았다고 하면, 자기계발을 긍정적으로 이야기하고 또 자기계발의 필요성을 이야기하는 책과 강연 그리고 방송은 아마도 '1,000'쯤은 보았을 겁니다. 이 책의 영향이 고작 1%도 되기 힘든 상황이니, 어쩔 수 없이 온 힘을 다해 비판해야 하지 않을까요?

　저는 이 책을 통해서 자기계발을 안 하면 큰일이라도 날 것처럼 몰아세우는 사회가 조금이나마 불편해지기를 바랍니다. 우리 사회가 왜 이렇게 자기계발을 강요하고 강조하는지 의문이 생겼으면 좋겠습니다.

그런데 제가 아무리 편파적으로 비판을 해도, 있는 힘을 다해 공격을 해도 흠집조차 내기 어려운 것이 있습니다. 바로 '성공'입니다. '그래, 좋다. 무슨 말 하려고 하는지 알겠다. 그런데 어쩌란 말이냐? 다른 대안이 있느냐?'고 묻는 분들에게 딱히 드릴 말씀이 없는 것이지요. 성공하지 말자는 것이냐? 열심히 노력하지 말자는 것이냐? 꿈과 희망을 버리자는 것이냐? 이런 질문들에 짧고 확실하게 대답할 수가 없습니다. "그런 건 아니고요……"라며 얼버무릴 수밖에 없습니다.

자유. 정말 아름답고 멋진 말입니다. 자유롭고 싶습니다. 아주 짧은 시간만이라도 진짜 자유롭게 살고 싶네요. 그런데 이 좋은 '자유'라는 말을 입이 더러워질 것 같아서 쓰기가 싫어요. 이상한 집단에서 이 자유라는 말을 선점해서 오염시켜버렸거든요. 오! 자유대한민국. 쓰기도 싫네요. 속이 메스껍습니다. 대한민국에서 자유를 내걸고 있는 사람들은 힘이 센 사람들입니다. 물론 그 힘센 사람들의 말을 맹목적으로 추종하는 힘없는 사람들도 태극기와 성조기를 흔들며 자유를 외칩니다. 그들이 말하는 자유는 반공과 자본을 위한 자유입니다.

그분들은 자본의 자유를 위해 세금을 내리고, 규제

를 완화해야 한다고 하십니다. 아 참, 그분들의 자유를 위해 법질서를 엄격하게 유지해야 한다는 것도 있네요. 2007년 대선 후보 중 한 분께서는 '줄푸세'라고 멋지게 정리해주시기도 했습니다. 세금과 정부 규모를 '줄'이고, 기업에 대한 규제를 '풀'고, 법질서를 '세'워야 한다는 뜻입니다. 자기들끼리 다 해먹겠다는 뜻이지요. 거기에 반대하는 사람들에게는 법질서를 내세우고 말입니다. 모두 자유를 위해서라고 합니다. 이런 상황에서 제가 어찌 자유를 이야기할 수 있겠습니까? 사람들이 묻겠지요. 그러면 자유롭지 말자는 말이냐고.

성공은 자유보다 복잡하게 오염된 말입니다. 설명하기도 곤란할 정도로 꼬이고 얽혀 있습니다. 자유라는 말에 대해서는 최근에 그나마 저와 비슷한 역겨움을 느끼는 분들이 꽤 계십니다만, 성공은 그렇지가 않습니다. 성공에 대해 비판하는 것은 꼭 트와이스 팬클럽 속에서 아이돌 생산 시스템을 비판하는 꼴입니다. 큰일 나겠지요. 하지만 그들이 추는 아름다운 군무와 듣기 좋은 음악이 아이돌을 만들어내는 부당한 시스템까지 정당화할 수는 없습니다. 어쩌면 그들은 그들의 의도와 상관없이 더 다양한 음악을 숨 쉬지 못하게 만들고 있는지도 모릅니다.

대한민국에는 '성공'이라는 아이돌 팬클럽이 많습니다. '아이돌(idol)'이라는 말이 신처럼 숭배의 대상이 되는 우상을 뜻하고 있으니, '성공'에 대해서 의심과 의문을 제기하지 못하는 사람들은 '성공'이라는 아이돌을 섬기고 있는 셈입니다. 성공지상주의가 문제라고 이야기해도 성공하지 말자는 이야기냐고 따져 묻습니다. 하지만 문제제기를 하지 않을 수 없습니다. 개인적인 성공을 바라며 자기계발서를 읽고 자신을 바꾸기 위해서 하는 노력이 오히려 모두가 행복하게 살 수 있는 사회를 더 멀어지게 만들고 있기 때문입니다. 성공을 위한 노력이 나와 내 주변 사람들을 힘들게만 하기 때문입니다.

하지만 자유가 아니라 오염된 자유가 문제이듯, 방탄소년단과 같은 아이돌이 아니라 다양한 음악을 들을 수 없는 시스템이 문제이듯, 성공 자체가 문제일 수는 없습니다. 성공합시다. 모두 함께 잘 살아봅시다. 성공을 위한 습관, 마음가짐과 태도, 열정과 노력도 필요합니다. 오늘 주어진 것에 최선을 다하며, 내일도 생각하며 살아야지요. 저 역시 꿈도 목표도 없이 게으르게 살기 싫습니다. 그렇지만 내 욕망, 내가 추구하는 삶의 가치가 자기계발서에 의해 한쪽 방향으로만 이끌려가는 것도 싫습니다. 지금의 나를 부정하면서 성공한 내 모습만 추구하며 사는 것도 싫습니다. 자기계발서가 오염시킨 성공이 아니라, 진짜 내가 하고 싶은 일에서 매일 성공을 느끼며 살고 싶습니다. 우리 모두 각자의 욕망, 각자가 추구하는 삶의 가치를 이룰 수 있도록 최선을 다해 열심히 살아봅시다. 그리고 모두 함께 매 순간 성공의 기쁨을 느껴봅시다.

다행히(?) '성공' 신화에도 조금씩 금이 가고 있습니다. 오랜 경기침체로 취업률은 좀처럼 오르지 않고, 양극화는 갈수록 심화되기만 하고, 아무리 몸부림쳐도 흙수저의 삶을 벗어날 수 없는 현실 덕분입니다. 또한 성공과 개발의 패러다임으로 집권에 성공한 정부가 지난 9년간 남긴 상처도 큰 몫을 했습니다. 그래서일까요? 자기계발서도 '성공'이 아닌 다른 주제를 찾기 시작했습니다. 자기계발서가 진화한 것이지요. 진화한 자기계발서는 더 이상 성공을 이야기하지 않습니다. 성공하지 않아도 괜찮다고, 당신 자신만으로 이미 충분하다고, 잊고 지내는 자신의 가치를 쳐다보라고 합니다. 그런데 뭔가 이상합니다.

서른 살이 심리학에게 묻다

나는 어떻게 나를 이해하는가

심리학이 서른 살에게 답하다

걱정을 멈추고 즐겁게 사는 법

마틴 셀리그만의 **긍정심리학**

긍정하는 뇌 행복하는 뇌

살아 있는 것은 다 행복하라

나를 바꾸는 심리학의 지혜 **프레임**

 미움받을 용기

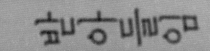 아픈 영혼, 책을 만나다

흔들리지 않고 피어나는 미혼은 없다

5.

하지만 기억하라, 그대는 눈부시게 아름답다

위로형 자기계발서

따뜻한 말 한마디

분노할 대상이 사라졌다

계몽적·초월적·성공담·관리형 자기계발서는 모두 성공을 전제로 만든 책이다. 지금부터 이야기할 자기계발서는 주제가 크게 바뀌기도 하였고, 또한 앞에서 이야기한 4개의 자기계발서를 바탕으로 이야기를 이끌어가야 하니, 잠깐 지금까지의 이야기를 정리해보자.

우리가 처음에 이야기를 나눈 것은 계몽적 자기계발서였다. 계몽적 자기계발서는 성공한 사람들로부터 느끼는 부러움을 통해서 자신에 대한 못마땅함을 키우는 책이다. 성공하기 위해서는 '자신의 변화'보다 돈 많은 부모가 더 중요한 헬조선의 현실에 대한 이야기를 했다. 우리가 멀쩡한 자신만 바꾸려고 하는 것은 아닌가 하는 고민을 했으면 했다. 두 번째는 초월적 자기계발서였다. 어렵게 자신의 마음가짐과 행동을 바꿀 것이 아니라, 생각만 바꾸면 성공할 수 있다고 주장하는 자기계발서였다. 초월적 자기계발서는 자신에 대한 인식과 자신이 놓인 현실의 격차를 이용해서 궤변으로 사람들을 속이는 책이다. 평범한 '우리'를 특별한 '나'들로 만드는 책이기도 하다. 솔직히 사람들이 더 이상 읽지 않기를 바랐다. 세 번째는 성공담 자기계발서였다. 그들의 가슴 벅찬 아름다운 이야기가 평범한 우리들의 삶을 초라하게 만든다는, 숭고미만이 아니라 골계미와 우아미도 아름답다는 이야기였다. 또한 로또보다 불공평한 사회와 우리가 잘 보지 못하는 시스템 설계자에 대한 이야기도 했다. 사회 안전망을 잘 갖춘 북유럽에 대한 이야기를 통해서 돈 한번 마음껏 써보고 죽으면 소원이 없겠다고 생각하는 우리가 부끄러워졌으면 했다. 그리고 네 번째로 이야기를 나눈 것이 관리형 자기계발서다. 습관과 시간 그리고 인간관계까지 효율성과 성과를 위해 관리해야 한다는 책이다. 성과를 높이지 못하면 뒤처질 수밖에 없는 사회에서는 꼭 필요한 책이지만, 성과를 높이기 위해 많은 사람들이 스스로 자신을 착취하도록 돕는 책이기도 하였다.

지금까지 이야기한 자기계발서는 미래의 성공한 나를 만들기 위한 방법을 조금씩 다른 방식으로 이야기하고 있을 뿐, 욕망을 자극하고 부추긴다는 공통점이 있다. 하지만 언제부터인가 자기계발서는 미래가 아닌 현재를 이야기하기 시작했다. 가지고 싶은 것이 아니라 가지고 있는 것에 대한 이야기를 하는 것이다. 자기계발서의 관심이 '성공한 미래의 나'가 아닌 '지금의 나'로 바뀌게 된 이유는 성공이 멀어졌기 때문이다. 'Impossible'에 점 하나를 찍으면 'I'm possible'이 된다는 자기계발서의 말처럼 성공을 위한 길은 마음가짐의 변화만으로 이룰 수 있는 것이 아니었다. 실제로 어려운 경제 상황이 지속되면서 사람들은 미래의 희망을 이야기하지 않는다. 성공하기 힘든, 아니 성공할 수 없는 현실이 성공을 이야기하는 자기계발서에 대한 피로감을 느끼게 한 것이다. 그래서 사람들은 심리학을 기반으로 하는 위로형 자기계발서를 찾기 시작했다.

뜬금없는 이야기지만, 나는 재수를 해서 1994년에 대학에 입학했다. 당시 선배들은 우리를 신세대니 X세대니 하면서 개인적이고 이기적인 특징을 가진 후배들로 규정했다. 왠지 억울했으나, 실제로 93년부터 학생회를 비롯한 학회 모임에 참여하는 학생들이 급격히 줄어들고 있었다. 선배들은 도서관에서 취업을 위한 공부만 하는 후배들을 못마땅해했다. 그들은 어느 술자리에서나 치열한 학생운동 속에서 겪은 자신들의 무용담과 더 빛나는 신화 같은 선배들의 이야기를 했다. 나는 명확하게 저항할 대상이 존재했던 선배들이 부러웠다. 그들은 총칼로 대통령이 된 사람과 그의 친구가 또다시 대통령이 된 시대를 대학생으로 겪으며 온몸으로 저항했다. 나는 옳고 그름이 단순해서 단지 개인의 결단만 있으면 명확해지는 세상에 살았던 그들이 부러웠다.

언젠가 술에 취해 선배들에게 술주정을 했다. 선배들은 좋겠다고, 나도 선배들처럼 숫제 명확하게 돌과 화염병을 던질 수 있는 대상이라도 있었으면 좋겠다면서 소리를 질러댔다. 분노할 대상이 사라지고 있음을 어렴풋이 느끼고 있었던 모양이다. 우리는 모두 힘들고 아팠지만 아픔의 원인을 알 수가 없었다. 물론 선배들은 문민정부라고 하는 김영삼 정부도 군사독재 시절과 다르지 않고, 본질은 똑같다고 했다. 하지만 나와 동기들은 무엇이 옳고 무엇이 그른지 혼란스럽기만 했다. 멀리는 소련도 무너졌고, 가깝게는 군사독재 정권도 사라졌다. 더욱더 화려해진 대중문화는 눈을 황홀하게 했으며, 귀를 즐겁게 했다. 당시 김영삼 정부에서 이야기하는 신자유주의가 무엇인지는 몰랐지만 '세계화'라는 말은 유혹적이었다.

그랬다. 세계화 시대가 오고 있었다. 나는 『성공하는 사람들의 7가지 습관』과 『역사란 무엇인가』 사이에서 방황했다. 『7막 7장』과 『철학 에세이』가 나를 혼란스럽게 했다. 나는 학교에서는 <바위처럼>을, 학교 밖에서는 서태지와 아이들의 <하여가>를 불렀다. 개인적 성공을 위해 노력하는 삶과 공동체를 위한 삶 사이에서 어디로도 가지 못하고 그냥 흔들리고만 있었다. 그렇게 혼란스러운 상황에서 군대를 갔다 오고 나니, 이미 많은 후배들은 자신들의 삶을 사는 것도 버거워하고 있었다. 그들은 모두 너무나도 바빴다. 학회도, 동아리도, 술자리도 사라지고 도서관과 피씨방만을 오가고 있을 뿐이었다. 그리고 어느덧 신화처럼 빛났던 선배들은 386세대라고 불리고 있었다.

좁은 방에 갇힌 '나'들

나는 386세대도 되지 못하고, X세대도 되지 못했다. 공동체를 위한 희생도, 나를 위한 취업준비도 하지 못했다. 어느덧 나는 내 삶을 위한 대비도 하지 못한 채 성과사회에 들어갔다. 대학을 졸업한 나는 뒤늦게나마 개인적 성공을 향해 열심히 노력했지만, 조금이라도 더 자유로운 공동체를 위해 노력하며 사는 선배들에게 느끼던 죄책감을 떨쳐낼 수는 없었다. 지금 생각해보면 그때 내 혼란스러운 방황은 집단 통제사회에서 개인 성과사회로 넘어가는 과도기에서 겪을 수밖에 없는 갈등인 듯싶다. 나는 성과사회에 적응하기 위해서 성공을 위한 자기계발서들을 열심히 읽고, 또 읽었다. 성공한 후에 여유가 생기기를 바라며 바쁘게 살았지만, 성공은 결코 가까워지지 않았고, 삶의 여유는 점점 더 엷어질 뿐이었다.

내가 대수롭지도 않은 90년대 대학 생활을 이야기한 이유는 분노할 대상이 사라지고 그 분노의 화살이 자기를 향하게 된 것이 위로형 자기계발서의 자양분이 되었기 때문이다. 90년대 이후 우리는 피 묻은 민주주의와 자유 위에 서 있었지만, 어느새 모두 자기 삶을 살기에 바빴다. 김영삼 정부 이후 대학은 급속도로 늘어났다. 선배들은 전공과목 성적표가 아닌 단지 대학 이름이 박힌 졸업장만으로 취업을 할 수 있었지만, 우리들은 그렇지 않았다. 졸업장은 넘쳐났고, 그 졸업장을 조금이라도 차별화시키기 위해, 또 같은 학교 이름의 졸업장이라고 하더라도 전공과목 성적표를 차별화시키기 위해 노력해야만 했다. 역사와 자본에 대한 깊은 이야기는 멀기만 했고, 내 삶을 결정지을 것 같은 리포트와 시험은 가까웠다.

우리가 가진 공통의 역사와 사회는 희미해져갔고, 우리가 함께 가질 수 있는 미래는 없어져갔다. 그리고 각자에게 주어진 삶의 무게는 무거워지기만 했다. '우리'는 돌아오지 않는 메아리가 되었다. 아무도 '우리'를 이야기하지 않는다. 이제 누구도 '우리'의 미래에 관심을 가지지 않는다. 모두가 '나'의 미래에만 관심을 기울인다. 우리는 옆을 보지 않는다. 성과를 위한 자기계발이라는 좁은 방에 갇혀 위만 바라보며 살고 있을 뿐이다. 그렇게 우리들은 좁은 방에 갇힌 '나'들이 되었다.

지쳐버린 성과주체

자신의 삶을 전적으로 책임져야 하는 성과주체로 살아남기 위한 노력은 자신의 내부에서 성과를 올리지 못하는 부분을 끊임없이 찾아보게 만들었다. 취업을 위한 스펙은 계속 늘어나기만 했고 '나'들은 부족한 스펙을 채우기 위한 노력을 멈출 수가 없었다. 대학 졸업은 졸업 장과 함께 빚더미를 안겨주었다. 극소수의 '남'들은 치열한 경쟁을 뚫고 취업을 하고 승진을 했다. 아직 오르지 못한 '나'들은 자신을 지속적으로 채찍질해야만 했다. 그렇게라도 해야 성공의 길에 조금이라도 가까워질 수 있다고 믿었다. 사회의 모순과 부조리는 멀기만 했고, 카드명세서는 매달 해결해야 했다. 모두 한 달 단위로 해결해야 하는 명세서의 삶을 넘어설 수가 없었다.

'사축(社畜)'은 2016년에 만들어진 신조어다. 회사에서 가축처럼 일하는 직장인이라는 뜻으로 저임금과 긴 노동시간, 고된 업무와 고용불안 등 고통스럽고 힘든 직장생활을 나타내는 말이다. 우리는 정말 일에 갇혀 사육당하고 있는지도 모른다. 힘들게 살면서도 '나'들은 성공을 향한 욕망을 포기하지 않았다. 자유롭고 여유로운 삶은 오로지 물질적 부만이 가져다줄 수 있다고 굳게 믿었다. 하긴 그 신화같이 빛나던 선배들 중에서도 이명박 후보가 공약한 뉴타운에 흔들리는 선배도 있었으니, 개인적 성공과 부유한 사회를 향한 소망은 조금만 과장한다

경향신문 2015.07.24. 〈김용민의 그림마당〉

면 전 국민의 염원이 아니었을까?

　　성과주체는 끊임없이 자신을 괴롭혔다. 자기계발서의 말처럼 습관도 시간도 사람도 관리하면서 자신을 학대했다. '나'라는 성과주체는 나를 착취하고 있었다. 하지만 나를 변화시키기 위한 노력을 아무리 해도 변화는 오지 않았다. 물질적 성공을 간절히 바라며 살던 대부분의 '나'들은 낙오자가 되었다. 간절한 마음으로 꿈을 적고, 생생하게 자신의 성공한 삶을 그려보기도 하고, 자신의 습관을 바꾸기 위해서 열심히 노력도 해보고, 성공적인 대인관계를 위해 대화법과 눈짓, 몸짓까지 바꾸어보려고 했던 '나'들은 지쳐갔다. 무엇보다 자신에게 부족한 부분을 채우기 위해 스스로를 끊임없이 착취했다. 돌을 던지고 화염병을 던져서라도 저항해야 했던 분노할 외부 대상이 사라진 시대에서 오직 개인적 성공을 위해 자신을 지속적으로 공격해야 했다. 그렇게 '나'들은 무너져 내리고 있었다. 성과주체의 자발적 착취를 아름답게 포장했던 '할 수 있다'는 외침에 휩쓸려 오로지 앞만 보면서 열심히 살다 보니 어느새 루저가 되어 있었다. 억압적인 외부 대상에 대한 분노와 두려움이 사라진 자리에 스스로 만들어낸 걱정과 불안, 그리고 우울증과 답답함만 남은 것이다.

　낙오는 탈락자만 뜻하는 것은 아니다. 2016년 12월 1일자 중앙일보에 「직장인 10명 중 9명 '번아웃 증후군' 경험…"회의감 느껴"」라는 기사가 실렸다. 번아웃(burn out) 증후군은 다 불타서 없어지다는 뜻으로 연소 증후군, 탈진 증후군, 소진 증후군이라고도 불린다. 번아웃 증후군은 일에 몰두하던 사람이 극도의 피로감으로 인해서 무기력해지는 증상을 말한다. 기사에 따르면 번아웃 증후군 경험 여부를 묻는 조사 결과 88.6%가 '경험한 적이 있다'고 답했다. 번아웃 증후군으로 인해 '집중력이 떨어지고, 삶에 회의를 느끼고 목표를 상실한다'는 증상이 나타난다고 했다. 자신의 에너지가 점점 줄어들다가 다 없어진 것이다. 말 그대로 소진(消盡)된 것이다.

대한민국은 OECD 국가 중 최장 수준의 노동시간 과 최고 수준의 노동강도를 자랑하는 국가다. 당연히 쉴 수 있는 휴일은 부족하다. 강한 위계질서를 바탕으로 한 조직과 복잡하게 얽힌 대인관계까지 구조적으로 사람들 을 탈진시킨다. '나'들은 성공, 때로는 생존을 위해서 자 기 안의 모든 것을 다 소진시켜야만 했다. 그렇게 낙오와 탈진이 일상화되었다. 하지만 성과주체인 '나'들은 심리적 으로든 실제적으로든 탈진되거나 낙오된 사실을 누구에 게도 말하지 않는다. 아니, 말할 수가 없다. 이미 오래전 에 '나'들은 스스로 고립을 선택하고 혼자가 되었기 때문 이다.

무기력하고 지친 사람들에게 필요한 것은 무엇일까? 위로다. 힘들고 지친 '나'들에게는 따뜻한 위로가 필요하 다. '많이 힘들었지? 괜찮아. 지금 네 모습 이대로도 너무 멋져.' '많이 지쳤구나. 조금 쉬었다 가면 어떠니? 그래도 괜찮아. 그동안 너무 앞만 보고 열심히 살아 왔잖니?' 하 며 건네는 따뜻한 위로가 절실하게 필요했다. 이런 따뜻 한 말 한마디가 쓰러지지 않도록, 무너지지 않도록, 그래 도 버티고 살 수 있도록 해주는 것이었다.

판매되는 위로

위로는 따뜻한 말이나 행동으로 괴로움을 덜어주거
나 슬픔을 달래준다는 뜻이다. 따뜻한 말은 무엇일까? 아
름답고 멋진 말도, 잘했다고 하는 칭찬의 말도, 정당하고
옳은 말도 아니다. 말이 따뜻해지기 위해서는 머리가 아
닌 마음에 가 닿아야 한다. 말이 마음에 가 닿기 위해서
는 마음의 소리를 들을 수 있어야 한다. 상대방의 마음이
하는 말을 듣고, 거기에 이해와 공감을 나타내는 말이라
야 따뜻한 말이다. 따뜻한 말은 일방적일 수가 없다. 위로
는 상대방 마음에 내 마음이 반응해야 이루어질 수 있다.
뭔가 멋지고 아름다운 말이 아니라 '우리 지영이가 많이
힘들었나 보구나'처럼 평범한 말이라도 진심으로 상대의
마음에 공감해서 나온 말이면 된다.

위로는 결국 상대방에 대한 관심에서 출발한다. 그
사람의 목소리를 듣고 아픔에 공감할 수 있는 관심이 진
정한 위로의 조건이다. 하지만 '나'들의 마음에는 다른 사
람의 아픔에 공감할 여지가 없다. 자기 자신 하나 추스르
기 힘든 사회에서 다른 사람에게 진정한 관심을 가지고
그가 가진 아픔에 공감하며 위로를 건네줄 마음의 공간
이 남아 있을 리가 없다. 내가 다른 사람의 마음을 들여
다볼 여유가 없는 것처럼 다른 사람들도 내 마음을 들여
다볼 여유가 없다. 모두가 위로를 받기 원하지만 아무도
위로를 줄 수 없는 상태가 되어버린 것이다. 우리는 주변

사람들에게 따뜻한 위로를 받기 어렵다는 사실을 이미 잘 알고 있다. 위로의 수요는 많은데 공급은 없어졌다. 그렇게 위로 '시장'이 형성될 수 있는 조건이 생겨났다.

위로시장이 형성되기 위해 필요한 조건이 또 있다. 위로가 시장에서 판매되기 위해서는 우리가 느끼는 아픔과 슬픔에 공통점이 많아야 한다. 그래야 위로가 일정한 형식을 갖출 수 있고, 많은 사람의 마음에 반응할 수 있기 때문이다. 대한민국은 이런 조건을 완벽하게 갖추고 있는 모양이다. 위로형 자기계발서가 베스트셀러에 오를 뿐만 아니라, 드라마도 TV 예능프로그램도 뮤지컬도, 그리고 자기계발 강사들의 강연도 모두 위로를 내세우고 있다. 그렇게 대량으로 공급될 것이라고 생각도 하지 못했던 위로는 보란 듯이 큰 시장을 형성했다.

분명 위로형 자기계발서는 나의 괴로움을 덜어주고, 슬픔을 달래준다. 성공하기 어려운 현실, 양극화가 심화된 현실, 아무리 '노오력' 해도 쉽게 삶의 어려움을 벗어나기 힘든 현실을 인정하고 진정한 '나'의 모습을 돌아보라고 한다. 때로는 조금 쉬었다가 가도 된다며 다시 성공을 위해 노력할 수 있는 재충전의 시간이 필요함을 이야기하기도 한다. 이렇게 성과사회는 감정마저도 상품으로 만들었다. 우리는 감정도 소비하면서 살고 있다.

대한민국 루저들의 아편,
자기계발서

감정 우위 시대

이성과 감정의 대립에서 감정이 승리하게 된 시기는 얼마 되지 않는다. 문명이 시작된 이후, 인간은 줄곧 감정보다 이성을 훨씬 중요하게 여겼다. 이성은 객관적이고 보편적이며, 합리적이고 항구적이다. 그에 비해 감정은 주관적이고 개별적이며, 불합리하고 일시적이다. 그래서 아주 오랜 시간 동안 인간은 불완전한 감정이 아닌 완전한 이성의 편이었다. 하지만 신자유주의 이후부터 감정의 위상은 달라졌다. 본격적인 소비사회가 시작되면서 이성은 정체된 생산성과 성과를 더 이상 높이지 못했다. 하지만 감정은 여가산업뿐만 아니라 유행을 통해서 끝없이 새로운 소비를 창출했다. 감정은 소비의 사회에서 새로운 성장 동력으로 주목받았다. 어느새 감정은 정체된 생산성을 지속적으로 향상시키며 새로운 시장을 주도했다.

신자유주의에서 주목하는 감정은 기분과 흥분, 또는 감성이라고 해야 더 적절할 듯하다. 고체성을 가진 딱

딱한 생각 덩어리가 합리성이라면, 유체성을 가지고 지속적으로 흘러 다니는 느낌과 기분이 감성이다. 합리성이 '아끼고 모으면 잘산다'며 개미의 삶을 이야기했다면, 감성은 언제 올지 모를 미래가 아니라 지금 나의 만족을 위해 소비하는 베짱이의 삶을 이야기한다.

'지름신'과 '탕진잼'이라는 말의 유행은 감성자본주의, 기분자본주의의 시작일지도 모른다. '지름신'은 비싼 물건을 자신도 모르게 기분에 이끌려 사버렸다는 소극적인 의미를 가지고 있다. 해서는 안 되는 일을 자신도 모르게 어쩔 수 없이 저질러버린 것이다. 반면에 '탕진잼'은 상대적으로 저렴한 물건을 자신의 즐거움을 위해 마음껏 사들인다는 의미다. 자신을 위해 훨씬 더 적극적으로 소비를 즐기는 것이다. 어쨌든 지루하고 따분하고 재미없고 어렵고 무엇보다 느린 이성의 시대는 저물어가고 있다. 그리고 즐겁고 흥미롭고 재미있고 쉽고 무엇보다 빠른 감성의 시대가 새롭게 열렸다.

감정은 빠르게 반응하고 움직인다. 즉각적이며 순간적이다. 감정은 생각과 판단을 좌우한다. 행동심리학이 밝힌 바에 의하면 인간은 그다지 합리적이거나 이성적인 판단을 하지 못하는 모양이다. 감정이 빠른 판단력으로 결정을 해서 선택을 하면, 뒤늦게 나타난 이성이 마치 자기가 결정해서 선택한 것처럼 온갖 이유를 붙인다고 한다. 우리는 분명 무엇을 선택할 때 선택의 합리적인 이유가 있는 것처럼 여기지만, 실제로는 우리가 모르는 다른 이유 때문에 선택하는 경우가 훨씬 많다. 인과관계를 착각하고 있는 셈이다. 선택한 결과에 영향을 준 원인은 선택한 이유를 설명할 수 있는 이성이 아니라, 선택한 이유를 설명할 수 없는 감정의 영역이다. 이성을 담당하는 전두엽이 결정하는 것이 아니라, 감정을 담당하는 변연계가 더 중요한 결정권을 가지고 있는 것이다. 더군다나 이성은 잘 속는다. 재료는 물론 똑같은 방법으로 만든 두 잔의 커피를 마시고 더 맛있는 커피를 선택하게 하면, 자신이 선택한 커피에 온갖 고급스러운 표현으로 이유를 대는 것처럼 이성은 믿을 수가 없다. 그런데도 우리는 자기 합리화를 위해서 선택한 이유를 둘러대기만 하는 이성을 지나치게 신뢰하고 있다.

감정에 대한 이야기가 차고 넘친다. 상품 판매를 위한 마케팅의 영역에서도 오래전부터 감정의 중요성을 말해왔다. 기업들은 구매를 충동하는 자극을 늘리고 더 많은 소비 욕구를 만들어내기 위해 감정을 이용한다. 이성적 판단이 아닌 감정과 감성이 소비자의 선택에 더 큰 영향을 미치고 있기 때문이다. 『이모션』, 『끌리는 컨셉의 법칙』, 『누가 내 지갑을 조정하는가』, 『왜 팔리는가, 어떻게 해야 팔리는가』, 『소비의 심리학』, 『무의식 마케팅』, 『뇌, 욕망의 비밀을 풀다』, 『소비자의 뇌가 직접 말하는 광고·브랜드의 비밀』, 『그들도 모르는 그들의 생각을 읽어라』는 모두 마케팅 관련 책이다. '비합리적인 소비 심리를 파고드는 100가지 마케팅 전략', '마음을 낚는 어부가 되는 법', '마케팅 게임의 본질은 소비자와의 심리전이다', '마케터와 기획자가 꼭 알아야 할 '감정의 뇌' 이야기', '철저하게 '감정적인 뇌'의 관점에서 바라본 마케팅, 소비자 감정의 섬세한 디테일을 알아차려라' 등은 모두 위의 책 표지에 있는 말이다. 감정이 소비에서 중요한 요소가 된 것이다. 어쩌면 우리는 우리가 구입한 물건이 필요해서 산 것이라고, 매우 합리적인 가격이었다고 착각하고 있는지도 모른다.

소비사회의 감정에 대한 이야기를 시작하기 전에 복잡한 감정을 분류해보자. 사실, 사람의 감정은 명확하게 규정된 것은 없고, 분류하기 위한 기준도 다양하다. 동양에서 이야기하는 감정을 중심으로 정리를 해보자. 희노애락애오욕(喜怒哀樂愛惡欲), 희노애구애오욕(喜怒哀懼愛惡欲), 희노우구애증욕(喜怒憂懼愛憎欲)은 모두 동양에서 이야기하는 감정이다. 공통된 것을 중심으로 기쁨, 노여움, 사랑, 미움, 욕망, 슬픔, 즐거움, 두려움, 근심으로 정리할 수 있다. 다시 비슷한 감정으로 묶어보면 욕망, 두려움, 미움, 슬픔, 기쁨, 사랑으로 나눌 수 있을 듯하다. 이 6가지 감정이 소비사회에서 어떻게 변형되고 관계를 맺는지 살펴보자. 제일 먼저 욕망과 두려움이다.

소비사회를 지탱하는 욕망

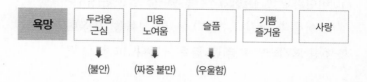

욕망	두려움 근심	미움 노여움	슬픔	기쁨 즐거움	사랑
	⬇	⬇	⬇		
	(불안)	(짜증 불만)	(우울함)		

6가지 감정 중 소비사회를 이끌어가는 감정은 욕망이다. 욕망은 삶의 에너지다. 욕망이 꺼진 삶은 죽음이다. 식욕, 성욕과 같은 생리적 욕망은 물론 인정, 성취와 같은 사회적 욕망도 삶의 에너지다. 인간은 무엇이든 욕망해야 존재한다고 할 수 있다. 하지만 근대에 이르기까지 욕망은 겉으로 드러내서는 안 되는 불순한 것이었다. 오랜 시간 욕망은 관리와 통제의 대상이었다. 현대 사회에 이르러서야 억압된 욕망은 마침내 세상 밖으로 나올 수 있었다. 하지만 안타깝게도 욕망이 세상 밖으로 얼굴을 내민 순간, 그의 눈앞에 있었던 것은 광고였다. 아마도 내가 태어나서 지금까지 본 엄마 얼굴이나 내 얼굴보다 더 많이 본 것이 광고일 것이다.

광고는 꽃처럼 아름다웠고, 우리의 시선이 닿는 곳마다 있었다. 만약 내가 보고 들은 모든 정보가 고체 덩어리로 뇌에 저장된다고 하면, 내 뇌 속은 광고로 가득 차 있을지도 모를 일이다. 내게 필요한 것이 무엇인지를 끝없이 나도 모르게 강제로 배우고 있는 셈이다. 그렇게 뇌 속에 가득 차 있는 광고들은 나의 식욕과 성욕, 그리고 인정받고 싶은 욕구와 성취하고 싶은 욕구 모두를 특정한 상품과 연결해주었다. 특히 성욕을 자극하는 광고는 알아보기조차 어려운 경우가 많다.

비키니를 입은 여자들을 눈밭에 세워두고 오늘 밤 같이 놀자며 '하태 핫태'를 외치는 광고만 야한 것이 아니다. 여행을 간 남녀가 우리의 케미는 지금 가장 뜨겁다고 속삭이는 옷 광고, '촉촉해 보여', '아냐 부드러운 거야', '좋아하게 될 것 같'다는 초콜릿 광고, 그냥 '세워'두는 것은 아깝다는 자동차 광고, 우리 그만 '하자'고 했잖아요라고 힘겹게 말하는 소화제 광고, 택배를 보내러 온 예쁜 여자에게 '우리 자주 보네', '밤낮없이 보내'를 외치는 편의점 광고, 빨간 미니스커트를 입은 모델이 강한 걸로 '넣어'달라는 엔진오일 광고, 밖에서 하니까 좋다는 여자 목소리를 부각시키는 통신사 광고, 지쳐 쓰러진 캔이 여자의 손길에 벌떡 일어서는 에너지 음료 광고, 푸딩을 먹자고 하지 않고 굳이 '푸딩 하자'고 이야기하는 식품광고 등등. 모두 나의 성욕을 상품과 연결해주는 광고들이다. 타이어 고칠 땐 어디? 주차장? 공터? 우리 집?이라고 하는데 여자 캐릭터의 얼굴은 도대체 왜 빨개지는 것일까?

광고는 끊임없이 우리가 알지 못하는 순간에도 우리의 욕망과 무의식을 흔들어왔다. 물론 광고의 최종 목적은 상품 판매다. 광고가 우리의 욕망과 무의식을 자극하는 이유도 상품 판매를 위해서일 뿐이다. 광고에서 주어와 목적어가 생략된 자리에는 광고하는 상품과 우리의 성적 욕망이 함께 들어갈 수 있는 경우가 많다. 그렇게 광고는 욕망과 상품을 뒤섞어버린다. 우리는 그런 광고에 무차별적으로 노출되어 있다. 그 수많은 광고들은 나의 욕망과 무의식을 지속적으로 상품과 연결시키고 있는 셈이다. 어쩌면 우리는 내 것인지 내 것이 아닌지도 모르는 욕망에 휩싸여 살고 있는지도 모른다.

은밀하게 성욕을 자극하는 광고보다는 인정욕구나 성취욕구를 자극하는 광고가 훨씬 많다. 광고는 상품을 구매하면 성공한 사람이 될 것처럼, 현명한 사람이 될 것처럼, 주변 사람들에게 부러움을 받을 것처럼 끝없이 우리의 욕망을 부추긴다. 광고와 다양한 매체들로 끊임없이 부풀려진 나의 욕망은 물질적, 비물질적 상품을 필요로 한다. 소비사회에서 부족한 나를 완성할 수 있는 유일한 방법은 소비밖에 없다. 소비는 텅 빈 마음을 채우고, 차가운 마음을 따뜻하게 만든다. 소비는 내가 느끼는 결핍을 해소하고, 삶의 불만족을 잠시나마 유예시킨다. 하지만 꼭대기까지 밀어 올리는 순간 밑으로 굴러 내려가는 시지프스의 바위처럼 카드 결제대금이 빠져나가는 순간, 마음은 곧 텅 비워질 뿐이다. 과연 내가 원하는 것은 진짜 내가 원하는 것이기는 할까? 내 욕망은 내 것이기는 할까?

성과사회를 지탱하는 불안

채워지지 않는 욕망에 이끌리는 이유는 두려움과 근심 때문이다. 성과주체들은 성공을 향한 강렬한 욕망을 가지고 있으면서 동시에 뒤처질지 모르는 두려움과 근심 속에 살고 있다. 두려움과 근심보다는 불안이 더 적절한 표현일 듯하다. 누군가가 항상 자신을 평가하고 있는 상황에서 뒤처질지도 모른다는 불안은 일상의 감정이 되었다. 자발적 경쟁을 강제하는 성과사회는 뒤처짐에 대한 불안을 자양분으로 성장한다.

성과사회는 누군가가 내가 해야 할 일을 명확하게 정해주지 않는다. 개인은 자기 스스로 다음에 해야 할 과제를 지속적으로 만들어야 한다. 하나의 과제를 끝내자마자 다음 과제를 고민해야 한다. 완성과 만족은 존재할 수 없거나, 극히 짧은 한순간에만 존재한다. 불안, 두려움, 근심, 걱정은 지속적으로 다음 단계를 요구하는 성과사회의 본질이다. 불안은 부족한 부분이 없는지, 남보다 뒤처지지 않았는지 끊임없이 되돌아보게 만든다. 어쩌면 자기 삶의 경영자가 된 성과주체들에게 불안은 벗어날 수 없는 숙명인지도 모른다.

불안은 일하는 시간에만 존재하는 것이 아니다. 불안은 언제라도 우리의 마음을 점령할 준비를 하고 있다. 우리는 불안을 느끼지 않으려면 무엇이라도 눈에 담고 있어야 한다. 무엇이라도 읽고, 보고, 듣고 있지 않으면 불안하기 때문이다. 우리는 쉼 없이 영상매체를 쳐다보고 있다. 그래서 불안은 깊은 고민과 의문을 할 수 없게 만든다. 불안은 자신을 되돌아볼 수 없게 만든다. 어쩌면 성과사회를 유지하기 위해서도 불안이 필요한 것은 아닐까? 만약 욕망이 사라진다면 소비사회는 급속하게 사라질 것이고, 불안이 없어진다면 성과사회는 천천히 무너질 것이다.

쌓이기만 하는 짜증과 불만

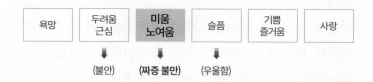

스스로 설정한 과제를 성취하기 어려운 사회에서는 불안이 미움과 노여움으로 변한다. 미움과 노여움은 불

만족의 감정이다. 상황이나 대상이 못마땅할 때 만들어 지는 외부로 향하는 저항의 감정이다. 욕망이 가지고 싶은 것과 가지고 있는 것 사이의 불균형이 만들어낸 감정이라면, 미움과 노여움은 있어야 할 것이 없거나 받아야 할 것을 받지 못했을 때 만들어지는 감정이다. 관심과 정성이든, 수고로움과 돈이든 내가 준 것만큼 돌려받지 못했을 때 발생하는 감정이 미움과 노여움이다. 정당하게 받아야 할 대우를 받지 못했을 때도, 명백하게 상대방이 잘못한 상황에서 받아야 할 사과를 받지 못했을 때도 노엽다. 그런데 문제는 성과사회에서는 외부로 향해야 할 미움과 노여움이 나를 향한다는 것이다.

사회의 부정적인 모습이 명확하게 보일 때는 외부를 향해 분노할 수 있었다. 못마땅한 내 삶의 원인이 외부 세계 때문이라면 외부 세계를 개선하기 위해서라도 분노해야 한다. 하지만 외부 세계에 문제가 없거나, 있더라도 인식할 수 없을 때라면 어떨까? 더군다나 같은 조건 속에서도 성공해서 잘 살고 있는 사람이 있다면 결국 미움과 노여움은 나를 향하게 될 수밖에 없다. 내 삶에는 문제가 많은데 외부로 시선을 돌려보면 모두들 행복하게 잘 살고 있는 것처럼 보인다. 사회는 매끄럽게 잘 돌아가고 자기계발서와 강연자들은 당신도 당신을 바꾸면 성공해서 행복하게 살 수 있다고 이야기한다. 어디로 향해야 할지 모르는 미움과 노여움은 왜곡된 형태로 나에게로 향한다. 정상적인 미움과 노여움이 아닌 것이다. 그렇게 만들어진 감정이 짜증과 불만이다.

자기 자신과 일상적인 주변 환경에 대한 짜증과 불만은 소수만이 이룰 수 있는 성과사회에서 이룰 수 없는 절대다수의 사람들이 가질 수밖에 없는 감정이다. 태어나서부터 성과사회를 경험하는 학생들이 가장 많이 느끼는 감정이 막연한 대상을 향한 짜증과 불만이다. 초등학교 5·6학년 때는 늦었다는 현수막을 걸고 다니는 학원 차량만이 아니다. 우리는 어려서부터 지속적인 평가를 통해 자신의 부족함을 끊임없이 확인해야만 한다. 뭔가 잘못되어 있고 문제가 있지만, 세상은 잘만 돌아가고 그 와중에도 경쟁에서 이긴 소수자들은 충분한 혜택을 누리고 있다. 어쩔 수 없이 경쟁에 뛰어들지만 답답함은 해소되지 않는다. 자신을 둘러싼 문제를 명확하게 인식할 수 없고, 결국 그냥 모든 것이 짜증스러워질 뿐이다.

짜증과 불만 그리고 못마땅함은 자신과 주변을 가리지 않는다. 말 그대로 '그냥' 짜증나고 모든 것이 못마땅하다. 열심히 노력해도 안 되는 일에 우리는 짜증을 느낀다. 마구 엉켜 풀리지 않는 실타래를 풀어야 할 때의 감정이라고 하면 될 듯하다. 그나마 학생 때야 엄마, 아빠, 친구에게 짜증이라도 낼 수 있지만 어른이 되면 누구에게도 짜증을 낼 수가 없다. 우리는 짜증과 불만 그리고 못마땅함을 쌓아가고 있다. 풀지 못하고 쌓이기만 하는 짜증과 불만은 결국 슬픔이 된다.

해소할 수 없는 우울함

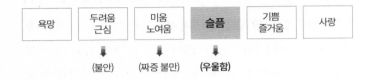

2015년 개봉한 애니메이션 <인사이드 아웃>은 초등학생 '라일리'의 머릿속에 있는 다섯 개 감정이 주인공인 영화다. '라일리'의 머릿속은 감정 컨트롤 본부이고, 그 속에 다섯 개로 단순화한 감정 캐릭터들이 일한다. 외부에서 일어나는 일에 따라서 감정 캐릭터들이 바쁘게 감정을 만들어내는 모습을 시각적으로 보여주는 재미있는 애니메이션이다. <인사이드 아웃>의 주인공은 다섯 감정 중에서도 단연 '기쁨이'로 보인다. '기쁨이'는 '라일리'에게 기쁨을 주기 위해서 어떤 상황에서도 희망을 잃지 않고 여러 문제를 해결해나간다. '슬픔이'는 여러모로 '라일리'에게 도움이 되질 않는다. '슬픔이'는 나타나서는 안 되는 감정일 뿐이다. 하지만 영화에서 가장 중요한 순간 '기쁨이'도 '버럭이'도 '까칠이'도 '소심이'도 해결하지 못한 문제를 '슬픔이'가 해결한다.

　　<인사이드 아웃>은 건강한 슬픔이 우리 삶에 새로운 힘이 될 수 있음을 보여준다. 원하는 것이 좌절되었을 때, 대상에 대한 연민을 느꼈을 때 우리는 슬픔을 느낀다. 슬픔은 아픈 감정이기는 하지만 긍정적인 역할을 하기도 한다. 슬픔은 나와 대상, 그리고 나와 대상의 관계를 깊게 생각하고, 또 느끼게 만드는 감정이다. 무엇보다 슬픔의 끝은 새로운 시작이 기다리고 있는 경우가 많다.

　　하지만 우리는 언제부터인가 깊은 슬픔을 잃어버렸다. 누군가에게 기대어 펑펑 울고 싶어도 기댈 수 있는 사람도 없다. 슬픔을 느끼지 못하는 이유는 너무 바빠서일까? 아니면 두려워서일까? 물론 우리는 슬프다. 하지만 우리가 슬픔이라고 생각하고 느끼는 감정은 대체로 다른 대상을 향한 연민이나 카타르시스를 주는 슬픔이 아니다. 좀 더 나은 결과를 만들기 위해 겪는 정상적인 슬픔이 아닌 것이다. 그저 이유를 알 수 없는 외로움과 우울함일 뿐이다. 미움과 노여움이 외부로 향할 수 없었던 것처럼 우리의 슬픔도 외부로 향하지 못한다. 대상을 가지지 못한 미움과 노여움이 이유를 알 수 없는 짜증과 불만으로 바뀌는 것처럼 대상을 가지지 못한 슬픔도 이유를 알 수 없는 외로움과 우울함으로 바뀌어버렸다. 지속적인 불안이 짜증을 만들어내고, 지속적인 짜증과 불만족이

우울함을 만들어내고 있을 뿐이다.

한겨레신문 2016.01.05, 〈한겨레그림판〉

　　「대한민국은 우울증의 나라」, 「우울증 시달리는 대한민국… 환자 256만명, 진료비 1조 1176억원」, 「우울증 방치하는 한국, 자살율은 1위, 치료율은 OECD 꼴찌」, 「번아웃 증후군 직장인 약 85%가 경험… 우울증, 수면장애 유발 심각」, 「번아웃 증후군 대한민국 간호사 70% 이상 겪고 있는 무기력함」, 「집단 우울증 빠진 대한민국, 정신건강 위험」, 「20~24세 男 우울증 44% 급증… 취업난, 각자도생 경쟁 탓」. 모두 신문기사 제목이다. 병으로 인정받을 수 있는 우울증만이 문제가 아니다. 병원에서 처방도 받을 수 없는 우울한 감정은 성과사회의 불치병인지도 모른다.

　　우리는 항상 스스로를 평가하고, 자신의 성과를 남과 비교한다. 목표는 신기루처럼 계속 멀어져가기만 할 뿐이다. 우울함에서 벗어날 수가 없다. 그런데도 대부분의 사람들은 우울함을 숨기고 산다. '나'만은 아닐 것이다. 다들 나처럼 외롭고 힘들 텐데, 그런데도 내색하는 사람은 없다. 누구도 자신의 외로움과 슬픔을 먼저 이야기하지 않는다. 누구도 자신의 아픔과 서러움을 먼저 이야기하지 않는다. 다들 힘들어도 이겨낼 수 있을 것처럼 멀쩡한 척들을 한다.

　　우리, 도대체 얼마나 더 버틸 수 있을까?

기쁨과 즐거움 그리고 사랑은 구경만 한다

　　욕망과 불안도, 짜증과 불만도, 그리고 우울함도 지금의 세상이 만들어내는 감정이라고 했다. 같은 사회 구성원들이 공통으로, 또 주되게 느끼는 감정이라면 그 감정을 단지 개인적인 것이라고 할 수는 없기 때문이다. 그런 의미에서 기쁨과 즐거움 그리고 사랑은 점점 사라져가고 있다.

　세상을 너무 부정적으로 생각한다고 질책받을 각오를 하고 쓴다면 기쁨과 즐거움 그리고 사랑에 대한 이야기는 우리 사회에 설 자리가 없다. 우리는 앞에서 이야기한 감정인 욕망과 불안, 짜증과 불만, 그리고 우울함을 직접 경험한다. 좋든 싫든 누가 만들었든 내 감정인 것이다. 하지만 기쁨과 즐거움 그리고 사랑은 직접 경험보다 간접 경험하는 경우가 대부분이다. TV 드라마를 통해서 사랑을, 게임을 하는 사람들의 인터넷 방송을 통해 즐거움을, 예능프로그램과 SNS를 통해서 기쁨을 느낀다. 기쁨과 즐거움 그리고 사랑은 내가 직접 만들어내지 못하는 영양분이 되어버린 듯싶다. 그래서 우리는 필요한 감정을 외부에서 주입받는다. 그렇게 우리는 틀에 맞춰 대량생산된 감정을 소비하고 있는지도 모른다. 어쩌다가 대량으로 소비하고 있는 감정이 기쁨, 즐거움 그리고 사랑이 되었을까? 조금은 지나친 이야기일 수는 있지만, 정말 '조금은'이다.

　사람과의 깊은 관계에서 만들어질 수 있는 기쁨과 즐거움 그리고 사랑과 같은 감정이 불편함을 동반하기 때문일까? 우리는 함께 느낄 수 있는 기쁨과 즐거움을 만들기보다, 혼자만의 편안한 기쁨과 즐거움을 구경하고 있을 뿐이다. 남들의 기쁨과 즐거움을 영상매체를 통해 대리 경험하면서 키득댈 뿐이다. 장난감을 가지고 노는 어른을 쳐다보며 즐거워하는 아이도, 다른 사람이 하는 게임을 쳐다보며 재미있어하는 청소년도, 드라마 속 사랑에 설레는 엄마도, TV 속 다른 사람들의 술자리를 쳐다보며 즐거워하는 아빠도 모두 우리 사회의 구성원이다. 기쁨과 즐거움 그리고 사랑은 영상매체를 통해 대리 경험할 수밖에 없는 유보된 감정이 되었는지 모른다.

그래서일 것이다. 아픔을 함께 나눌 수 있는 사람이 없어진 것은. 함께 따뜻한 감정을 나누지 못하는 우리에게는 위로의 말을 건네줄 사람도 없어지고 있다. 불안, 짜증과 불만, 그리고 우울함에만 익숙한 우리들에겐 위로가 필요하다. 차마 위로해달라고 말도 하지 못하고 있는 우리들에게 선뜻 우리를 먼저 다독이는 손길이 있다. 바로 위로형 자기계발서다. 위로만이 아니다. 감정은 '성공'을 잃어버린 자기계발서가 새롭게 주목하고 있는 시장이다.

위로를 파는 자기계발서

성과사회에는 불안, 두려움, 근심, 걱정이 항상 있어야 하지만 너무 지나치면 안 된다. 김이 빠질 정도의 아주

작은 출구가 필요하다. 그 아주 작은 출구 중 하나가 바
로 위로다. 위로는 외로움과 우울함을 잠시나마 잊을 수
있게 한다. 상품화된 위로의 최선봉에 있는 것은 위로형
자기계발서다. 자기계발 강사들도 예전처럼 성과를 내세
우며 다그치는 강사들보다 사람들과 공감하고 사람들을
위로하는 강사들의 인기가 높다. 한때 유행했던 더 노력
해야 한다고, 치열하게 살고 있기는 하냐고 다그치는 독
한 말들보다 괜찮다고, 지금 그만큼으로도 멋지고 훌륭
하다고 위로하는 말들이 더 많이 팔리는 것이다.

　　<걱정 말아요, 그대>, <슈퍼스타>, <길>, <달리기>,
<나를 외치다>, <힘을 내요, 그대>, <힘 내>, <청춘고백>,
<누군가의 위로가 필요한 밤>, <나를 외치다>, <bravo
my life>, <오리 날다>, <호흡과다>, <꿈꾸는 자를 위한
시>, <butterfly>, <행복을 찾아서>, <촛불하나>, <오르막
길>, <힘내지 않아도 괜찮아>, <혼자가 아닌 나>, <내가
니 편이 되어줄게>, <지친 하루>, <그래 우리 함께>, <수
고했어, 오늘도>. 모두 위로를 주제로 하는 노래다. 위로
가 필요한 내가 자주 듣는 노래이기도 하다. 위로는 성과
사회에서 꼭 필요로 하는 감정이자, 잘 팔리는 상품이 되
었다.

　　하지만 괜찮다고, 힘든 일이 많았다고, 수고했다고
위로를 해도 나를 가두고 있는 틀은 바뀌지 않는다. 위로

형 자기계발서는 오히려 틀을 더 튼튼하게 만들고 있는지 모른다. 짜증과 불안, 아픔과 슬픔이 지속된다면 어쩌면 우리는 분노할지도 모른다. 하지만 자기계발서는 분노의 감정으로 넘어가는 길목을 차단하고, 다시 욕망과 불안의 감정으로 나를 되돌려놓는다. 우리는 책과 TV프로그램, 그리고 각종 강연과 노래를 통해서 잠시 위로를 받고, 치열한 경쟁을 위한 힘을 얻어서 다시 성과주체로 되돌아간다. 그리고 또 다시 소진의 길을 향해 자발적 착취를 시작한다. 위로는 성과사회를 유지하는 중요한 역할을 하고 있는지도 모른다.

돌고 도는 감정들

지금까지의 내용을 감정의 흐름으로 정리해보자. 성과사회를 지탱하는 두 개의 감정은 불안과 욕망이다. 불안과 욕망은 일상화되어 있다. 불안과 욕망은 안정된 삶과 더 나은 미래를 위해서 나를 움직이게 만든다. 하지만 지속적인 노력으로도 안정된 삶도, 더 나은 미래도 보장받을 수 없다. 그래서 자기 자신과 막연한 주변을 향한 짜증과 불만이 생겨난다. 짜증과 불만이 지속되면서 우울과 아픔이 만들어진다. 지속적으로 쌓이기만 하는 우울과 아픔이 무기력한 의욕상실이나 분노로 바뀌기 전에 자기계발서가 나타난다. 우리들은 자기계발서를 통해서 위로를 받기도 하고, 움츠러진 욕망을 자극받기도 한다. 그리고 다시 불안과 욕망, 짜증과 불만, 그리고 아픔과 우울을 돌고 돌다가 또 자기계발서를 만난다. 그래서 우리는 결코 깊은 슬픔에도, 분노의 감정에도 다가갈 수가 없다. 어쩌면 자기계발서는 대한민국 루저들의 아편인지도 모른다.

분노의 사전적인 의미는 억울한 일을 당하여 몹시 화가 난 상태다. 분노의 화는 나를 향하지 않는다. 정의롭지 못하고, 정당하지 못한 상황에서 말 그대로 억울한 일을 당해서 느끼는 감정이기 때문이다. 분노는 부정한 대상을 향한 화이다. 자신에게 주어진 부정한 상황 전체에 대해 표현하는 거부의 감정이다. 부정적 상황을 변화시키고자 하는 감정인 것이다. 즉, 새로운 상황의 시작을 만들어내는 감정이 바로 분노다. 하지만 우리가 가진 많은 감정에 대해서 적극적으로 이야기하는 자기계발서가 분노에 대해서만큼은 침묵하고 있다. 우리들은 아무런 변화도 만들어내지 못하는 짜증과 불만에만 휩싸여 있을 뿐이다.

우리에겐 우리가 욕망하는 것들에 대한 깊은 고민과 함께, 우리가 가진 두려움과 걱정 그리고 불안에 대한 총체적인 의문이 필요하다. 이런 고민과 의문이 소비자의 권리에나 매달려 사는 우리들을 넘어설 수 있는 유일한 길이 아닐까? 우리는 헌법이 정해놓은 권리를 가지고 있다. 성별, 피부색, 종교, 직업, 장애 등에 의해 차별받지 않을 평등권. 종교를 믿을 권리, 살고 싶은 곳에 살 권리, 하고 싶은 말을 할 권리, 원하는 직업을 가질 권리와 같은 자유권. 일할 기회를 요구할 권리, 깨끗한 환경에서 살 권리 등의 사회권. 국가에게 어떤 행위를 해달라고 하는 청구권. 국민의 한 사람으로 정치에 참여할 수 있는 참정권. 모두 주권국가의 국민인 우리들이 가지고 있는 당연한 권리들이다. 하지만 우리는 우리가 가지고 있는 권리를 실현해나가기를 주저한다. 아니, 애초에 이런 권리를 잘 모르고 있다. 우리가 아는 권리는 소비자주권일 뿐이다. 정말 우리가 원하는 삶은 풍요로운 소비자로서의 삶일 뿐일까? 감정마저도 소비하는 그런 삶일 뿐일까? 이런 고민과 의문은 우리의 분노가 향해야 할 곳을 제대로 보여줄 것이다. 그리고 쳇바퀴처럼 돌고 도는 우리들의 감정 굴레를 벗어날 수 있는 길을 보여줄지도 모른다.

놓아야 한다가 아니라
놓게 해야 한다

웰빙과 힐링

2004년, 대한민국에는 웰빙 열풍이 불었다. 사회와 경제의 안정이, 선진국이 된 것 같은 느낌이 잘 먹고 잘 살자는 웰빙 열풍에 불을 지폈다. 많은 상품과 서비스에 웰빙, 친환경, 유기농, 에코와 같은 단어들이 붙었다. '웰빙 삼겹살', '웰빙 내복', '웰빙 폰', '웰빙 보험'과 같은 웰빙 상품이 넘쳐났다. 사람들의 관심이 양적인 면에서 질적인 면으로 이동하면서, 신체적인 건강과 삶의 만족도를 높이고자 하는 욕구는 커져만 갔다. 물론 안타깝게도 대한민국의 웰빙은 중산층 이상 사람들의 전유물이 되고 말았다. 이들은 집 안과 개인 생활공간을 자신만을 위한 공간으로 꾸미고, 자신과 가족들의 옷과 음식의 질을 높이는 것에만 신경을 썼다. 웰빙의 본래적인 의미에는 일회용품 줄이기, 재활용품 사용 등과 같은 환경의 지속가능성에 대한 관심과 상품 생산 과정에 대한 관심을 가지는 사회적 책임도 있다는 목소리도 있었다. 하지만 단순히 '삶의 질을 높이자'는 개인 중심의 웰빙 앞에서는 들리지도 않는 작은 목소리였을 뿐이었다. 웰빙은 조금 더 좋은 상품을 내세우는 마케팅의 일환으로 전락했다. 이런 웰빙 열풍도 경제적인 어려움이 지속되면서 곧 설자리를 잃었다. 저성장의 장기화, 고용환경의 악화와 같은 경제적 환경이 그저 더 비싸기만 한 웰빙 열풍을 잠재운 것이다.

'웰빙'이 사라진 자리를 대신한 것은 '힐링'과 '위로'였다. '마음이 춥고 배고플 때 가고 싶은 곳', '자책과 후회 없이 나를 사랑하는 법', '당신, 문제는 너무 열심히 산다는 것이다', '시작하는 모든 존재는 늘 아프고 불안하다. 하지만 기억하라, 그대는 눈부시게 아름답다', '나를 응원하는 심리처방전', '당신의 마음을 쓰다듬어준 적이 언제인가요?', '오늘 하루 당신을 얼마나 사랑했나요?', '대한민국 30대를 위한 심리치유 카페', '다시 시작할 힘은 이미 네 안에 있다'는 모두 위로형 자기계발서 표지에 있는 말이다. 지치고 힘든 현실 속에서 누구에게도 말하기 어려운 내 속의 이야기를 대신 말해주는 듯싶다. 간절히 듣고 싶었지만 누구도 해주지 않는 말 한마디를 따뜻하게 건네주는 듯하기도 하다. 위로형 자기계발서만이 아니다. 토크쇼도, 상업광고도, 공익광고도, 뮤지컬도, 음악회도, 드라마도 그리고 노래까지 따뜻한 위로의 말 한마디를 우리에게 경쟁하듯이 건네고 있다.

사람들은 많이 지쳤다. 많은 사람들이 소진되고, 탈

진하고, 번아웃되었다. 사람들에겐 몸과 마음의 치유와 위로가 필요했다. 위로형 자기계발서는 이렇게 지치고 힘든 우리들을 따뜻하게 감싸준다. 성공을 향해 앞만 보고 달려온 우리에게 '그럴 수 있다'고, '괜찮다'고 말해준다.

마음 놓고 쉴 수 있게

몸이 아플 때는 위로가 필요하다. '마음 놓고 편하게 쉬어'라는 말은 병으로 몸이 아플 때 쉽게 들을 수 있는 말이다. 위로의 말을 건네줄 사람 하나 없이 아프면 정말 서럽고 속상하다. 몸과 마음이 아플 때, 노력에 비해 성과가 부족할 때, 그리고 내 힘으로는 어쩔 수 없는 상황에서 우리에겐 위로가 절실하다. 모든 위로는 마음에 대한 것이다. 내 마음이 느끼는 괴로움과 슬픔을 달래주는 것이 위로다. 부정적인 감정을 가라앉히는 것이 위로인 것이다. 위로는 부정적인 감정을 놓으라고 한다. 너무 신경 쓰지 말라고, 걱정하지 말라고, 마음 놓고 편하게 쉬라고 말한다. 마음을 놓지 못하고 사는 현실에서 마음을 놓아도 좋다고 이야기해주는 것이다. 하지만 각박한 현실에서 마음을 놓기란 쉽지가 않다. 마음을 내 의지대로 놓을 수가 없다. 그렇다. 마음을 놓지 않는 것이 아니라 마음을 놓을 수가 없는 것이다.

'놓다'의 중심 의미는 손으로 무엇을 쥐고 있는 상태에서 힘을 빼서 쥐고 있던 물건이 손 밖으로 빠져나가게 하는 것이다. '놓다'의 반대는 '잡다'와 '쥐다'이다. '잡다'의 중심 의미는 손으로 움키고 놓지 않는 것이다. '쥐다'의 중심 의미는 손가락을 다 오므려 엄지손가락과 다른 네 손가락을 겹치게 하는 것이다. 우리는 한 번이라도 편하게 마음을 놓고 싶다. 말 그대로 걱정이나 근심, 긴장 따위를 잊거나 풀어 없애고 싶다. 하지만 놓치고 싶지 않은 것이 있다. 계속 잡고 싶은 것이 있다. 우리는 권한, 돈, 재물 그리고 안정적인 삶과 기회를 잡고 싶어 한다. 또한 한 번이라도 쥐고 싶기도 하다. 내 삶을 내 뜻대로 다루거나 움직일 수 있는 상태에 두고 싶은 것이다. 그래서 우리는 쉽게 마음을 놓을 수가 없다. 정말 친구들과 가족들과 마음 놓고 편하게 지낼 수가 없다. 우리는 마음속으로 무엇인가를 계속 쥐고 있다. 성과주체가 된 우리들은 단 하루도 마음 '놓고' 편하게 쉴 수가 없다.

이러한 현실 속에서도 위로형 자기계발서는 잠시 마음을 놓아도 된다고 이야기해준다. 지나친 경쟁에서 벗어나서 나를 되돌아보라고 한다. 앞만 보고 살지 말고, 가끔 뒤도 돌아보고, 때로는 옆에도 관심을 가져야 한다고 한다. 그동안 많이 힘들었으니 나를 위한 시간이 필요하다고, 주변의 소중한 것들과 함께해야 한다고 말한다. 움켜쥔 것들을 조금 놓아도 된다고, 나를 괴롭히는 지나친 욕망을 잠시라도 내려놓으라고 한다. 모두 우리에게 필요한 소중한 말이다. 하지만 위로형 자기계발서는 잠깐의 위로를 줄 수 있을지는 모르지만, 결코 진정한 편안함을 주지 못한다. 잊어버린 내 모습과 잠깐이나마 만나게 해주는 감동적인 만남을 주선해주기도 하지만, 곧 변함없는 현실로 되돌아와야만 한다. 우리는 위로형 자기계발서를 통해 일상의 소중함과 주변에 감사함을 느끼며 마음 따뜻해지는 잠시의 체험을 얻을 뿐이다. 왜 자기계발서를 통해 지속적인 행복을 얻을 수 없을까?

위로형 자기계발서는 내가 잡고 있거나 쥐고 있는 것을 놓으라고 말하고 있으면서도 정작 나를 쥐고 있는 것에 대해서는 말하지 않는다. 마음을 놓기 위해 필요한 가장 중요한 것에 대한 이야기를 하지 않는다. '내가 움켜쥐고 있는 것'이 아닌 '나를 움켜쥐고 있는 것'에 대해서는 아무런 이야기가 없다. 우리는 무엇인가에 움켜쥠을 당하고 있다. 무엇인가가 제 뜻대로 나를 다루거나 움직일 수 있는 상태에 두고 있는 것이다. 위로형 자기계발서를 통해서 내가 쥐고 있던 과한 욕망을 잠시 내려놓더라도 나를 쥐고 있는 그것은 나를 놓아주지 않는다. 나를 쥐고 있는 것은 끝없이 나를 평가하며 성과를 재촉하는 성과사회. 불공정하고 부당한 사회시스템이 나를 꼭 움켜쥐고 있다.

손가락 하나만이라도 풀어내기 위한 노력

　내 손을 펴기 위한 노력도 필요하지만, 나를 움켜쥐고 있는 손을 펴게 하는 노력도 필요하다. 나를 쥐고 있는 것에서 벗어나지 않는 이상, 위로형 자기계발서는 그저 병 주고 약 주는 사회시스템의 하나일 뿐이다. 병 주고 약 준다는 말은 남을 해치고 나서 약을 주며 그를 구원하는 체한다는 뜻으로, 교활하고 음흉한 자의 행동을 비유하는 말이다. 개별적인 자기계발서가 이렇게 교활하고 음흉한 목적을 가진 것은 절대 아니다. 하지만 작가의 의도와 상관없이 사회적인 차원에서 자기계발서는 분명 우리에게 병 주고 약 주는 역할을 하고 있다.

우리는 성공과 생계, 때로는 생존에 쥐여 있으면서 자기계발서를 통해서 내가 쥐고 있는 것을 잠시나마 내려 놓으며 마음과 정신의 상처를 치유하고 있다고 착각하는 것은 아닌지 모른다. 우리는 내 손을 펴기 위해서는 많은 노력을 하면서도 나를 쥐고 있는 손은 보지도 못하고 있 다. 정작 고통의 진짜 원인에 대해서는 눈 감고 있다. 위로 형 자기계발서는 불공정하고 부당한 현실을 바꾸는 일에 는 관심이 없다. 그저 따뜻한 위로의 말로 현실을 잠시 잊 을 수 있게 할 뿐이다. 심지어 꽤 많은 위로형 자기계발서 는 소진된 에너지를 다시 채워서 성공의 길로 다시 들어 서기를 재촉하기도 한다. 더 큰 효율성과 생산성을 위해 서는 휴식이 필요하다고 말하면서, 그동안 힘들었으니 잠 시 쉬었다가 다시 열심히 뛰라는 것이다. 성과주체의 자 발적 착취는 위로형 자기계발서를 통해서 완성되고 있는 지도 모른다.

관점의 변화를 통해 마음의 평화를 얻는 일은 중요 하다. 하지만 우리 모두 종교인이 될 수는 없다. 마음의 변화로 얻을 수 있는 잠시의 안정감과 행복도 중요하지만, 그보다 더 중요한 것은 평화로운 진짜 현실을 만드는 것 이다. 물론 나를 움켜쥐고 있는 것에서 풀려나는 일은 쉬 운 일이 아니다. 하지만 그것의 존재조차 모르는 척해서 는 안 된다. 나를 움켜쥐고 있는 손가락 하나만이라도 풀 어내기 위한 노력을 해야 진정 살아 있는 사람이라고 할

수 있지 않을까? 더군다나 사회적 현실을 변화시키는 과
정에서 얻는 성취감은 책과 강연을 통해서 얻는 잠시의
위로와는 비교조차 할 수 없다. 따뜻한 세상을 잠시 느끼
기 위한 내 시선의 변화가 아니라, 따뜻한 세상을 만들기
위한 우리들의 행동이 필요하다.

웰빙이 사회적 책임이 아니라 조금 더 나은 상품 구
매에 머물렀던 것처럼 힐링도 '나'를 벗어나지 못하고 있
다. 웰빙이 좀 더 비싼 상품의 수식어가 된 것처럼, 힐링
은 잠시의 편안한 도피처가 되고 있을 뿐이다. 위로형 자
기계발서는 아픔의 원인을 치료하지 못하고 단지 진통제
를 통해서 아픔을 잠시 잊게 해준다. 우리에게 필요한 진
정한 치유는 아픔과 고통의 원인을 조금씩이라도 바꾸어
나가는 것이다. 우리가 가지고 있는 공통의 아픔과 고통
의 원인인 불공정한 사회체제를 조금씩이라도 바꾸는 것
이다. 다른 사람이 바꿔주는 것은 치유가 될 수 없다. 공
감과 연대를 바탕으로 우리 스스로가 함께 바꾸는 과정
자체가 진정한 치유가 아닐까?

미처 못 다한 말.
다섯.

　사실, 위로형 자기계발서를 비판할 수 있는 관점을 찾기는 쉽지 않았습니다. 저에게도 도움이 되는 책이 많았기 때문입니다. 차가운 세상에서 따뜻한 말이 주는 힘을 어찌 외면할 수 있겠습니까? 자칫 비판을 위한 비판을 하게 되지는 않을까 염려하지 않을 수 없었습니다. 술술 써내려가던 글도 위로형 자기계발서 앞에서 탁 막혔습니다. 쓰고 지우고를 수없이 반복하고 있을 뿐이었지요. 그렇게 긴 시간을 마음을 졸이며 끙끙대다가 마음을 조금 놓아도 괜찮다고 스스로를 다독거리다가 번뜩 '놓다'라는 단어가 많은 고민을 해결해줄 수 있는 열쇠라는 생각이 들었습니다.

　생각해보니 마음을 놓고 편하게 지낸 시간이 아주 오래전이었거든요. 밥을 먹을 때도, 화장실에서도, 잠을 자려고 누워서도 마음은 항상 복잡했습니다. 지금 여기에 집중하라는 말은 머리에만 머물 뿐이었죠. 좀처럼 지금 여기 있는 것들에 깊은 관심을 가질 수가 없었습니다. 왜 그렇게 마음을 놓을 수가 없을까? 진지하게 생각해보았습니다. 그런데 저만 그런 것은 아니더라구요. 주변의 많은 사람들이 저와 비슷하게 마음을 놓지 못하며 살고 있었습니다. 그렇습니다. 마음을 놓지 못하는 내가 문제가 아니라, 마음을 놓고는 살 수 없는 현실이 문제였습니다. 항상 무엇엔가 바쁘게 쫓기듯이 살 수밖에 없는 각박한 현실이 나를 꼭 움켜쥐고 있었습니다. 그래서였을 겁니다. 위로를 받기 위해 읽은 책들의 좋은 말들은 3월에 내리는 눈처럼 금방 사라질 뿐이었습니다. 분명 나에게 필요한 말이었고, 도움을 주는 내용들이었는데도 오래 남지 않았습니다.

그런데 따뜻한 위로를 주면서도 금방 녹지 않는 영화가 있었습니다. <나, 다니엘 블레이크>였습니다. 자존심조차 지키고 살기 힘든 현실 속에서 과연 무엇을 어떻게 해야 하는지를 보여주는 영화였습니다. 잘못된 시스템을 잘못되었다고 작은 목소리라도 내는 주인공이 아름다웠습니다. 자신의 삶조차 꾸려나가기 힘든 처지에서도 다른 사람에게 따뜻한 관심을 가지는 주인공이 내 삶을 되돌아보게 했습니다. 내 안의 작은 틀 속에서 따뜻한 위로의 말에 고개를 끄덕이고 있던 제가 부끄러웠습니다.

사회제도와 시스템을 바꾸는 일은 분명 어렵고 힘든 일입니다. 하지만 여럿이 함께라면 조금 더 쉽게 풀 수 있을지도 모릅니다. '우리'를 움켜쥐고 있는 손가락 하나라도 풀어내기 위한 노력은 가치 있는 일이 분명합니다.

마음받을 용기 | 자유롭고 행복한 삶을 위한 아들러의 가르침 |

[자존감 수업] 윤홍균 지음

your Erroneous Zones 행복한 이기주의자

상처받지 않고 행복해지는 관계의 힘

아들러 심리학을 읽는 밤
『마음받을 용기』 기시미 이치로의 아들러 심리학 입문

끝맺음에 서툰 당신에게

마음 지키기 연습 코이케 류노스케 지음

사람들과 편하게 지내는 39가지 방법

홀가분

지금 이 순간을 살아라

단순하게 살아라

6.

자유롭고 행복한 삶을 위한 가르침

이기적 자기계발서

심리학이 만든 길은
각자도생의 길

심리학 열풍

심리학과가 문과 최상위권 학과에 당당히 이름을 올리고 있다. 몇 년 전부터 심리학과는 인문계열 상위 학과인 경영학과, 신문방송학과와도 경쟁을 하는 학과가 되었다. 대학의 주요 인기 학과로 확고하게 자리를 잡은 것이다. 대학만이 아니라 사람들의 관심도 많이 달라졌다. 특히 두뇌에 대한 새로운 연구가 많이 이루어지면서 신경과학과 함께 심리학에 대한 관심은 더욱 높아졌다. 이러한 인기 때문인지 최근에는 자기계발서 분야에도 심리학자와 정신과 의사들의 참여가 많아졌다. 심리학은 인간의 의식 작용 및 현상의 상호관련성을 통해 인간 행동과 심리 과정을 과학적으로 연구하는 학문이다. 즉, 우리가 왜 그리고 어떻게 생각하고 느끼며 행동하는지에 대한 답을 구하는 것이다.

심리학은 신학과 철학에서 신경과학과 정신의학으로 가는 길 중간에 위치하고 있다. 신학에 비하면 영혼보

다는 감정을, 철학에 비하면 본질보다는 현상을, 신경과
학에 비하면 두뇌의 작용보다는 마음의 작용을, 정신의
학에 비하면 병리적 원인보다는 행동의 원인을 더 중요하
게 연구하는 학문이 심리학이다. 마음에 대한 학문들이
라 명확한 경계선 없이 서로 깊게 연결되어 있는 셈이다.

　심리학에 대한 소개를 너무 거창하게 했다. 사실, 우
리가 이야기할 심리학은 이런 진짜 심리학이 아니다. 심
리학을 소재로 삼은 자기계발서다. 심리학의 인기에 힘입
어 심리학을 소재로 한 자기계발서들이 봇물을 이루고
있다. 제목에 심리학이 붙어 있는 책만으로도 『심리학,
자존감을 부탁해』, 『아들러 심리학을 읽는 밤』, 『지혜
의 심리학』, 『쌤통의 심리학』, 『하버드 행동심리학 강
의』, 『서른 살이 심리학에게 묻다』, 『심리학이 서른 살
에 답하다』, 『심리학, 이슈로 답하다』, 『심리학이 결혼
을 말하다』, 『마틴 셀리그만의 긍정심리학』, 『인간관
계의 심리학』, 『영화로 만나는 치유의 심리학』, 『심리
학, 열일곱 살을 부탁해』, 『나르시시즘의 심리학』, 『심
리학으로 팔아라』, 『인간관계, 심리학이 필요해』, 『페
이스북 심리학』, 『정말 재미있는 심리학 콘서트』, 『당
신도 몰랐던 행동심리학』, 『심리학 교실을 부탁해』, 『몸
과 마음을 치유하는 컬러 색채 심리학』, 『검은 심리학』,
『열등감을 자신감으로 바꾸는 심리학』, 『심리학 나 좀
구해줘』 등이 있다. 물론 비슷한 내용이지만 심리학이라

는 이름을 달지 않은 책도 많을 것이고, 앞으로는 훨씬 더 많은 책들이 쏟아져 나올 것이다. 많은 사람이 내 마음이 왜 이러는지, 또 어떻게 반응해야 하는지 알고 싶어 하기 때문이다. 마음과 마음의 작용에 대한 관심이 많아진 것이다.

포기할 수 없는 나

위로형 자기계발서와 이기적 자기계발서가 유행하게 된 배경에는 심리학에 대한 사람들의 관심이 높아진 것만큼이나 중요한 이유가 있다. 바로 사회 현실이다. 2015년 개봉한 영화 <성실한 나라의 앨리스>는 '열심히 살아도 행복해질 수 없는 세상', '단지, 행복해지고 싶었어요'라는 영화 포스터의 문구처럼 성공은커녕 소박하고 평범한 삶을 살기도 쉽지 않은 현실을 보여준다. 영화는 열심히 노력하면 할수록 더 힘든 삶을 살아야 하는 역설을 코믹하게 보여준다. 열심히 노력하면 이룰 수 있다는 말에 많은 사람들이 분노하는 이유는 노력을 해도 해도 해도 안 되는 경험이 수없이 쌓였기 때문이다. 그렇게 해도 해도 해도 안 되는 노력은 어느새 '노오오력'으로 조롱의 대상이 되어버렸다.

이제는 성공을 목표로 하는 사람보다 어디까지 포기

해야 할지를 고민하는 사람들이 많아졌다. 헬조선에서는 여가 활동뿐만 아니라, 결혼과 연애, 꿈과 희망, 인간관계와 건강관리까지 많은 것을 포기해야만 살 수 있다. 이런 사회 분위기에 맞춰서 아무래도 성공을 주제로 한 본격 자기계발서보다는 심리학에 기반을 둔 변형 자기계발서가 많이 출판되고 있다. 실제로 최근 출판되는 자기계발서들은 부와 성공보다는 행복과 균형 잡힌 삶을 이야기하는 경향이 많다. 자기 자신조차 지키기 힘든 상황이 역설적으로 이기적 자기계발서를 유행시키는 것은 아닌지 모르겠다. 현실의 변화를 만들어내기 힘든 상황에서 자기계발서들은 내면의 변화를 통해서라도 자신만은 지켜야 한다고 이야기한다. 이기적 자기계발서의 유행은 자기 자신만큼은 포기하지 않으려는 마지막 몸부림일지도 모른다.

'쿨하다'와 『미움 받을 용기』

2000년대 중반에 유행했던 말 중에 '쿨하다'는 말이 있었다. 주로 사랑하는 사이에서 쓰이던 말로, 서로의 감정에 얽매이지 않는 관계를 나타내는 말이었다. 물론 사랑의 관계만이 아니라 다양한 인간관계에서 지난 일에 집착하지 않는 상태를 '쿨하다'고 했다. 질척거리지 않고, 질질 끌지 않고 자유롭게 상대방과 관계를 맺는 사람을 이르는 말이었다. 이제는 아재들이나 쓰는 말이 된 '쿨하다'에는 '멋'의 개념이 들어 있다. 그런데 그 멋은 뒤돌아보지 않았을 때, 필요 이상의 감정 소비를 하지 않았을 때 만들어진다. 상처받지 않고 뒤돌아서면서 깨끗하게 지워버릴 수 있어야 쿨할 수 있는 것이다.

　10년이 더 지난 유행어를 떠올리게 된 이유는 '쿨하다'의 확장 변형된 개념이 다시 유행하고 있기 때문이다. 『미움 받을 용기』는 2014년 출판되어 오랫동안 베스트셀러 상위권에 머물렀던 책이다. 『미움 받을 용기』는 과거에 얽매이지 않는 삶을 살 수 있다고, 내 마음의 모든 것은 내가 선택할 수 있다고, 지금과 여기가 그리고 내가 중요하다고 이야기한다. 책 표지에는 '자유롭고 행복한 삶을 위한 아들러의 가르침'이라는 말이 쓰여 있다. 아들러 심리학에 대한 일상적이고 쉬운 해설서라고 할 만한 책이다. 아들러는 프로이트와 융과는 달리 어둡지 않다. 무의식의 힘보다는 의식의 힘을 더 부각하려 했다. 또한 과거의 경험으로 생성된 트라우마에 얽매이지 않고 현재의 삶을 살아가는 것을 중시했다. 아들러 심리학은 심리학적인 가치와 의미를 떠나 자기계발서에서 긍정성을 이야기할 때 자주 거론한다. 『미움 받을 용기』도 '쿨하다'처럼 상처 받지 않는 마음을 이야기한다. 자유롭고 행복한 삶을 위해서는 다른 사람에게 인정받고 싶은 욕구를 내려놓으라는, 타인의 평가에 흔들리지 말라는 의미를 제목인 『미움 받을 용기』에 담고 있다.

　　힘들고 고통스러운 현실 속에서 지치고 상처 입은 사람들에게 위로를 주던 자기계발서들이 상처를 입지 않을 수 있는 방법을 이야기하고 있다. 사실 『아프니까 청춘이다』를 비롯해서 위로형 자기계발서에 대한 비판이 많이 있기도 했다. 위로도 더 나아질 것이라는 희망이 있을 때 효과가 있을 텐데, 희망이 보이지 않는 사람들이 점점 더 많아지고 있는 현실에서는 위로가 사람들 마음에 와 닿지 않는 모양이다. 『아프니까 청춘이다』에 대한 비판은 개인의 노력이 무의미할 정도로 현실의 벽이 높다는 인식이 출발점이 되었다. 이후 청춘들의 어려움을 토로하는 책도 많이 출판되었고, 개인의 고통과 괴로움이 개인의 탓이 아니라, 사회구조 때문이라는 인식도 커지게 되었다. 성공을 이야기하는 자기계발서가 잦아들고, 위로를 이야기하는 책은 방향을 바꾸었다.

　　괜찮다는 위로가 식상해질 무렵 상처를 거부하라는 메시지가 새롭게 등장했다. 새롭게 등장한 자기계발서들은 상처를 받고 나서 치유하고 위로하는 것이 아니라 상처 자체를 받을 필요가 없다고 이야기한다. 자발적 자기 착취의 시대에 지친 영혼을 위로하던 자기계발서들이 이제는 남에게 위로받을 필요가 없는 당당한 자아를 가지라고 말하고 있다. 주변에 의해서 상처받지 않고, 흔들리지 않는 '나'를 가지라 한다. 힘든 시대가 지속되다 보니 이제 마지막 남은 자존감과 자존심만이라도 지켜야 하는 시대가 된 모양이다.

　자존심의 사전적 의미는 남에게 굽히지 아니하고 자신의 품위를 스스로 지키는 마음이다. 자존감은 자아존중감의 줄임말로 자신이 사랑받을 만한 가치가 있는 소중한 존재이고 어떤 성과를 이루어낼 만한 유능한 사람이라고 믿는 것이다. 다른 사람의 기준이 아닌 내 기준으로 나를 긍정적으로 평가할 때 생기는 것이 자존감이다. 자존심과 자존감 모두 자신에 대한 긍정적 감정이라는 공통점을 가지고 있지만, 자존심은 경쟁할 상대방이 있는 상황에서 가지는 긍정성이고 자존감은 상대방의 존재 유무와 상관없이 그냥 있는 그대로의 자기 모습에 대한 긍정을 뜻한다는 면에서 작은 차이가 있다. 많은 사람이 이런 자존심과 자존감을 가지고 싶어 하는 이유는 무엇 때문일까? 역설적으로 자존심과 자존감을 지키고 살기 어려운 현실 때문이 아닐까?

우리는 연꽃이 아니다
　이기적 자기계발서는 과거에 겪은 마음의 상처에서 자유로워지는 법, 다른 사람에게 느끼는 열등감에서 벗어나는 법, 인정받고 싶은 욕구 때문에 자신을 괴롭히지 않는 법, 지나친 경쟁에 빠져 나를 잃지 않는 법, 다른 사람의 욕구에 끌려다니지 않는 법, 지금과 여기에 집중하는 법 등을 알려준다. 과거와 다른 사람에게 얽매이지 않고 자유롭고 당당하게 살아야 한다고 이야기한다. 모두 좋은 말이고, 필요한 말이다. 상처 받은 마음에는 위로가 필요하다. 또한 앞으로 상처 받지 않을 수 있는 자존감도 필요하다. 다른 사람과의 경쟁에서 벗어나 자신의 진정한 가치를 바라볼 수 있게 하는 것은 매우 의미 있는 일이 분명하다. 하지만 지속적인 평가를 통해 경쟁을 가속화시키는 사회에서 혼자만 경쟁에서 벗어날 수는 없다. 이기적 자기계발서는 마치 '영구 없~다'라고 외치며 자신의 얼굴만 가리라고 하는 것은 아닐까?

우리는 심리학을 바탕으로 하는 자기계발서를 통해서 내 마음의 작용에 대한 깊은 이해를 얻기도 하고, 때로는 무너진 자존감을 일으켜 세우기도 한다. 하지만 자기계발서는 아무리 좋은 점이 많다고 해도 결국은 개인적이고 일시적인 해결책이기 쉽다. 개인의 깨달음과 변화도 주변 환경의 변화와 함께 이루어져야 지속될 수 있기 때문이다. 우리가 환경에 좌우되는 수동적인 존재라는 뜻이 아니다. 자신만을 위한 개별적인 노력으로 사회시스템이 바뀌지는 않는다. 환경의 변화 없이 자신만 바뀐 상태를 유지하기는 어렵다. 우리는 연꽃이 아니라서 진흙탕에서 꽃을 피울 수가 없다. 경쟁력을 계속 높이기 위해 몸부림쳐도 제자리걸음밖에 할 수 없는 사회에서 심리학적 처방으로는 개인이 가진 한계를 뛰어넘을 수가 없다.

우리가 가진 문제의 대다수는 지금의 사회 현실이 만들었다. 물론 내가 겪고 있는 모든 문제가 사회구조 때문이라고 할 수는 없다. 나만이 가진 특수한 문제도 있고, 사람들과 비슷한 경험을 겪어도 다른 반응을 보일 수도 있다. 그럼에도 불구하고 우리가 겪는 아픔과 고통은 대체로 비슷한 원인을 가지고 있다. 우리가 살고 있는 사회의 정치, 경제, 사회, 문화적인 것에서 비롯한 원인이 많기 때문이다. 하지만 우리들은 우리들이 겪는 아픔과 고통의 동질성을 잘 알지 못한다. 아니, 자기계발서와 각종 매체들이 아픔과 고통의 동질성을 잘 모르게 하고 있다는 것이 더 정확한 표현일 듯싶다.

각자도생은 각자가 스스로 살길을 찾는다는 뜻이다. 자기계발서가 이야기하는 달콤한 말들은 모두 각자도생을 이야기한다. 하지만 우리들에게 각자도생의 길은 없다. 학벌로도 뛰어난 능력으로도 기득권을 가진 사람들 속으로 들어갈 수가 없을 뿐만 아니라, 안정적인 삶을 살기도 어렵다. 그저 서로가 따로따로 자기계발서에서 이야기하는 개인적 아픔과 고통에서 벗어나는 방법에 고개를 끄덕이고 있을 뿐이다. 모두가 자기만의 해법을 찾아서 끝없이 헤매고 있다. 이기적 자기계발서는 의도와는 다르게 현실의 문제는 외면한 채로 자신의 문제에만 집착하게 만든다. 사회적 현실을 바꿀 수 없다고 인식하고 자신의 고통을 줄이기 위한 노력만 한다면 그것이야말로 부정적 현실을 더욱 강화시키는 일이 되는 것은 아닐까?

섬이 된 사람들

살아남기 위해 감정을 팔다

한 달에 한두 번씩은 꼭 나오는 뉴스가 있다. 바로 '갑질' 뉴스다. 뉴스에서 갑질에 당하는 사람들은 대부분 백화점 종업원, 승무원, 운전기사, 경비와 같은 직종의 사람들이다. 때로는 공관병도, 동사무소 직원도, 국정원 직원도 갑질을 당하며 살고 있다는 뉴스도 나온다. 사실, 뉴스에 나올 정도의 갑질이라면 꽤나 대단한 위세를 떤 것으로 볼 수 있다.

하지만 갑질은 꼭 권력 있고 돈 많은 사람만이 하는 것은 아니다. 뉴스에 나오지도 못하는 수많은 갑질이 편의점, 식당, 미용실, 마트 등과 같은 일상의 공간에서 매일 벌어지고 있다. 항상 누군가의 '을'로만 존재하는 우리도 단지 상품과 서비스를 구매하는 순간만큼은 '갑'이 될 수 있기 때문일까? 우리도 어디에선가 작은 갑질을 하면서 산다. 우리가 가진 권리의식이라고는 고작 소비자주권밖에 없기 때문이다. 어려서부터 우리는 소비자로서 누려야 할 권리를 몸으로 배운다. 정치적, 사회적, 문화적 권리는 전혀 몰라도 소비자의 권리만은 일찍부터 알게 된다. 그렇게 우리는 서로가 서로에게 을이면서 서로가 서로에게 갑인 사회를 만들고 있다. 그렇게 우리들의 감정은 매일 매일 문드러져간다.

2000년대 이후로 서비스산업 종사자는 기하급수적으로 늘어났다. 그러면서 감정노동이 사회문제로 대두되었다. 단순히 매장이나 전화로 손님을 응대하는 업종만이 아니다. 공무원, 학교 선생님 및 직원, 대학 교수 및 직원, 학원 강사, 방문 교사, 병원 및 약국, 각종 음식점, 배달업, 운수업, 승무원, 미용업, 연예인, 방송사 직원, 금융 및 보험업, 부동산업, 각종 여가 관련 서비스업, 백화점 및 마트 직원, 각종 소매업, 경비 등 많은 직업이 감정노동에 시달리고 있다. 물론 보통의 회사원들도 직책에 따른 감정노동을 하고 있다. 감정노동은 업무상 요구되는 특정한 감정 상태를 말투는 물론, 표정과 몸짓까지 연출하거나 유지해야 하는 노동이다. 지속적으로 자신이 느끼는 감정을 숨기고 자신의 직무에 맞게 상대방을 대해야 하는 직업인 것이다. 대한민국에는 약 600만 명에서 1100만 명에 이르는 감정노동자들이 있다고 한다.

육체적인 착취의 산업사회를 넘어, 자발적 착취의 성과사회를 넘어, 이제는 감정마저도 고갈시키는 사회가 된 것은 아닌가 싶다. 우리는 직장 상사가 되었든 고객이 되었든 내가 직업적으로 만나는 많은 사람에게 항상 평가 대상으로 존재한다. 지속적으로 평가 대상으로 노출되어 있다는 사실은 평가 항목에 나를 맞춰야 한다는 뜻이기도 하다. 이렇게 우리는 일상적으로 남들의 시선과 평가에 얽매여 산다. 남들의 시선과 평가로부터 자유롭지 못한 상태에서 자존감을 가질 수 있을까? 남들보다 조금 더 좋은 신발과 옷 그리고 가방을 들고 다니면서 자존심을 살리려고 해도 잠시일 뿐, 자존감은 계속 무너져 내릴 수밖에 없다. 남들의 평가를 의식하면서 자존감을 가질 수는 없다. 그렇다면 남들의 평가를 의식하지 않을 수 없는 사회에서 자존감을 지키기 위해서는 어떻게 해야 할까? 더 이상 무너져 내리지 않기 위해서라도 이기적 자기계발서가 필요한 것은 아닐까?

나 하나라도 지키고 살아야 한다

　　상처와 고통에 대항하는 개인적 면역력을 키우기 위해서 우리는 『자존감 수업』을 통해 『행복한 이기주의자』가 되려 하고, 『혼자 잘해주고 상처받지 마라』는 말에 귀 기울이고, 『미움 받을 용기』를 갖기 위해 『신경 끄기의 기술』을 익히며 『나는 까칠하게 살기로 했다』고 선언한다. 『나를 피곤하게 만드는 것들에 반응하지 않는 연습』과 『관계의 피곤함이 단번에 사라지는 반응하지 않는 연습』도 물론 필요하다. 모두 이기적 자기계발서 제목이다. 이기적 자기계발서가 유행하는 이유는 사회적인 상황 자체의 변화를 만들어내는 것, 즉 외적 변화를 통해 상처와 고통을 줄이는 것보다 내 안의 심리조절 장치를 통해서 상처와 고통을 받아들이지 않는 것을 택하는 것이 훨씬 쉽기 때문이다. 복잡하고 힘든 현실에서 잠시라도 벗어나기 위해, 미치지 않고 살아가기 위해서는 '나' 하나라도 지키고 살아야 한다.

'이기적'이라는 단어는 남들에게 피해를 주는 못된 성질의 것이 아니다. 그저 남에게 피해를 주지 않으면서도 자신의 삶을 중시하는 자기중심성의 의미로 이해하면 될 듯하다. 이기적 자기계발서는 '나'에게 집중한다. 내면에서 생기는 감정과 기분의 원인을 분석하기도 하고, 더 나은 방향으로 감정과 기분을 바꿀 수 있는 방법을 알려주기도 한다. 또한 내가 가진 생각을 다른 관점에서 바라볼 수 있게도 한다. 주로 열등감이나 소외감, 자격지심과 같은 자신을 부정하는 마음에 대한 이야기들이다.

이기적 자기계발서는 다른 사람과의 관계에서도 당당할 수 있도록 상처받지 않을 수 있는 생각의 방향을 알려준다. 억눌리고 짜부라진 내 마음을 조금씩이라도 펼 수 있도록 조언을 주기도 한다. 다른 사람에게 인정받기 위해서 내 마음을 함부로 대하지 않도록 도와주는 것이다. 그렇게 해서 도착하는 결론은 나는 소중하다는 것이다. 소중한 나를 잘 데리고 살아야 한다는 것이다. 지당한 말씀이다. 매일 감정이 깔아뭉개지는 현실에서 이런 메시지들은 우리에게 반드시 필요하다.

언 발에 오줌 누기

하지만 이기적 자기계발서의 메시지는 언 발에 오줌 누기일 가능성이 크다. 추운 바깥에서 언 발에 오줌을 누면 어떻게 될까? 정말 따뜻할 것이다. 물론 아주 잠깐일 뿐이다. 조금만 시간이 지나 오줌이 식으면서 오줌을 누기 전보다 더 고통스러워질 것이고 결국 발은 꽁꽁 얼어붙고 말 것이다. 아쉽게도 이기적 자기계발서의 메시지는 유효기간이 매우 짧다. 책을 줄까지 쳐가면서 감동적으로 읽어도 채 며칠이 지나지 않아서 대부분 잊히고 만다. 혼자서 자존감을 유지하며 살수 있을 만큼 우리가 살고 있는 삶의 공간은 호락호락하지 않다.

언 발에 오줌을 누는 것이 미봉책이 되지 않기 위해서는 따뜻한 공간이 필요하다. 우리들을 둘러싼 사회 현실을 따뜻한 공간으로 바꾸는 노력이 없으면 별 소용이 없다. 하지만 안타깝게도 이기적 자기계발서의 메시지는 나를 벗어나지 못한다. 그래서 실제로 책이 원하는 효과가 나타나지 않는 경우가 훨씬 많다. 나의 소중함을 제대로 알고 지켜내기 위해서는 '나'를 벗어나야 한다. 다른 사람과 함께 잘못된 현실을 바꾸는 경험을 가져야 한다. 그것이야말로 나와 세상, 그리고 나와 다른 사람의 관계에서 나의 효능감을 제대로 느낄 수 있는 방법이다. 하지만 이기적 자기계발서는 결국 '나는 나'라는 동어 반복만을 재생하고 있을 뿐이다.

우리는 누구나 상처 받지 않기를 원한다. 우리는 누구나 고통 받지 않기를 원한다. 하지만 상처와 고통의 원인을 줄여나가는 길은 어렵고 힘들다. 더구나 혼자서는 할 수가 없는 일이기도 하다. 미세먼지를 피하기 위해 KF99 마스크를 매일 쓰고 다닐 수는 없는 노릇이다. 우리는 상처와 고통을 이기기 위해 개인적인 면역력만을 키우려고 한다. 상처와 고통을 주는 병원균은 계속 진화하면서 더 독해지고 더 쉽게 전염되고 있는데, 혼자서 예전의 백신을 처방하고 있는 셈이다. 근본적인 해결을 위해서는 발생 원인을 줄여나가는 노력이 함께 진행되어야 하지 않을까?

어쩌면 우리는 이미 KF99 마스크에 익숙해져버렸는지도 모른다. 쓰고 있어도 불편하지도 않고, 심지어 벗는 게 두려워졌는지도 모른다. 모두가 마스크를 쓰고서는 자신은 괜찮다고, 아주 좋은 마스크라서 미세먼지가 전혀 들어오지 않는다고 하면서 말이다. 그래서일까? 사람들은 미세먼지를 줄일 생각을 하지 않게 되었는지도 모른다. 마스크로 만족하기 때문이다. 더 좋은 마스크와 산소캔은 계속 나올 것이다. 사람들은 방독면을 차고 다니면서도 미세먼지에서 벗어나는 비법을 알고 있다고, 괜찮다고 할지도 모른다.

우리에겐 마스크뿐만 아니라, 미세먼지 자체를 줄이려는 공동의 노력이 필요하다.

'내가 원하는 것에서 나를 지켜줘'

'내가 원하는 것에서 나를 지켜줘_ 제니 홀저'는 한병철의 『심리 정치』 첫 페이지에 있는 말이다. 무슨 말인지 한참을 고개를 갸웃거리며 봐도 이해가 되질 않았다. 도대체 내가 원하는 것에서 나를 지켜달라니 무슨 말인가 싶다. 작가는 부정성이 사라진 긍정 사회인 '좋아요-자본주의'의 특성을 잘 보여주는 경고문구라고 했지만, 역시나 어렵다. 시간이 지나고 나서 자기계발서에 대한 글을 쓰고 있는 지금 나는 다시 그 문구를 떠올리게 되었다. 생각해보니 '내가 원하는 것'과 '나를 지켜줘' 사이에는 먼 거리가 있다. 둘을 연결하기 위해서는 '내가 원하는 것'이 무엇인지, 왜 원하게 되었는지, 그리고 나에게 어떤 영향을 미치는지를 알아야만 한다. '내가 원하는 것'에 대한 의심에서 출발하여 깊은 고민의 과정을 거쳐야만 한다. 그렇게 해서 '내가 원하는 것'의 부정적 영향을 알고 나서야 '나를 지켜줘'라고 말할 수 있다. 어쩌면 나를 지키기 위해서라도 내가 원하는 것을 제대로 알아야 할 필요성이 있을지도 모르겠다. 과연 내가 진정으로 원하는 것은 무엇일까?

　　자기계발서는 분명 내가 원하는 것을 담고 있다. 부와 성공의 방법, 그리고 따뜻한 위로와 상처받지 않는 방법까지 내가 원하는 거의 모든 것이 자기계발서에 있다. 출판사들은 사람들이 욕망하는 것에 맞는 제목의 자기계발서를 만들어내기 위해 노력한다. 대형 서점의 자기계발 코너에 가서 책 제목만 살펴보아도 요즘 사람들이 원하는 것을 쉽게 알 수 있을 정도다. 자기계발서는 특히나 제목이 중요하다. 제목이 사람들의 필요와 욕망에 잘 맞아떨어지면 베스트셀러가 되기도 하기 때문이다. 그렇게 출판사와 자기계발서 작가들은 '내가 원하는 것'을 찾아내기도 하고, '내가 원하는 것'을 만들어주기도 한다. 자기계발서는 끊임없이 나의 욕망을 들여다보고, 또 나의 욕망을 부추긴다. 그리고 '나'들을 원하는 것을 가질 수 있는 특별한 존재로 불러준다.

　　그런데 문제는 자기계발서가 이야기하는 특별함은

나만을 대상으로 하는 것이 아니라는 점이다. 나는 특별하다. 하지만 수많은 특별한 사람 중에 하나일 뿐이다. 특별하지 않은 욕망을 가진 특별한 사람 중에 하나일 뿐인 나는 자기계발서를 통해서 나만의 특별함을 확인받고 싶어 한다. 더구나 자기계발서는 나의 특별함을 특별하지 않은 '나'들의 욕망과 잘 버무려낸다. 그래서 나는 또다시 나의 욕망을 채울 수 있는 적합한 방법을 찾기 위해서 자기계발서를 찾는다. 자기계발서 역시 사람들이 필요로 하는 것에 맞춰 지속적으로 변신한다. 그렇게 자기계발서는 사람들의 욕망에 기대기도 하고, 사람들의 욕망을 만들어내기도 하면서 매번 새로운 모습을 보여주고 있다.

과잉된 연결과 결핍된 관계

자기계발서의 위상이 달라졌다. 이것은 자기계발서의 변화 때문만은 아니다. 오히려 사회적 상황 변화 때문이라고 해야 할 듯하다. 우리 주변에는 언제부터인가 '어른'과 '친구'가 사라지고 있다. 삶의 지혜를 이야기해주는 사람도, 따뜻한 위로를 건네주는 사람도 없다. 자기 마음속 깊이 있는 이야기를 나눌 사람이 사라져간다. 더 이상 어른들의 이야기를 삶의 지혜라고 할 수 없을 정도로 사회 변화의 속도는 빠르기만 하다. 어른들의 이야기는 고리타분한 옛날이야기에 지나지 않게 되었다. 세대 간의 단절이 '어른'을 사라지게 만들고 있다. 또한 마음을 터놓고 지낼 수 있는 친구도 사라지고 있다. 우리는 SNS를 통해서 지속적으로 소통을 하고 있지만 정작 진정한 소통을 하지는 못한다. 오히려 조금 더 많은 '좋아요'와 리트윗 숫자 그리고 댓글 수에 집착하고 있을 뿐이다. SNS를 통해서 모든 것이 공개된 세상에서 오히려 진짜 마음을 드러낼 사람은 없어지고 있다. SNS에는 불편한 자기과시와 자극적 내용만 넘실대고 있다. 내 마음을 온전히 이해해 줄 사람이 하나라도 있다면 정말 좋겠다.

1인 가구의 증가도 사람들과의 소통을 더욱 어렵게 만들고 있다. 2015년 발표된 가구수 통계를 보면 1인 가구가 27.2%로 가장 많은 비중을 차지하고 있다. 그리고 숫자 순서대로 2인 > 3인> 4인 > 5인 가구가 뒤를 잇고 있다. 25년 전인 1990년에는 4인 > 5인 > 3인 > 2인> 1인 가구 순이었다. 그래서 최근에는 TV에서도 혼자 사는 사람들의 모습을 주제로 한 프로그램도 많다. <나 혼자 산다>, <혼술 남녀>, <미운 우리 새끼>, <청춘시대>, <조용한 식사>, <8시에 만나>, <내 귀의 캔디> 등은 모두 1인 가구를 소재로 한 드라마와 예능프로그램들이다. 혼밥, 혼술, 혼영, 혼행, 혼놀 등 혼자서 하는 행위를 뜻하는 신조어들도 많이 만들어졌다. 이제 우리들은 다른 사람과 함께 무엇을 하는 것이 불편하다.

우리는 연결은 과잉되어 있지만 관계는 결핍되어 있는 삶을 살고 있다. 남들이 내 삶에 개입하는 것이 싫은 우리들은 내가 원할 때 나만이 개입할 수 있는 곳을 찾는다. 하지만 내가 필요로 할 때 언제든지 대답해주고 환영해주는 가상의 공간은 많지만, 정작 필요한 순간에 기댈 곳은 없다. 자기중심적인 편리함을 추구하면 할수록 기대고 의지할 사람은 점점 없어지고 있다.

지워지지 않는 외로움

세대 간의 단절, 1인 가구의 증가, 과잉 연결과 결핍된 관계 모두가 이기적 자기계발서가 필요한 밑바탕이 되었다. 외로운 사회에서 자기계발서는 '나'들의 치료제가 되고 있다. 이기적 자기계발서는 그렇게 내가 원하는 것이 되었다. 우리들은 내 마음이 듣고 싶은 말을 찾아 자기계발서 코너를 돌아다닌다. 진정으로 소통할 대상이 없는 현실에서 자기계발서는 성공적인 사회생활에 대한 삶의 지혜를 주기도 하고, 상처 받은 마음에 따뜻한 위로를 주기도 한다. 그리고 무엇보다 자기계발서는 주변 사람들과 다르게 나를 특별하게 대해준다. 그런 자기계발서에 마음을 빼앗기는 것이 자연스러울 정도다. 사람들과 관계의 끈이 끊어지면서 나를 잡아주고, 나를 지지해주는 자기계발서의 역할은 더 커지고만 있다. 무엇에라도 의존해야 한다면 자기계발서가 가장 적합한 대상이 아닐까?

하지만 계층 이동의 사다리도 사라지고, 상처와 고통의 원인이 사회에서 비롯된 상황에서 개인의 힘만으로는 삶의 변화를 만들어낼 수가 없다. 이기적 자기계발서는 결국 간섭받지 않는 작은 자유와, 현실을 바꾸지 못하는 자존감을 줄 뿐이다. 우리들은 이런 것들을 얻기 위해 고립과 단절을 선택했다. 물론 자존감은 다른 사람과의 진정한 관계를 맺기 위해서 필요하다. 자존감이 고립과 단절을 만들어내는 것은 아니다. 자존감은 반드시 필요하다. 하지만 나를 넘어서지 못하는 자존감은 상대방의 자존감을 인정하지 못하게 한다. 또한 서로 존중하면서 살 수 있는 사회 분위기를 만들지 못하면 자존감은 계속 고갈될 수밖에 없는 현실에 놓이게 될 것이다. 그래서 '나'만의 자존감만이 아니라 '우리'의 자존감을 함께 지켜야 한다.

하지만 이기적 자기계발서는 '우리'의 자존감을 이야기하지 않는다. 우리가 함께 자존감을 자연스럽게 지키고 살 수 있는 사회적 시스템을 이야기하지 않는다. 자기계발서를 통해서라도 자존감을 지키고 싶은 우리는 모두가 외로운 섬이 되어가고 있는지도 모른다. 이런 것들이 과연 진정으로 내가 원하는 것이었을까? 포수를 피해서 머리만 땅에 처박는 꿩과, 상처와 고통 없는 삶을 위해서 자

경향신문 2016.02.26, <섬이 되는 사람들> 김성민

기계발서만 쳐다보고 있는 우리는 과연 무엇이 다른 걸
까? 나만의 자존감을 위해서 아무리 발버둥을 쳐도 외로
움은 지워지지 않는다.

안정된 고립보다 불안정한 참여를

상처와 고통은 필요하다. 성공하기 위해서가 아니라
성숙하기 위해서 우리는 상처와 고통을 마주해야 한다.
상처와 고통을 지운 삶은 결국 방부제로 인해 썩지 않는
삶과 같다. 부정성을 제거해버리면 깨끗한 긍정성 속에서
살 수 있을 듯싶지만 전혀 그렇지 않다. 의미도 맥락도 없
는 자극적인 영상매체를 들여다보고 있어도 외로움은 가
시지 않는다. 상처 받지 않기 위해 읽은 자기계발서는 나

를 사람들로부터 고립시키고 사회문제와 단절시킬 뿐이다. 내가 원하는 것은 정말 이런 것이었을까? 섬처럼 고립된 채로 인터넷 방송을 보면서 킥킥대는 삶이었을까? 함께 밥을 먹을 사람도 없이 먹방을 보며 침을 삼키고 있는 삶이었을까? 행복은커녕 작은 즐거움도 느끼지 못하면서 행복한 사람들의 일상을 담은 관찰 예능 프로그램을 보는 것이었을까? 과연 내가 원하는 삶은 상처 받지 않기 위해 관계의 벽을 높여놓고, 자존감을 지키며 살고 있다고 착각하는 삶이었을까?

내가 원하는 것에서 나를 지켜야 한다. 내가 원하는 것에서 나를 지키기 위해서는 우리를 생각해야 한다. 우리가 되지 못한 '나'들은 결코 자신이 원하는 것에서 자신을 지킬 수가 없다. 진짜 삶을 바꾸는 일은 안정된 고립이 아니라 불안정한 참여를 통해서 가능하다. 우리에게는 마음 편한 단절이 아니라 불편한 관여가 필요하다. 아픔과 고통, 불안과 우울이 나만의 것이 아님을 느껴야 한다. 그리고 공통의 아픔과 고통, 불안과 우울을 느끼는 다른 사람들과 함께 참여하고 관여해야 그것들이 진짜 사라진 사회를 만들 수 있다. 내가 원하는 것에서 나를 지키기 위해서는 '우리가 원하는 것'이 우리를 지켜줄 수 있음을 믿어야 한다.

공감과 연대,
그리고 성공을 위한 노력

상처와 고통을 피하지 말자

이기적 자기계발서는 간섭받지 않는 삶, 간섭하지 않는 삶을 이야기한다. 누구도 내 삶에 대해 이러니저러니 말하지 않는, 내 안의 자존감으로 당당하게 살 수 있음을 이야기한다. 부정적인 관계와 부정적인 영향을 제거한 삶을 살라고 이야기한다. 자기계발을 권하는 사회는 상처와 고통을 주는 현실을 바꾸는 것이 아니라 상처와 고통을 받는 나를 바꾸라 한다. 상처와 고통을 받지 않을 개인적 면역력을 키우라고 한다.

하지만 개인의 면역력만 키워서는 결코 상처와 고통을 줄일 수가 없다. 오히려 상처와 고통의 원인을 보지 못하게 만들 뿐이다. 상처와 고통을 이겨내려는 개인적 방어막은 상처와 고통을 주는 사회를 정당화한다. 나만 살고자 하는 마음들이 모두가 죽게 되는 상황을 더 키우고 있다. 상처 주는 칼을 없애지 않고, 방패를 가지지 못한 개인만을 탓하고 있는 셈이다. 안타깝게도 우리가 읽는 자기계발서들은 사회문제를 개인의 문제로 바꾸어버리는 역할을 하고 있다.

그러니 개인적 면역력 강화보다는 상처와 고통을 발생시키는 원인을 직시할 수 있는 힘을 키워야 한다. 그래야 하다못해 분노라도 할 수 있다. 그렇게 상처와 고통을 주는 사회에 대항하기 위한 분노의 힘이 조금씩이라도 사회를 바꿔나가는 계기를 마련해주는 것이 아닐까? 우리, 상처와 고통을 당당히 받으면 어떨까? 누가 우리에게 상처와 고통을 주는지 눈 감지 말고 똑똑히 쳐다보면서 상처와 고통을 받으면 어떨까? 그래서 많이 아파해야 하지 않을까? 앓아야 알 수 있다. 그때 그 앓음은 능동적인 앓음이어야 한다. 그래야만 세상을 조금씩 바꾸는 실천적인 앎이 내 안에서 만들어진다. 우리, 자존심과 자존감이 무너지는 경험을 온몸으로 느끼고 잘못된 현실을 바꾸기 위해 한 걸음이라도 더 내딛기 위한 노력을 하면 어떨까?

'아프니까 청춘'이라며 고통을 주는 사회를 합리화할 것이 아니라, 미움 받을 용기로 자신만을 지키려고 할 것이 아니라, 잘못된 사회를 조금씩이라도 바꾸기 위한 노력을 해야 한다. 아픔을 개인적 성공으로 보상받으려는 마음 따위는 지워버리고, 우리 아이들에게라도 이 상처와 고통이 전달되지 않게 하기 위해서라도 우리가 상처와 고통을 당당히 받아야 하지 않을까? 그리고 같이 상처

받고, 같이 고통 받는 사람들과 함께 상처와 고통을 줄여 나가기 위한 연대의 손을 잡아야 하지 않을까?

기죽지 않고 당당하게

어린 시절부터 지금까지 아버지가 내게 해주시는 한 결같은 말씀이 있다. '기죽지 마라'이다. 어릴 때는 엄마에 게 '애 기죽이지 말라'고, 어른이 된 지금은 '항상 기죽지 말고 떳떳하고 당당하게' 살라고 말씀하신다. 물론 아버 지가 말씀하시는 기죽지 말라는 말은 중산층 이상의 사 람들이 다른 사람에게 피해를 주면서도 뻔뻔하게 살라는 뜻은 아니었다. 항상 윗사람의 눈치를 보며 살아야 했던 아버지가 그래도 자식만큼은 기죽지 않고 살기를 바라 는 간절한 염원이었다. 가진 것 없어도 기죽지 말고 떳떳 하고 당당하게 살기를 바라는 마음이었을 것이다. 아버지 는 가족을 위해 당신의 모든 욕망을 포기하셨다. 자식새 끼 기죽지 않고 살기를 바라는 마음으로 묵묵히 주어진 일에 최선을 다하셨다. 아버지는 소주 한잔하시며 기죽지 말고 살라고 진지하게 말씀하시곤 하셨다. 어디서 끌어올 린지도 모를 깊은 한숨과 함께 말이다. 내가 상처 입지 않 고 당당하게 살기를 바라셨나 보다.

그런데 나는 쿨한 사람이 되지 못했다. 떳떳하고 당

당하지 못할 이유도 없는데, 떳떳하고 당당하게 살지는
못하고 있다. 아직도 상대방의 반응에 마음을 졸이기도
하고, 뒤돌아서면 후회도 많이 하는 쿨하지 못한 사람인
것이다. 아버지가 원하는 모습대로 살고 있지는 못한 모
양이다. 하지만 나는 아버지가 원하는 사회를 만들기 위
해 노력할 것이다. 혼자서 상처 입지 않기 위한 몸부림보
다 모두 함께 기죽지 않고 당당하게 살 수 있는 사회를
만들기 위한 노력을 할 것이다. 그래서 내 아이에겐 기죽
지 말라고 말할 필요가 없는 사회를 만들기 위해서 노력
할 것이다. 우리 아이들이 자기계발에만 매몰되어 개인의
경쟁력을 키워야만 살 수 있는 사회를 살지 않게 만들기

경향신문 2011.08.25, 〈김용민의 그림마당〉

위해서는 우리의 고통이 필요하지 않을까?

'원래'와 '어차피'

공감과 연대와 같은 사회적 해결책에는 항상 부정적 의문이 따라다닌다. 기득권층은 변화를 싫어하는 경우가 많다. 그들은 현재 자신들에게 유리한 제도와 문화가 '원래'부터 그랬던 것으로 여긴다. 그들은 변화는 원래에서 벗어난 일이니 다른 부정적 영향을 가지고 온다고 협박한다. 또한 '어차피' 바꿔도 소용없다는 이야기도 그들의 목소리다. 그들은 변화의 노력이 별 소용없음을 수없이 이야기한다. 그들에게 제도적, 문화적 변화는 두려운 일이니 당연한 반응일 것이다. 그래서 그들은 제도와 문화의 변화를 소용없는 일로 만들고, 지금의 제도와 문화에 맞추기 위한 개인의 변화만을 끝없이 찬양한다.

그들은 '원래'와 '어차피'를 매우 폭력적인 방법으로 우리들에게 인식시켰다. 신분제 사회부터 근대에 이르기까지 개인적 일탈이나 집단적 저항에 대해 그들은 가혹한 처벌을 내렸고, 주변 사람들에게는 변화를 시도하는 것이 얼마나 무서운 일인지를 뼈에 새겨 넣었다. 함께 행복하게 잘 살자고 이야기했던 이들은 위험한 인물로, 부도덕한 인물로, 법을 어긴 인물로 사회에서 격리되었고,

그들의 가족까지도 주변 사람들에게 손가락질을 받으며 살아야 했다. 그렇게 '원래 이런 것이니, 어차피 해도 소용없다'는 생각은 우리의 것이 되었다. 지금은 우리가 당연하게 생각하는 선거제도도, 인권에 대한 생각도 얼마 전까지만 해도 '원래'와 '어차피'의 영역 속에 있었다. 지금은 누구도 토를 달지 않는 자유와 민주주의, 그리고 과학과 복지시스템도 '원래'와 '어차피'를 힘들게 물리치고 나서야 이루어낸 가치였다.

그런데 언제부터인가 우리에게 공감과 연대와 같은 단어는 불편한 단어가 되었다. 80년대의 가혹한 정권이 없어진 이후에는 불필요한 단어처럼 생각하게 되었다. 힘없는 사람들이 가질 수 있는 유일한 무기는 우리들에게서 멀어져만 갔다. 우리는 사회, 제도, 문화를 누군가 다른 사람들이 만들어주는 것으로만 여기게 되었다. 그리고 그들이 만든 작은 틀 안에서 자유롭다고, 행복은 자기하기 나름이라고 중얼거리며 살고 있는지도 모른다. 현대사회에서 그들은 가혹한 폭력이 아닌, 개인 간의 경쟁을 중시하는 보이지 않는 제도와 문화로 우리를 얽는다. 우리는 스스로 통제하고, 스스로 착취하고 있다.

자기계발서도 그들과 같은 목소리를 낸다. 자기계발서는 사회의 변화를 이야기하지 않는다. 제도와 문화의 변화는 자기계발서의 몫이 아니다. 그들은 그저 지금의 잘못된 제도와 문화에 적응해서 조금 더 편안한 삶을 살라고 속삭이고 있다. 자기계발서에 취한 우리들은 함께 행복할 수 있는 방법을 쳐다보지 않게 되었다.

공감과 연대가 나를 바꾼다

기득권층은 우리들이 성공에 눈이 먼 채로, 개별화된 존재로 서로 경쟁하면서 자기 자신을 스스로 착취하는 성과주체로 존재하기를 바란다. 그들의 의도는 매우 성공적으로 우리들에게 내재화되었다. 안타깝지만 자기계발서는 작가의 의도와 상관없이 기득권층의 의도에 부합한다. 특히 심리학을 기반으로 하는 자기계발서는 어쩌면 달콤한 독약인지도 모른다. 사람들이 스스로 결속과 연대의 끈을 끊고 자기만의 세상에 더욱 빠져들게 할 뿐이다. 사회문제와 해결책을 개인화시키고 '나'들에게 따뜻한 위로와 쉬운 처방을 내밀면서 실제로는 부조리한 사회구조를 더욱 단단하게 만들고 있는지도 모른다.

내가 겪고 있는 아픔과 고통이 나만의 것이 아니라는 점은 단지 자기계발서가 만들어놓은 껍질을 깨고 서로가 서로에게 손을 내밀기만 하면 알 수 있다. 우리에게는 비슷한 아픔과 고통을 가지고 있는 사람들과의 공감과 연대가 필요하다. 우리들이 겪고 있는 공통의 아픔과 고통을 함께 인정하고 받아들여야 우리 앞에 놓인 문제들을 해결할 수 있는 방법을 찾을 수 있기 때문이다. 정규직이 비정규직에게, 비정규직이 미취업자에게 손을 내밀어 그들의 아픔에 공감한다면, 기득권층이 만들어놓은 좁은 세계를 깨뜨리고 모두가 함께 더불어 잘 살 수 있는 사회를 만들 수 있지 않을까? 손을 내밀어 공감과 연대를 표시하는 가장 쉬운 방법은 댓글을 다는 것이다. 아니, 마음에 드는 댓글에 '좋아요'를 누르는 것만으로도 충분하다.

우리에게 아픔과 고통을 주는 존재가 가장 두려워하는 것이 바로 연대다. 그들은 우리가 소비자 권리를 넘어서 우리가 가지고 있는 다른 권리에 눈 뜨는 것을 두려워한다. 세상을 변화시키는 힘은 작고 약한 힘들이 모였을 때 가능하다. 그래서 그들은 끊임없이 우리를 개별적인 존재인 '나'들로 만들려고 한다. 서로 힘을 합쳐 연대하지 못하게 하려 한다. 그들은 우리들 각자가 겪고 있는 문제가 서로에게 연결된 공통의 문제인 것을 깨닫지 못하고, 특별한 개인의 문제로만 여기기를 바란다.

다음의 <김용민의 그림마당>은 영화 <매트릭스>에서 자신의 능력을 믿은 네오가 날아오는 총알을 가볍게 멈춰 세운 장면을 패러디했다. 연약한 사람들이 자신들이 가진 힘을 믿기 시작하면서 현실을 움직일 수 있는 모

습을 보여준다. 실제로 최순실 국정농단 사태가 만들어
낸 촛불의 힘은 많은 사람에게 정치적 효능감을 높여주
었다. 사람들은 아름답게 분노했고, 의식하지 않은 채로
연대했다. 촛불 광장에 있었던 사람도, 마음으로만 지지
를 하고 있던 사람도 모두가 말 그대로 '믿기 시작'한 것
이다. 우리가 우리의 힘을 믿기만 한다면 앞으로 더 많은
것을 바꿀 수 있을 것이다.

경향신문 2016.12.12, 〈김용민의 그림마당〉

　　기득권층이 가진 힘은 우리가 우리의 힘을 믿지 않
았기 때문에 만들어졌다. 우리가 우리의 힘을 믿기 시작
하면 우리들에게 자기계발서가 필요 없어지지 않을까? 우

리가 우리의 힘을 믿기 시작하면 개인적 위로보다는 공감의 힘이, 이기적 자존감보다는 연대의 힘이 더 크다는 사실을 알게 될 것이다. 그리고 우리의 힘으로 현실의 실제적인 변화를 만들어낼 수 있을 것이다.

고통과 상처는 외면한다고 없어지지 않는다. 오히려 나만이 아닌 다른 사람의 고통과 상처를 마음을 열고 느낄 수 있어야 우리가 가진 공통의 아픔을 줄일 수 있다. 결속과 연대의 힘은 고통과 상처를 내 것이 아닌 우리 것으로 만든다. 우리 것으로 느낄 수 있는 고통과 상처는 세상을 다르게 보도록 만들어준다. 고통과 상처를 혼자서 이겨낼 필요가 없다는 사실을 알게 한다. 그리고 자기계발서의 밀실에서 공동체의 광장으로 나와 서로 진정한 소통과 참여를 통해서 많은 것을 바꾸어놓을 것이다. 고통과 상처를 혼자서 이기려 하기보다는, 당당하게 고통과 상처를 함께 마주해야 답을 찾을 수 있다.

진짜로 원하는 것

성공을 위한 노력은 필요하다. 성공을 위한 열정과 두려움을 이겨낸 패기, 꿈을 위한 끊임없는 노력은 아름답다. 자신의 한계를 극복하기 위한 치열한 자기반성과 좀 더 나은 나를 만들기 위한 노력은 소중하다. 우리는

성공을 위해 자기계발서의 도움이 필요하기도 하다. 나
역시 성공하고 싶고, 지금도 성공하기 위해 노력한다. 물
론 자기계발서의 도움도 받는다. 하지만 너무나도 높은
기준으로 권력과 많은 돈을 가진 사람만을 성공한 사람
으로 여기고, 그들을 부러워하며 자신을 괴롭혀야 하는
성공이라면 그런 성공은 거부했으면 좋겠다. 더구나 소수
의 성공을 위해 다수의 실패가 필요한 성공이라면 옳지
않다.

　학생들에게 원하는 것이 무엇이냐고 물으면 대다수
의 학생은 공부를 잘했으면 좋겠다든가, 푹 쉬고 싶다든
가, 비싸고 좋은 물건을 가지고 싶다든가, 컴퓨터 게임 좀
실컷 해봤으면 좋겠다고 이야기한다. 학생들 역시 성공에
대한 열망을 가지고 있으면서도 지나친 경쟁에 지쳐 있기
때문일 것이다. 그래서 학생들은 주어진 경쟁에서 선두
가 되거나, 잠시라도 경쟁에서 벗어나고 싶다고 이야기한
다. 물론 다른 사람에게 자신을 돋보이고 싶어 하기도 한
다. 하지만 학생들과 진지하게 이야기를 나눌 수 있는 깊
은 관계를 맺게 되면 학생들이 진짜로 원하는 것이 무엇
인지 알게 된다. 꿈을 찾고 싶은 학생도 있고, 좀 더 자유
롭게 하고 싶은 공부를 맘껏 하고 싶은 학생도 있고, 자신
만의 꿈을 위해서 공부가 아닌 다른 노력을 해보고 싶어
하는 학생도 있다. 무엇보다 자신이 잘할 수 있는 것을 찾
아서 열심히 노력하는 모습을 통해 부모님과 주변 사람

들에게 인정받고 싶어 한다. 학생들이 진짜로 원하는 것은 게으르게 사는 것도, 우월한 경쟁력을 갖추기 위해 친구들을 이기는 것도, 소비적인 욕망만을 추구하는 것도 아니다. 어쩌면 결과만을 중시하며 경쟁으로 몰아붙이고 있는 힘든 현실이 가짜 욕망에 집착하게 만들고 있는지도 모른다.

　학생들만이 아닐 것이다. 우리들도 우리가 원하는 것을 착각하고 있을지 모른다. 많은 사람이 그저 돈 많이 벌어서 하고 싶은 것을 마음껏 할 수 있는 삶을 원한다고 한다. 우리는 부자가 가족끼리 고소·고발 사건에 휘말려도, 불법을 저지르고 징역형을 선고받아도 그들은 돈이 많아서 행복할 것이라고 생각하며 부러워한다. 하지만 우리가 진짜로 원하는 것이 무엇인지 진지하게 생각해봐야 하지 않을까? 자기계발서에 의해, 인터넷과 TV에 의해 만들어진 욕망 말고, 진짜 내 안의 욕망이 무엇인지 알아야 하지 않을까? 진짜 성공한 삶을 위해서는 내 안의 진짜 욕망을 차분하게 들여다보아야 한다. 아마도 과시할 수 있는 비싼 아파트, 고급 승용차와 명품백과 같은 물질적 성공으로 다른 사람에게 부러움과 동시에 질시를 받는 것은 아닐 것이다. 아마도 자신보다 약한 사람에게 갑질을 하며 쾌감을 얻는 것은 아닐 것이다.

　어쩌면 우리는 높은 가격이 매겨진 상품이 아니라,

넓은 인격으로 채워진 품격을 바라고 있는 것은 아닐까? 어쩌면 우리는 다른 사람에게 받는 멋진 대접이 아니라, 깊은 이해를 바라고 있는 것은 아닐까? 어쩌면 우리는 다른 사람의 부러운 시선과 질투가 아니라, 진정한 존중과 인정을 바라고 있는 것은 아닐까? 어쩌면 우리는 약한 사람들 편에서 그들과 공감하며 그들에게 힘이 되어줄 수 있는 사람이 되기를 바라고 있는 것은 아닐까? 친한 사람과 마음을 터놓고 함께 어울리는 것을 바라고 있는 것은 아닐까? 우리가 진정으로 원하는 것은 정말 무엇일까? 우리가 자신이 진정으로 원하는 것을 깨닫기만 한다면 '내가 원하는 것에서 나를 지켜줘'가 아니라 '내가 원하는 것을 마음껏 누리게 해줘'라고 답할 수 있을 것이다.

성공이 누군가에 의해 부풀려진 가짜 욕망을 해소하기 위한 수단이 되지 않는다면, 또한 성공이 누군가에게 과시하기 위한 것이 되지 않는다면, 우리는 매일매일 성공하는 삶을 살 수 있지 않을까? 성공을 그저 목적한 바를 이룬다는 원래의 뜻으로 되돌려놓을 수도 있지 않을까?

건강한 자본주의 사회라면, 성공하기 위해서는 좀 더 많은 사람을 편리하게, 또 행복하게 해야 한다. 내가 만든 제품과 서비스 그리고 콘텐츠가 좀 더 많은 사람을 편리하고 행복하게 한다면 나는 크게 성공할 것이다. 진짜 성공하기 위해서라도 나에게만 침잠해서는 안 될 일이다. 주변 사람들에게 관심을 가지고 그들이 필요로 하는 것, 진정으로 원하는 것에 관심을 가져야 성공할 수 있지 않을까? 성공하자. 누군가를 배제하며 이루는 폭력적인 성공 말고, 모두가 함께 웃을 수 있는 성공을 위해 노력하자. 그런 성공을 위해 필요한 자기계발서라면 얼마든지 읽고, 마음껏 따라 해도 좋지 않을까?

미처 못 다한 말.
여섯

　　마지막 '미처 못 다한 말'입니다. '미처 못 다한 말'은 맥락과 형식에서 자유롭게, 제 마음속에 있는 말을 속 시원하게 마음껏 뱉어내기 위해서 출판사의 반대에도 불구하고 어거지로 집어넣었습니다. 정제된 표현만으로는 제가 하고 싶은 말을 마음껏 할 능력이 부족했기 때문입니다. 덕분에 이상한 패러디 시와 극단적인 비유 그리고 억지 주장까지 마음 편하게 담을 수 있었습니다. 눈에 거슬리는 표현이 있었더라도 넓은 마음으로 이해해주시기를 바랍니다.

　　뻔뻔하게 부탁드릴 말씀이 있습니다. 혹시라도 이 책의 주장에 공감하신 분이 계시다면 꼭 주변에 많이 많이 소개해주시면 감사하겠습니다. 조금이나마 재미있게 읽으신 분도 물론입니다. 이 책에는 자기계발서처럼 자신만의 성공을 위해 다른 사람에게 숨겨야 할 '비밀'도, 혼자만 실행해야 효과가 커지는 성공 방법도 들어 있지 않습니다. 오히려 조금이라도 더 많은 사람이 책 내용을 공유하고 공감할수록 모두가 성공할 수 있는 사회를 만드는데 도움이 된다는, 그간의 자기계발서들이 부르대던 소리들과는 정반대의 염원을 담아내고 있습니다. 비록 부끄러운 글이지만 정말 뻔뻔하게 부탁드려봅니다. 혹시 모릅니다. '자기계발서 다시 보기', '자기계발서 비판적으로 읽기', '자기계발의 시대 이대로 괜찮은가?'와 같은 책과 신문 기사 그리고 TV 프로그램이 봇물을 이루며, '자기계발'의 시대를 넘어서자는 사회적 여론이 형성될지도 모를 일입니다. 생각만 해도 신납니다. 저도 매일매일 그런 일들을 생생하게 그려보렵니다. 간절하게 생각하면 우주가 나서서 도와줄지도 모를 일이지요.

'必死則生, 必生則死(필사즉생 필생즉사)'. 이순신 장군의 말씀입니다. 살려고 하면 죽을 것이요, 죽으려고 하면 살 것이라는 역설은 전쟁에 임하는 마음가짐을 새롭게 가다듬을 수 있게 하였겠지요. 아마도 '자기'만 살려고 하면 모두 죽을 것이요, '모두' 함께 죽을 각오로 싸운다면 이길 수 있다는 뜻일 겁니다. 전쟁 상황도 아니고, 죽을 각오로 싸워야 할 대상이 뚜렷한 것도 아닙니다만, 자기계발의 시대가 모두를 힘들게 만들고 있는 것만은 사실인 듯합니다. 자기계발서는 '너만은 잘살아라', '너만은 살아남아라'고 끊임없이 이야기하고 있기 때문입니다.

'나'를 지키자는 책은 계속 나올 겁니다. 자기 자신 하나도 지키기 힘든 세상이 금방 끝나지는 않을 테니 어쩔 수 없지요. 하지만 '나'만을 지키고자 하는 생각은 '우리'를 힘들게 만듭니다. 죽을 각오로 우리를 생각하며 살 필요는 없겠지만, 나만 잘살기 위한 생각에서 벗어나면 함께 잘 살 수 있는 사회를 만들 수 있지 않을까 합니다.

'나'를 변화시켜야 한다는 책도 계속 나올 겁니다. 변화하지 않으면 살아남기 힘든 세상이니 어쩔 수 없지요. 하지만 '나'만 변화시킬 것이 아니라, 잘못된 사회도 변화시켜야 합니다.

저는 자기계발 시대를 이겨나가기 위해 '연대'니 '공감'이니 '분노'니 하는 부담스럽고 멀기만 한 단어를 이야기하였습니다. 하지만 사실 거창한 연대도 공감도 분노도 필요 없을 듯합니다. 잘못된 세상을 바꾸기 위해서는 그저 주변 사람들에 대한 작은 관심만으로도 충분하니까요. 내 '안'이 아니라 '밖'을, 내 '위'가 아니라 '옆'을 보는 것만으로도 자기계발서로 위로받고, 자존심을 챙겨야 하는 일은 필요 없어질 테니 말입니다.

우리, 다른 사람의 시선을 의식하며 '나'만 쳐다보며 살기보다, 주변 사람에게 관심을 가지고 살면 어떨까요?

들녘